MME HUGUETTE LEFEBVRE
10 RUE ELLICE APP 12
BEAUHARNOIS (QUEBEC)
J6N 1W6

LUCKY

ALICE SEBOLD

LUCKY

traduit de l'anglais (États-Unis)
par Odile Demange

Titre original : LUCKY
© Alice Sebold, 1999
Traduction française : NiL éditions, Paris, 2005

ISBN 2-84111-309-4
(édition originale : ISBN 0-684-85782-0 Scribner, New York)

Pour Glen David Gold

Note de l'auteur

Par respect pour leur vie privée, j'ai modifié le nom de certaines des personnes qui apparaissent dans ces pages.

Le souterrain où je me suis fait violer donnait jadis accès à un amphithéâtre. Il permettait aux acteurs de surgir au milieu du public, sous les sièges. Une fille avait été assassinée dans ce souterrain, et coupée en morceaux. Ce sont les policiers qui m'ont raconté ça. Ils m'ont dit que, par rapport à elle, j'avais eu une drôle de veine.

Sur le coup, je me suis sentie plus proche de cette fille que de ces grands costauds d'agents de police ou de mes camarades de première année de fac, complètement désemparées. Nous avions exploré les mêmes bas-fonds, la morte et moi. Nous avions été allongées parmi les feuilles mortes et les tessons de bouteilles de bière.

Pendant que je me faisais violer, mon regard s'est posé sur quelque chose, au milieu des feuilles et des débris de verre. Un chouchou rose. Quand j'ai entendu parler de la fille qui s'était fait tuer, je l'ai imaginée, suppliant comme je l'avais fait moi-même, et je me suis demandé si ce chouchou lui avait été arraché brutalement. Si c'était un geste de l'homme qui l'avait assassinée ou si, pour s'éviter sur le coup une souffrance – pensant, espérant qu'elle aurait tout le temps, plus tard, de réfléchir aux conséquences de cette manifestation « d'assistance à son agresseur » –, elle avait, à la demande pressante de son bourreau, dénoué elle-même ses cheveux. Je ne le saurai jamais, pas plus que je ne saurai si ce chouchou était à elle ou si, comme les feuilles, il s'était retrouvé là naturellement. Je penserai toujours à elle en pensant au chouchou rose. Je penserai à une fille, dans les derniers instants de sa vie.

1.

Voici ce dont je me souviens. J'avais les lèvres entaillées. Je m'étais mordue quand il m'avait agrippée par-derrière et m'avait posé la main sur la bouche. Il a prononcé ces mots : « Si tu cries, je te tue. » Je suis restée immobile. « Tu as compris ? Si tu cries, tu es morte. » J'ai hoché la tête. Il avait passé son bras droit autour de moi, me collant les coudes contre le corps, et sa main gauche me couvrait la bouche.

Il a retiré sa main.

J'ai crié. Vite. Soudainement.

La lutte a commencé.

Il a remis sa main sur ma bouche. Il m'a donné un coup de genou dans les jambes, par-derrière, pour me faire tomber. « Tu ne comprends pas, salope ? Je vais te tuer. J'ai un couteau. Je vais te tuer. » Il m'a libéré la bouche, à nouveau, et je suis tombée, en criant, sur l'allée de briques. Il m'a enjambée et m'a donné des coups de pied dans les côtes. J'ai émis des sons, trois fois rien, quelque chose comme un bruit de pas. Ils l'encourageaient, le justifiaient. J'ai essayé d'avancer. Je portais des mocassins à semelle souple avec lesquels je décochais des coups de pied au hasard. Qui le manquaient tous, ou ne faisaient que l'effleurer. Je ne m'étais encore jamais battue ; en gym, quand on constituait des équipes, j'étais la dernière choisie.

13

Tant bien que mal, je suis arrivée à me remettre debout. Je me rappelle l'avoir mordu, poussé, je ne sais plus. Puis je me suis mise à courir. Comme un géant tout-puissant, il a tendu la main et m'a rattrapée par mes longs cheveux bruns. Il les a tirés d'un coup sec et m'a fait tomber à genoux devant lui. C'était ma première évasion manquée – les cheveux, ces longs cheveux des femmes.

« Tu l'auras voulu », a-t-il dit, et j'ai commencé à le supplier.

Il a enfoncé la main dans sa poche arrière et a sorti un couteau. Je me débattais toujours, mes cheveux se détachaient douloureusement de mon crâne tandis que je cherchais à échapper à son étreinte. J'ai plongé en avant et je me suis cramponnée des deux bras à sa jambe gauche, le déséquilibrant. Il a titubé. Je ne l'ai appris que lorsque la police l'a ramassé, plus tard, dans l'herbe, à quelques pas de mes lunettes brisées, mais ce mouvement lui avait fait lâcher son couteau. Il l'avait perdu.

Les coups de poing, ensuite.

Il devait être furieux d'avoir perdu son arme, ou irrité par mon insubordination. Quoi qu'il en soit, il en avait fini avec les préliminaires. J'étais par terre, sur le ventre. Il s'est assis sur mon dos. Il m'a frappé le front contre les briques. Il m'a insultée. Il m'a retournée et s'est assis sur ma poitrine. Je bredouillais. Je suppliais. C'est alors qu'il a mis ses mains autour de mon cou et a commencé à serrer. J'ai perdu connaissance pendant une seconde. Quand je suis revenue à moi, j'ai su que mon regard était plongé dans celui de l'homme qui allait me tuer.

À cet instant, je me suis rendue. Je vivais mes derniers instants, j'en étais convaincue. Je ne pouvais plus me battre. Il ferait de moi ce qu'il voudrait. C'était fini.

Tout s'est ralenti. Il s'est redressé et s'est mis à me traîner dans l'herbe par les cheveux. Je me tortillais, je rampais tant bien que mal, essayant de rester à sa hauteur.

Depuis le chemin, j'ai vaguement aperçu l'entrée obscure du souterrain de l'amphithéâtre. Quand nous nous sommes approchés et que j'ai compris que c'était là notre destination, la peur m'a submergée. J'ai su que j'allais mourir. Il y avait une vieille grille en fer, à quelques pas de l'entrée du souterrain. D'un mètre de haut, elle formait une sorte de chicane qu'il fallait franchir pour accéder au tunnel. Pendant qu'il me tirait et que je glissais sur l'herbe, j'ai aperçu cette grille et me suis dit que si nous dépassions cette limite, je n'en sortirais pas vivante.

Il me traînait toujours mais, un instant, je me suis accrochée faiblement aux barreaux du bas, avant qu'une traction brutale ne me fasse lâcher prise. On a tendance à croire qu'une femme renonce à se battre quand elle n'en peut plus physiquement. Pourtant, j'étais sur le point d'engager mon vrai combat, un combat de mots, de mensonges et d'intelligence.

Dans les histoires d'escalade ou de navigation par gros temps, les gens racontent souvent qu'ils n'ont plus fait qu'un avec l'épreuve, que leurs corps se sont si bien accoutumés à elle qu'ils sont incapables d'expliquer comment ils ont fait.

À l'intérieur du souterrain, là où des bouteilles de bière brisées, des feuilles mortes et d'autres objets, encore indéterminés, jonchaient le sol, je n'ai plus fait qu'un avec cet homme. Il tenait ma vie entre ses mains. Celles qui prétendent qu'elles préféreraient lutter jusqu'à la mort plutôt que de se faire violer sont des idiotes. Je préfère mille fois me faire violer. Il n'y a même pas à réfléchir.

« Lève-toi », a-t-il dit.

Je me suis levée.

Je grelottais sans pouvoir m'en empêcher. Il ne faisait pas chaud et le froid, conjugué à la peur et à l'épuisement, me faisait trembler de la tête aux pieds.

Il a jeté mon sac à main et mon cartable dans un coin du souterrain condamné.

« Déshabille-toi.

— J'ai huit dollars dans ma poche arrière. Ma mère a des cartes de crédit. Ma sœur aussi.

— Je ne veux pas de ton fric. » Et il a ri.

Je l'ai regardé. Dans les yeux, cette fois, comme si c'était un être humain, comme si je pouvais lui parler.

« S'il vous plaît, ne me violez pas.

— Déshabille-toi.

— Je suis vierge », ai-je dit.

Il ne m'a pas crue. A répété son ordre. « Déshabille-toi. »

J'avais les mains qui tremblaient, je n'arrivais pas à les maîtriser. Il m'a attrapée par la ceinture et m'a attirée contre lui, contre son corps adossé à la paroi du souterrain.

« Embrasse-moi », a-t-il dit.

Il a relevé ma tête et nos bouches se sont touchées. Je serrais les lèvres. Il a tiré plus fort sur ma ceinture, pressant mon corps plus étroitement contre le sien. Il a pris mes cheveux dans son poing serré et les a emmêlés. Il a écarté mon visage de lui, et m'a regardée. Je me suis mise à pleurer, à supplier.

« Je vous en prie, non, ne faites pas ça.

— Ta gueule. »

Il m'a encore embrassée et, cette fois, il a enfoncé sa langue dans ma bouche. Je m'étais exposée à cela en desserrant les lèvres pour le supplier. Une nouvelle fois, il m'a brutalement tiré la tête en arrière. « Embrasse-moi, toi aussi », a-t-il dit.

Je l'ai embrassé.

Une fois satisfait, il a arrêté et a essayé de défaire ma ceinture. Elle avait une boucle bizarre et il ne savait pas comment s'y prendre. Pour qu'il me lâche, pour qu'il me laisse tranquille, j'ai dit : « Attendez, je vais le faire. »

Il m'a observée.

Quand j'ai eu fini, il a descendu la fermeture Éclair de mon jean.

« Enlève ta chemise. »

Je portais un cardigan. Je l'ai retiré. Il a tendu la main pour m'aider à déboutonner mon chemisier. Il était maladroit.

« Je vais le faire », ai-je répété.

J'ai déboutonné mon chemisier en oxford et, comme le cardigan, je l'ai retiré de mon corps. J'avais l'impression de perdre des plumes. Ou des ailes.

« Ton soutif. »

Je l'ai enlevé.

Il a tendu les deux mains et les a attrapés – mes seins. Il a joué avec, il a pressé dessus, les a tripotés en les écrasant contre mes côtes. Tordus. Ça faisait très mal, est-il besoin de le préciser ?

« Je vous en prie, ne faites pas ça. S'il vous plaît.

— Des chouettes nichons blancs », a-t-il dit. Et ses mots m'ont conduite à renoncer, à détacher de moi chaque parcelle de mon corps dont il revendiquait la possession – ma bouche, ma langue, mes seins.

« J'ai froid, ai-je dit.

— Couche-toi.

— Par terre ? » ai-je demandé bêtement, éperdument. Au milieu des feuilles et des tessons de verre, j'ai vu la tombe. Mon corps étendu, démembré, bâillonné, mort.

Je me suis assise, d'abord, enfin, j'ai plus ou moins trébuché et je me suis retrouvée assise. Il a agrippé le bas de mon pantalon et il a tiré. J'essayais de cacher ma nudité – j'avais encore ma petite culotte au moins –, quand il a posé les yeux sur mon corps. Je sens encore que, dans ce regard, au fond du souterrain obscur, ses yeux éclairaient ma peau d'une pâleur maladive. Que tout – ma chair – devenait soudain horrible. Le mot de *laideur* serait encore trop doux, mais c'est le plus proche.

« Tu es la pire mocheté à qui j'aie fait ça », a-t-il dit. C'était dit avec dégoût, un simple constat. Il voyait ce qu'il avait attrapé, et la prise ne lui plaisait pas. Tant pis, il finirait ce qu'il avait commencé.

À ce moment-là, j'ai commencé à mélanger le vrai et le faux, j'étais prête à tout exploiter pour essayer de l'attirer de mon côté. Pour qu'il me trouve pitoyable, qu'il me croie encore plus minable que lui.

« J'ai été abandonnée par mes parents, ai-je dit. Je ne les ai jamais connus. Je vous en prie, ne faites pas ça. Je suis vierge.

— Couche-toi. »

Je me suis couchée. En tremblant, je me suis retournée et je me suis couchée, le visage en l'air, contre le sol glacé. Il m'a arraché ma culotte et l'a roulée en boule dans sa main. Il l'a jetée loin de moi, dans un coin où je l'ai perdue de vue.

Il s'est allongé sur moi et a commencé à se frotter contre moi. Je connaissais ça. Steve, un garçon du lycée que j'aimais bien, avait fait la même chose contre ma jambe, parce que je lui refusais ce dont il avait vraiment envie, faire l'amour avec moi. Avec Steve, j'étais complètement habillée, et lui aussi. Il était rentré chez lui frustré, et je m'étais sentie parfaitement en sécurité. Mes parents étaient dans la maison, à l'étage. Je m'étais dit que Steve était amoureux de moi.

Il n'arrêtait pas, baissant la main pour tripoter son pénis.

Je le regardais droit dans les yeux. Parce que j'avais peur. Si je fermais les yeux, j'en étais sûre, je disparaîtrais. Pour m'en sortir, il fallait que je sois présente tout le temps.

Il m'a traitée de salope. Il m'a dit que j'étais sèche.

« Pardon. » Je n'arrêtais pas de m'excuser. – « Je suis vierge.

— Tu vas arrêter de me regarder, oui ? Ferme les yeux. Et puis arrête de trembler.

— Je ne peux pas.

— Arrête, ou tu vas le regretter. »

J'ai obéi. L'image est devenue parfaitement précise. Je l'ai regardé avec plus de force que jamais. Il a appuyé son poing à l'entrée de mon vagin. A introduit ses doigts à l'intérieur, trois ou quatre à la fois. Quelque chose s'est déchiré. J'ai commencé à saigner de là. Maintenant, j'étais mouillée.

Ça l'a excité. Il était intrigué. Quand il a enfoncé tout son poing dans mon vagin et a commencé à aller et venir, je me suis réfugiée dans mon cerveau. Des poèmes m'y attendaient, des poèmes que j'avais appris à l'école : un texte d'Olga Cabral que je n'ai plus jamais retrouvé, « Lillian's Chair », et puis un autre, intitulé « Dog Hospital », de Peter Wild. Tandis qu'une sorte de fourmillement engourdi s'emparait de la partie inférieure de mon corps, j'ai essayé de réciter ces poèmes dans ma tête. J'ai remué les lèvres.

« Arrête de me regarder, a-t-il dit.

— Pardon, ai-je dit. Vous êtes fort », ai-je tenté.

Ça lui a plu. Il a recommencé à se frotter, brutalement. Le bas de ma colonne vertébrale s'écrasait dans le sol. Des morceaux de verre m'entaillaient le dos et les fesses. Mais il n'y arrivait toujours pas. Je ne comprenais pas ce qu'il faisait.

Il s'est reculé, accroupi. « Lève les jambes. »

Ne sachant pas ce qu'il voulait dire, n'ayant jamais fait cela pour un amant ni lu de livres de ce genre, je les ai levées à la verticale.

« Écarte. »

Je les ai écartées. Mes jambes étaient comme celles d'une Barbie en plastique, pâles, rigides. Il n'était toujours pas content. Il a posé une main sur chaque mollet et les a poussés, les écartant plus loin que je ne pouvais les maintenir.

« Reste comme ça. »

Il a essayé encore une fois. Il a enfoncé son poing. M'a empoigné les seins. A pincé les tétons entre ses doigts, a passé sa langue dessus.

Des larmes ont jailli de mes yeux et ont roulé sur mes deux joues. J'abandonnais. C'est alors que j'ai entendu du bruit. Dehors, sur le chemin. Des gens, un groupe de garçons et de filles qui riaient. J'avais dépassé une bande en me rendant au parc, une bande de copains qui fêtaient le dernier jour de cours. Je l'ai regardé ; il ne les entendait pas. Maintenant. J'ai poussé un hurlement et, aussitôt, il a enfoncé sa main dans ma bouche. Au même moment, j'ai réentendu le rire. Cette fois, il se dirigeait vers le souterrain, vers nous. Des cris et des blagues. Des bruits qui nous souhaitaient du bon temps.

Nous sommes restés allongés là, sa main enfermée dans ma bouche, jusqu'au fond de ma gorge, en attendant que le groupe de fêtards s'éloigne. Soit parti. Emportant ma deuxième chance d'évasion.

Les choses ne se passaient pas comme prévu. Ça prenait trop longtemps. Il m'a ordonné de me lever. M'a dit que je pouvais remettre mon *slip*. C'est le mot qu'il a utilisé. Un mot que je détestais.

J'ai cru que c'était fini. Je tremblais, mais je pensais qu'il en avait assez. Il y avait du sang partout, alors je me suis dit qu'il avait fait ce pour quoi il était venu.

« Taille-moi une pipe », a-t-il dit. Il était debout maintenant. J'étais par terre, je cherchais mes vêtements au milieu des détritus.

Il m'a donné un coup de pied et je me suis roulée en boule.

« Une pipe. » Il tenait sa bite dans sa main.

« Je ne sais pas ce que c'est.

— Comment ça, tu ne sais pas ?

— Je n'ai jamais fait ça. Je suis vierge.

— Prends-la dans ta bouche. »

Je me suis agenouillée devant lui. « Est-ce que je peux remettre mon soutien-gorge ? » Je voulais mes habits.

J'ai vu ses cuisses devant moi, elles s'évasaient à partir du genou, les muscles épais et les petits poils noirs, sa bite flasque.

Il m'a attrapé la tête. « Mets-la dans ta bouche et suce.

— Comme une paille ? ai-je demandé.

— Ouais, c'est ça. »

Je l'ai prise dans ma main. Elle était petite. Chaude, moite. Elle a palpité involontairement quand je l'ai touchée. Il a attiré ma tête vers elle et je l'ai enfoncée. Elle a touché ma langue. Un goût de caoutchouc sale, ou de cheveux brûlés. Je l'ai sucée de toutes mes forces.

« Pas comme ça. « Et il a écarté ma tête. » Tu ne sais pas sucer ou quoi ?

— Non. Je vous l'ai dit. Je n'ai jamais fait ça.

— Salope », a-t-il dit. Son pénis mou, il le tenait entre deux doigts et il m'a pissé dessus. Un tout petit peu. Âcre, mouillé, sur mon nez et mes lèvres. Son odeur à lui – fruitée, capiteuse, écœurante – s'accrochait à ma peau.

« Remets-toi par terre, a-t-il dit, et fais ce que je te dis. »

J'ai obéi. Quand il m'a dit de fermer les yeux, j'ai expliqué que j'avais perdu mes lunettes, que je ne le voyais même pas distinctement. « Parle, a-t-il dit. Je te crois, tu es vierge, je suis ton premier mec. » Il s'escrimait sur moi, il essayait de se frotter encore et encore, et, pendant ce temps, je lui répétais qu'il était fort, qu'il était puissant, un vrai mec. Sa bite a durci et il s'est enfoncé en moi. Comme il me l'ordonnait, j'ai enroulé mes jambes autour de son dos et il m'a clouée au sol. J'étais arrimée. Mon cerveau était la seule chose qu'il ne possédait pas, mon cerveau qui regardait, observait et cataloguait tous les détails. Son visage, ses intentions, la meilleure manière de l'aider.

J'ai entendu d'autres fêtards dans l'allée, mais j'étais loin, maintenant. Il faisait des bruits, il enfonçait sa bite. L'enfonçait, et l'enfonçait, et ceux qui passaient sur le chemin, ceux qui étaient si loin, qui vivaient dans le monde où j'avais vécu, je ne pouvais plus les atteindre.

« Vas-y, baise-la ! » a crié une voix en direction du souterrain. C'était le genre d'obscénité complice qui m'avait fait douter que je puisse un jour m'intégrer vraiment parmi les étudiants de Syracuse.

Ils sont passés. Je le regardais droit dans les yeux. Avec lui.

« Tu es tellement fort. Tu es un vrai mec. Merci, merci, j'en avais envie. »

Et puis ça a été terminé. Il a joui et s'est laissé tomber sur moi. J'étais couchée sous lui. Mon cœur qui battait à tout rompre. Mon cerveau qui pensait à Olga Cabral, à la poésie, à ma mère, à n'importe quoi. Puis j'ai entendu sa respiration. Légère et régulière. Il ronflait. J'ai pensé : Échappe-toi. J'ai bougé sous lui et il s'est réveillé.

Il m'a regardée, il ne savait pas qui j'étais. Et puis il a été pris de remords.

« Je suis désolé, a-t-il dit. Tu es une bonne fille, a-t-il dit. Je suis vraiment désolé.

— Je peux me rhabiller ? »

Il s'est écarté et s'est levé, il a remonté son pantalon, a refermé la fermeture Éclair.

« Bien sûr, bien sûr. Je vais t'aider. »

J'avais cessé de m'empêcher de trembler.

« Tu as froid. Tiens, mets ça. » Il m'a tendu ma petite culotte, comme une mère à son enfant, par les deux côtés. J'étais censée me lever et l'enfiler.

« Ça va ? » a-t-il demandé. J'ai été surprise par son ton. Préoccupé. Mais, sur le coup, je n'ai pas pris le temps d'y réfléchir. Tout ce que je savais, c'est que c'était mieux qu'avant.

Je me suis levée et je lui ai pris la culotte des mains. Je l'ai enfilée, j'ai perdu l'équilibre et j'ai failli tomber. J'ai dû m'asseoir par terre pour la mettre. Mes jambes m'inquiétaient. J'avais l'impression d'en avoir perdu le contrôle.

Il m'observait. J'ai remonté lentement ma culotte et il a changé de ton.

« Tu vas avoir un bébé, salope. Qu'est-ce que tu comptes faire ? »

J'ai compris que ça pouvait être une raison pour qu'il me tue. Une preuve. Je lui ai menti.

« Je vous en prie, ne dites rien à personne, je me ferai avorter. Ne dites rien, je vous en supplie. Ma mère me tuerait si elle savait. Je vous en prie, personne ne doit savoir ça. Ma famille ne voudrait plus de moi. Je vous en prie, ne dites rien. »

Il a ri. « D'accord.

— Merci », ai-je dit. J'étais debout à présent, et j'ai enfilé mon chemisier. Il était à l'envers.

« Je peux partir, maintenant ? ai-je demandé.

— Viens ici, a-t-il dit. Un dernier baiser, avant que tu t'en ailles. » Il faisait comme si on sortait ensemble. Pour moi, c'était tout qui recommençait.

Je l'ai embrassé. Ai-je dit que j'avais le choix ? Vous y croyez encore ?

Il s'est excusé de nouveau. Cette fois, il a pleuré. « Je suis tellement désolé. Tu es vraiment une bonne fille, une bonne fille, comme tu l'as dit. »

Ses larmes me dégoûtaient, mais ce n'était qu'une nouvelle nuance d'horreur qui échappait à mon entendement. Il y avait des choses que je devais dire pour éviter qu'il ne me fasse encore plus mal.

« Ce n'est pas grave, ai-je dit. Vraiment.

— Si. Ce n'est pas bien ce que j'ai fait. Tu es une bonne fille. Tu ne m'as pas menti. Je suis désolé d'avoir fait ça. »

Ça m'avait toujours écœurée au cinéma et au théâtre, la femme déchirée par la violence à qui on demande ensuite de dispenser le salut pour le restant de ses jours.

« Je te pardonne. » Il fallait que je le dise. J'étais prête à mourir par petits bouts pour me mettre à l'abri de la vraie mort.

Ça l'a ragaillardi. Il m'a regardée. « Tu es une chouette nana.

— Je peux prendre mon sac ? » ai-je demandé. J'avais peur de faire le moindre geste sans son autorisation. « Mes livres. »

Il est revenu aux choses sérieuses. « Tu as bien dit que tu avais huit dollars ? » Il les a pris dans mon jean. Ils étaient enroulés autour de mon permis. C'était une pièce d'identité avec photo. Ça n'existait pas encore dans l'État de New York, mais en Pennsylvanie, si.

« Qu'est-ce que c'est ? a-t-il demandé. Une de ces cartes déjeuner qu'on peut utiliser au McDo ?

— Non », ai-je dit. J'étais pétrifiée à l'idée qu'il garde ma pièce d'identité. À l'idée de lui laisser davantage que ce qu'il m'avait déjà pris : tout, sauf mon cerveau et mes affaires. Je voulais sortir du souterrain avec.

Il a regardé mon permis un bon moment avant d'être convaincu. Il n'a pas pris la bague de saphir de mon arrière-grand-mère, que j'avais gardée tout le temps à mon doigt. Ce genre de choses ne l'intéressait pas.

Il m'a tendu mon sac et les livres que j'avais achetés cet après-midi-là avec ma mère.

« Par où tu vas ? » a-t-il demandé.

J'ai pointé du doigt. « Bon, a-t-il dit. Salut. »

J'ai commencé à marcher. Sortir du souterrain, franchir la grille à laquelle je m'étais cramponnée un peu plus d'une heure auparavant, emprunter l'allée de briques. Pour rentrer chez moi, il fallait que je m'enfonce encore dans le parc. Il n'y avait pas d'autre chemin.

Un moment plus tard.

« Hé, toi ! » m'a-t-il crié.

Je me suis retournée. J'étais à lui, comme je le suis dans ces pages.

« Comment tu t'appelles ? »

Je ne pouvais pas mentir. Je n'avais pas d'autre nom à dire que le mien. « Alice.

— Content de t'avoir connue, Alice, a-t-il crié. À un de ces quatre ! »

Il est parti en courant dans l'autre sens, le long du grillage des vestiaires de la piscine. Je me suis retournée. J'avais fait mon boulot. Je l'avais convaincu. Maintenant, je marchais.

Je n'ai pas croisé âme qui vive avant d'arriver aux trois petites marches de pierre qui permettaient de sortir du parc pour rejoindre le trottoir. Le local d'une association d'étudiants se trouvait de l'autre côté de la rue. J'ai continué à marcher. Je suis restée sur le trottoir, du côté du parc. Il y avait du monde sur les pelouses de l'immeuble de l'association. Une soirée bière qui se terminait. À l'endroit où la rue de ma cité U débouchait sur le parc, j'ai tourné. Je suis passée devant une autre résidence universitaire, plus grande que la mienne.

J'avais conscience qu'on me regardait. Des gens qui rentraient chez eux après une fête, ou des polards qui respiraient une dernière fois avant l'été. Ils parlaient. Mais je n'étais pas là. Je les entendais à l'extérieur de moi mais, comme quelqu'un qui a eu une attaque, j'étais enfermée dans mon corps.

Ils m'ont abordée. Certains ont couru vers moi, avant de reculer en voyant que je ne réagissais pas.

« Hé, tu l'as vue ? se disaient-ils.

— Elle est complètement à la masse.

— Tu as vu ce sang ? »

J'ai continué à marcher, je suis passée devant eux. J'avais peur de tout le monde. Dehors, sur le perron de la résidence Marion, il y avait des gens qui me connaissaient. De vue, sinon de nom. La résidence Marion avait trois étages, un étage de filles coincé entre deux de garçons. Quand je suis arrivée, il y avait surtout des garçons, dehors. L'un d'eux m'a ouvert la porte extérieure pour me laisser entrer. Un autre m'a tenu la porte intérieure. Ils me regardaient. Évidemment.

L'AS, l'auxiliaire de sécurité, se tenait à une petite table, près de la porte. C'était un étudiant de troisième cycle. Un Arabe, un petit type studieux. Après minuit, il vérifiait les cartes d'étudiant de tous ceux qui voulaient entrer. Il m'a regardée, et s'est levé d'un bond.

« Qu'est-ce qui s'est passé ? a-t-il demandé.

— Je n'ai pas ma carte », ai-je dit.

J'étais là, devant lui, le visage tuméfié, le nez et la lèvre entaillés, une larme sur la joue. Des feuilles étaient emmêlées dans mes cheveux. Mes vêtements étaient à l'envers, tachés de sang. J'avais les yeux vitreux.

« Ça va ?

— Je voudrais monter dans ma chambre, je n'ai pas ma carte », ai-je répété.

Il m'a fait signe d'y aller. « Promets-moi de te soigner », a-t-il ajouté.

Des garçons dans la cage d'escalier. Quelques filles aussi. Presque toute la cité était encore debout. Je suis passée devant eux. Silence. Regards.

J'ai traversé le couloir et j'ai toqué à la porte de la chambre de Mary Alice, ma meilleure amie. Personne. J'ai frappé à la mienne, espérant que ma camarade de chambre y serait. Personne. Enfin, j'ai frappé à la porte de Linda et Diane, deux filles d'une bande de six que nous avions formée cette année. D'abord, personne n'a répondu. Puis le bouton de la porte a tourné.

La chambre était plongée dans les ténèbres. À genoux sur son lit, Linda maintenait la porte ouverte. Je l'avais réveillée.

« Qu'est-ce qui se passe ? a-t-elle demandé.

— Linda, je me suis fait violer et tabasser dans le parc. »

Elle est retombée en arrière, dans l'obscurité. Elle s'était évanouie.

La porte était munie de gonds à ressort. Elle s'est refermée.

L'AS s'était inquiété pour moi. J'ai fait demi-tour et je suis redescendue à son bureau. Il s'est levé. « Je me suis fait violer dans le parc, ai-je dit. Vous voulez bien appeler la police ? »

Égaré, il a parlé à toute vitesse en arabe, puis : « Oui, oui, bien sûr, venez. »

Derrière lui, il y avait une pièce aux parois vitrées. Une sorte de bureau, qui ne servait jamais. Il m'a fait entrer et m'a dit de m'asseoir. Comme il n'y avait pas de chaise, je me suis assise sur la table.

Les garçons étaient rentrés et me regardaient fixement, pressant leurs visages contre la vitre.

Je ne sais plus combien de temps cela a duré – pas très longtemps, parce que nous étions sur le campus et que l'hôpital ne se trouvait que six rues plus loin, au sud. Les policiers sont arrivés les premiers, mais je n'ai aucun souvenir de ce que je leur ai dit sur le coup.

Puis je me suis retrouvée sanglée sur un lit à roulettes. Dans le hall. Il y avait beaucoup de monde maintenant, ils bloquaient l'entrée. J'ai vu l'AS me jeter un coup d'œil pendant qu'on l'interrogeait.

Un policier a pris les choses en main.

« Écartez-vous, a-t-il dit aux curieux. Cette jeune fille vient d'être violée. »

J'ai émergé assez longtemps pour entendre ces mots sortir de sa bouche. Cette jeune fille, c'était moi. L'onde de choc s'est répandue dans les couloirs. Les brancardiers m'ont transportée en bas de l'escalier. Les portes de l'ambulance se sont ouvertes. À l'intérieur, pendant que nous foncions vers l'hôpital, sirènes hurlantes, je me suis effondrée. Je me suis enfouie quelque part, tout au fond de moi-même, roulée en boule, loin de ce qui se passait.

Ils ont traversé au pas de course la porte des urgences. M'ont transportée dans une salle d'examen. Un policier est entré au moment où l'infirmière m'aidait à me déshabiller et à enfiler une chemise d'hôpital. Elle n'était pas contente qu'il soit là, mais il a détourné les yeux et a feuilleté son carnet de notes pour trouver une page vierge.

Je ne pouvais pas m'empêcher de penser aux séries policières qu'on voit à la télé. L'infirmière et l'agent discutaient debout à côté de moi, pendant qu'il commençait à poser des questions, à prendre mes vêtements – ils étaient devenus des pièces à conviction –, et qu'elle me nettoyait le visage et le dos à l'alcool et me promettait que le médecin ne tarderait pas.

Je me souviens mieux de l'infirmière que de lui. De son corps, elle faisait écran entre nous. Alors qu'il recueillait un premier témoignage – les grandes lignes de ce qui m'était arrivé –, elle me parlait tout en procédant à des prélèvements destinés à servir de preuves.

« Tu as dû lui en donner pour son argent », a-t-elle remarqué.

En raclant la matière que j'avais sous les ongles, elle a dit : « Excellent, tu en as un bout. »

Le médecin est arrivé. Le Dr Husa, une gynécologue.

Elle a entrepris de m'expliquer ce qu'elle allait me faire, pendant que l'infirmière mettait le policier à la porte. J'étais allongée sur la table. Elle commencerait par une injection de Demerol qui me relaxerait suffisamment pour qu'elle puisse m'examiner et procéder à des prélèvements. Il n'était pas impossible que ça me donne envie de faire pipi. Il faudrait que je me retienne, a-t-elle dit, parce que cela risquait de fausser les résultats de l'analyse et de détruire les indices dont la police avait besoin.

La porte s'est ouverte.

« Une visite pour vous », a dit l'infirmière.

J'ai cru, je ne sais pourquoi, que c'était ma mère et j'ai paniqué.

« Une certaine Mary Alice.

— Alice ? » J'ai entendu la voix de Mary Alice. Elle était douce, effrayée, égale.

Elle m'a pris la main et je l'ai serrée très fort.

Mary Alice était belle – une vraie blonde avec des yeux verts superbes – et ce jour-là, particulièrement, elle m'a fait penser à un ange.

Le Dr Husa nous a laissées parler un moment pendant qu'elle posait des champs.

Comme tout le monde, Mary Alice avait beaucoup bu à une soirée organisée par une association d'étudiants, tout près de notre cité U.

« Ne me dis pas que ça ne suffit pas à te dessoûler », lui ai-je dit et, pour la première fois, j'ai pleuré, moi aussi, laissant couler mes larmes alors qu'elle m'offrait ce dont j'avais le plus besoin, un petit sourire pour me montrer qu'elle appréciait la blague. C'était la première chose que je reconnaissais de ma vie d'avant, maintenant que j'étais de l'autre côté. Il avait terriblement changé, le sourire de mon amie, il était très marqué, il n'était pas franc et ouvert, il n'avait pas été provoqué par une bêtise comme tous nos sourires de l'année, mais c'était un réconfort. Elle pleurait plus que moi, elle avait le visage tout marbré, tout gonflé. Elle m'a raconté que Diane, qui, comme Mary Alice, mesure plus d'un mètre soixante-quinze, avait littéralement soulevé le petit AS de terre pour lui faire avouer où on m'avait emmenée.

« Il ne voulait le dire à personne d'autre qu'à ta camarade de chambre, mais Nancy n'était pas là. »

J'ai souri en pensant à Diane et Mary Alice tenant l'AS par le collet, ses pieds esquissant un pas de danse comme Keystone Kop.

« Tout est prêt, a dit le Dr Husa.

— Tu veux bien rester ? » ai-je demandé à Mary Alice. Elle est restée.

Le Dr Husa et l'infirmière travaillaient ensemble. Elles devaient me masser les cuisses à intervalles réguliers. Je leur ai demandé de m'expliquer tout ce qu'elles faisaient. Je voulais tout savoir.

« Ce n'est pas tout à fait comme un examen ordinaire, a dit le Dr Husa. Il faut que je fasse des prélèvements qui seront déposés dans des sacs scellés.

— C'est ce qui te permettra de coincer ce salopard », a précisé l'infirmière.

Elles m'ont passé le pubis au peigne, ont pris des échantillons de sang, de sperme et de pertes vaginales. Quand je tressaillais, Mary Alice me serrait la main plus fort. L'infirmière essayait de faire la conversation, elle a demandé à Mary Alice à quelle fac elle allait, m'a dit que j'avais de la chance d'avoir une amie comme elle, a ajouté que le fait que j'aie été tabassée inciterait les flics à m'écouter plus attentivement.

J'ai entendu le Dr Husa murmurer à l'infirmière d'une voix inquiète : « Il y a tellement de sang. »

Pendant qu'elles passaient le peigne, le Dr Husa a dit : « Ah, ça y est, un de ses poils ! » L'infirmière a ouvert le sachet et le Dr Husa y a fait tomber les prélèvements.

« Parfait, a commenté l'infirmière.

— Alice, a dit le Dr Husa, tu vas pouvoir faire pipi si tu veux, mais, ensuite, il faudra que je te fasse quelques points de suture internes. »

L'infirmière m'a aidée à m'asseoir, puis elle a glissé un bassin sous moi. J'ai uriné si longtemps que l'infirmière et Mary Alice ont fait des remarques. Elles riaient chaque fois qu'elles croyaient que j'avais fini. Quand je me suis arrêtée, ce que j'ai vu, c'était un bassin plein de sang, pas d'urine. L'infirmière l'a immédiatement recouvert avec du papier de la table d'examen.

« Ne regarde pas ça. »

Mary Alice m'a aidée à me recoucher.

Le Dr Husa m'a fait glisser vers le bas pour pouvoir me recoudre.

« Ça va te faire mal pendant quelques jours, une semaine peut-être, a dit le Dr Husa. Essaie de ne pas trop en faire, si tu peux l'éviter. »

J'étais incapable de penser en termes de jours ou de semaines. Je ne pouvais me concentrer que sur la minute à venir, et me dire que chaque minute qui passait apporterait un mieux, que lentement tout cela allait disparaître. J'avais demandé à la police de ne pas prévenir ma mère. Je ne me rendais pas compte de la tête que j'avais et m'imaginais pouvoir lui cacher que je m'étais fait violer, à elle et à toute ma famille. Ma mère était sujette à des crises d'angoisse dans les embouteillages ; j'étais sûre que mon viol l'anéantirait.

Après l'examen gynécologique, on a poussé mon lit à roulettes dans une chambre blanche étincelante. On y rangeait de grosses machines incroyables avec des respirateurs artificiels, des appareils en inox et en fibre de verre immaculée. Mary Alice était retournée en salle d'attente. J'ai observé les machines, relevant tous les détails, admirant leur propreté, remarquant qu'elles étaient toutes neuves. C'était la première fois que je me trouvais seule depuis que la mécanique des secours s'était mise en branle. J'étais allongée sur le lit à roulettes, nue sous la chemise d'hôpital, et j'avais froid. Je ne savais pas très bien pourquoi j'étais là, rangée au milieu de toutes ces machines. J'ai attendu longtemps.

Une infirmière est enfin arrivée. J'ai demandé si je pouvais prendre une douche dans la cabine qui se trouvait dans un angle de la pièce. Elle a regardé un tableau accroché au pied du lit dont je n'avais pas remarqué la présence. Je me demandais ce qu'il disait sur moi. J'imaginais le mot *VIOL*, écrit en diagonale à travers la page, en grosses lettres rouges.

J'étais allongée, immobile, je respirais superficiellement. Le Demerol faisait ce qu'il pouvait pour me détendre, mais j'étais encore sale et je résistais. Le moindre centimètre carré de ma peau cuisait, me brûlait. Je voulais me débarrasser de lui. Je voulais prendre une douche, me frotter la peau à vif.

L'infirmière m'a dit que le psychiatre de garde allait passer. Puis elle est sortie. J'ai attendu un quart d'heure à peine – mais il m'a paru interminable, car je sentais le grouillement de la contamination envahir tout mon corps – et un psychiatre soucieux est entré dans la pièce.

J'ai su immédiatement qu'il avait plus besoin que moi du Valium qu'il m'a prescrit. Il était épuisé. Je me souviens lui avoir dit que je connaissais le Valium. Inutile de m'expliquer ce que c'était.

Ma mère y était accro quand j'étais petite. Elle nous avait fait la leçon à ma sœur et moi sur ce genre de produits, et, quand j'ai été plus âgée, j'ai compris ses craintes – que je me soûle ou me came et que je perde ma virginité avec un garçon maladroit. Mais pendant ces sermons, ce que je voyais, c'était ma mère si pleine de vitalité, soudain diminuée, amoindrie comme si on avait jeté un voile de gaze sur ses arêtes vives.

À mes yeux, le Valium ne pouvait pas être le médicament inoffensif que me présentait le médecin. Je le lui ai dit, mais il ne m'a pas écoutée. Quand il est sorti, j'ai fait ce que j'avais décidé de faire presque tout de suite, j'ai chiffonné l'ordonnance pour la mettre à la poubelle. Ça m'a fait du bien. L'idée qu'on puisse se débarrasser si facilement de ce qui m'était arrivé méritait bien ce « va te faire foutre ». Dès cet instant, j'ai compris ce qui risquait de se passer si je laissais les autres s'occuper de moi. Je disparaîtrais du tableau. Je ne serais plus Alice.

Une infirmière est entrée et m'a dit qu'elle pouvait appeler une autre de mes amies pour me donner un coup de main. Avec les analgésiques, il faudrait qu'une infirmière ou quelqu'un d'autre m'aide à garder l'équilibre sous la douche. J'avais envie de faire venir Mary Alice, mais je ne voulais pas être mesquine, alors j'ai demandé

Tree, la fille qui partageait la chambre de Mary Alice, une des six de notre bande. En attendant, j'ai réfléchi à ce que j'allais dire à ma mère, à ce que je pourrais bien inventer pour justifier que je sois aussi vaseuse. Malgré l'avertissement du médecin, je ne pouvais pas deviner à quel point j'aurais mal le lendemain matin, ni quel élégant entrelacs de bleus se dessinerait sur mes cuisses et ma poitrine, sous mes bras et sur mon cou, où, plusieurs jours plus tard, chez moi, dans ma chambre, je commencerais à distinguer les points de pression de ses doigts sur ma gorge – un papillon avec les deux pouces du violeur emboîtés au centre et ses doigts voltigeant vers l'extérieur, en direction de ma nuque. « Je vais te tuer, salope. Ta gueule. Ta gueule. Ta gueule. » Chaque répétition ponctuée par le choc de mon crâne contre les briques, chaque répétition coupant, de plus en plus efficacement, l'afflux d'air vers mon cerveau.

L'expression de Tree, son sursaut, auraient dû me faire comprendre que je ne pourrais pas dissimuler la vérité. Mais elle s'est reprise rapidement et m'a conduite jusqu'à la cabine de douche. Elle était mal à l'aise en ma présence ; je n'étais plus comme elle, j'étais différente.

Je crois que, dans les premières heures qui ont suivi le viol, je m'en suis tirée en ressassant encore et encore, obsessionnellement, comment je pourrais éviter d'en parler à ma mère. Persuadée qu'elle ne s'en remettrait pas, j'ai cessé de penser à ce qui m'était arrivé pour me préoccuper d'elle. L'inquiétude qu'elle m'inspirait a été ma planche de salut. Je m'y suis accrochée, reprenant et reperdant conscience sur le chemin de l'hôpital, pendant qu'on me recousait sur la table d'examen, pendant que le psychiatre me remettait une ordonnance pour les comprimés mêmes qui avaient abruti ma mère autrefois.

La douche se trouvait dans l'angle de la pièce. Je marchais comme une petite vieille, soutenue par Tree. Il fallait que je me concentre tellement pour garder l'équilibre que je n'ai pas vu le miroir, sur le mur de droite, avant de me retrouver presque en face de lui. J'ai levé les yeux.

« Non, Alice », a dit Tree.

J'étais fascinée, comme je l'avais été, toute petite, au Musée archéologique de l'université de Pennsylvanie. Dans une salle spéciale aux lumières tamisées, on avait exposé une momie qu'on avait surnommée le « Bébé Bleu », le visage et le corps à demi effrités d'un enfant mort depuis de longs siècles. Dans le miroir, j'ai vu quelque chose de semblable – j'étais une enfant, comme ce Bébé Bleu l'avait été.

J'ai vu mon visage. J'ai tendu la main pour toucher les contusions, les coupures. C'était moi. Et cette vérité irréfutable : aucune douche ne pourrait effacer les traces du viol. Je n'avais pas le choix. Il fallait que je le dise à ma mère. Elle était bien trop fine pour avaler les bobards que je pourrais inventer. Elle avait travaillé pour un journal et se flattait de ne pas être du genre à prendre des vessies pour des lanternes.

La douche était petite, carrelée de blanc. J'ai demandé à Tree d'ouvrir le robinet. « Le plus chaud possible. »

J'ai retiré la chemise d'hôpital et la lui ai tendue.

Pour tenir debout, j'ai dû m'agripper d'une main au robinet et de l'autre à une poignée, sur le côté de la cabine. Du coup, je ne pouvais plus me frotter. Je me rappelle avoir dit à Tree que je regrettais de ne pas avoir de brosse métallique, mais que ça ne suffirait même pas.

Elle a tiré le rideau, et je suis restée là, à laisser l'eau ruisseler sur moi.

« Est-ce que tu pourrais m'aider ? » ai-je demandé.

Tree a écarté le rideau de quelques centimètres.

« Qu'est-ce que tu veux que je fasse ?

— J'ai peur de tomber. Est-ce que tu pourrais prendre le savon et m'aider à me laver ? »

Elle a tendu le bras à travers l'eau et a attrapé le gros bloc carré. Elle me l'a passé sur le dos, sans me toucher, le savon seul était en contact avec ma peau. J'ai entendu les mots du violeur « la pire mocheté », ces mots que j'allais entendre pendant des années, presque chaque fois que je me déshabillerais devant quelqu'un.

« Laisse, ai-je dit sans pouvoir la regarder. Je vais me débrouiller. Remets le savon. »

Elle a fait ce que je disais, puis elle a tiré le rideau et elle est partie.

Je me suis assise dans la cabine. J'ai pris un gant de toilette et j'ai mis du savon dessus. Je me suis étrillée avec le gant rugueux, sous de l'eau si chaude que ma peau a viré à l'écrevisse. Pour finir, j'ai posé le gant sur mon visage et, des deux mains, je me suis frottée d'avant en arrière, encore et encore, jusqu'à ce que les coupures et le sang qui en coulait aient coloré de rose le petit gant blanc.

Après la douche brûlante, j'ai enfilé les habits que Tree et Diane avaient choisis à la hâte parmi mes rares vêtements propres. Comme elles avaient oublié les sous-vêtements, je n'avais ni soutien-gorge ni petite culotte. Ce que j'avais, c'était un vieux jean sur lequel j'avais brodé des fleurs quand j'étais encore au lycée ; quand il avait été trop usé aux genoux, j'avais ajouté des pièces tarabiscotées – de longues bandes de cachemire plissé et de velours vert foncé. Ma grand-mère l'avait baptisé mon pantalon de « rebelle ». Par-dessus, je portais un chemisier léger à rayures rouges et blanches. J'ai laissé les pans du chemisier sortis, espérant dissimuler le plus possible du jean.

Entre la chaleur de la douche et le Demerol, j'étais complètement sonnée quand on m'a conduite au poste de police. Je me rappelle avoir aperçu la *resident advisor*[1], une étudiante de deuxième année qui s'appelait Cindy, devant la porte blindée, au deuxième étage

---

1. Les *resident advisors* et les *resident assistants* sont des étudiants chargés de diverses responsabilités dans les cités universitaires. Ils jouent notamment les médiateurs entre étudiants, règlent les problèmes pratiques et facilitent l'intégration des nouveaux (*N.d.T.*).

du poste de police, le Public Safety Building. L'image de ce visage rayonnant, son côté « étudiante 100 % américaine », m'ont prise au dépourvu.

Mary Alice est restée dehors avec Cindy pendant que des agents de police me faisaient franchir la porte blindée. Un inspecteur en civil m'attendait à l'intérieur. Il était petit, avec des cheveux noirs un peu longs. Il m'a fait penser à Starsky, de *Starsky et Hutch*, et ne ressemblait pas aux autres policiers. Il s'est montré très gentil avec moi, mais il avait fini son service. L'inspecteur Lorenz s'occuperait de moi, il n'était pas encore arrivé.

Rétrospectivement, je ne peux qu'imaginer l'allure que j'avais. Mon visage enflé, mes cheveux mouillés, ma tenue – mon pantalon de « rebelle » surtout, l'absence de soutien-gorge – et, pour faire bonne mesure, le Demerol qui m'abrutissait.

On m'a demandé d'essayer de réaliser, avec l'aide d'un policier, un portrait-robot à partir d'éléments de visage sur microfilms. J'ai été déçue de ne rien retrouver de mon violeur parmi la cinquantaine de nez, d'yeux et de lèvres proposés. J'ai donné des descriptions précises, mais quand je ne dénichais rien de satisfaisant parmi les minuscules éléments de physionomie en noir et blanc à ma disposition, le policier choisissait pour moi. Le portrait-robot diffusé cette nuit-là n'était pas très ressemblant.

Les policiers ont ensuite pris plusieurs photos de moi, ignorant qu'une autre série de clichés avait été réalisée quelques heures plus tôt. Ken Childs, un garçon que j'aimais bien, m'avait mitraillée à travers son appartement, dans différentes poses. Il avait utilisé presque toute une pellicule.

Ken avait le béguin pour moi, et je savais parfaitement qu'il allait exhiber ces instantanés chez lui, pendant l'été. Je savais qu'ils seraient examinés à la loupe. Est-ce que j'étais jolie ? Est-ce que j'avais l'air intelligent ? Ses amis en seraient-ils réduits à dire « Elle a l'air sympa » ? Ou pire, « Elle a un chouette pull » ?

J'avais pris du poids, mais le jean que je portais était quand même trop grand pour moi, et j'avais emprunté à ma mère sa chemise blanche en oxford et un cardigan à torsades couleur fauve. L'expression qui me vient à l'esprit est *mal fagotée.*

Ainsi, sur les photos d'« avant » prises par Ken Childs, je pose, puis je pouffe de rire avant de m'esclaffer pour de bon. Malgré ma timidité, je m'étais laissé prendre par l'atmosphère bêtifiante de ce flirt. Je pose, une boîte de raisins secs en équilibre sur la tête, je fais mine de déchiffrer ce qui est écrit au dos comme si c'était le texte le plus captivant du monde, je pose les pieds sur sa table de cuisine. Je souris, je souris, je souris.

Sur les photos d'« après », celles de la police, je suis visiblement en état de choc. Le mot de *choc* dans ce contexte doit signifier que je n'étais plus là. Si vous avez déjà vu des photos de victimes de crimes, vous savez qu'elles sont toujours trop pâles ou inhabituellement sombres. Les miennes appartenaient à la variété surexposée. Il y avait quatre types de poses. Visage. Visage et cou. Cou. Debout, avec numéro d'identité. Sur le moment, personne ne vous explique l'importance que ces photos vont avoir. Les traces physiques du viol sont capitales pour donner la preuve de ce qu'on avance. Pour ce qui était de l'apparence, j'avais vingt sur vingt : je portais des vêtements amples, qui n'avaient vraiment rien de sexy ; j'avais manifestement été tabassée. Ajoutez-y ma virginité et vous commencerez à comprendre ce qui compte dans une salle d'audience.

Ils m'ont enfin laissée sortir du Public Safety Building avec Cindy, Mary Alice et Tree. J'ai promis aux policiers de revenir, je leur ai dit qu'ils pouvaient compter sur moi pour faire une déposition et consulter des recueils de photos d'identité judiciaire. Je voulais qu'ils sachent que j'étais une fille sérieuse, que je ne les laisserais pas tomber. Mais ils étaient de service de nuit. Même si je revenais – et, dans leur esprit, c'était loin d'être acquis –, ils ne seraient plus là pour s'en assurer.

La police nous a reconduites à la résidence Marion. C'était le petit matin. La lumière commençait à effleurer Thorden Park, au sommet de la colline. Il fallait que je prévienne ma mère.

Un silence de mort régnait dans la cité universitaire. Cindy a regagné sa chambre, au bout du couloir, Mary Alice et moi avons accepté de la rejoindre un peu plus tard. Nous n'avions de téléphone privé ni l'une ni l'autre.

Nous sommes allées dans ma chambre, où j'ai enfilé un soutien-gorge et une culotte sous mes vêtements.

En ressortant dans le couloir, nous sommes tombées sur Diane avec son petit copain, Victor. Ils étaient restés debout toute la nuit, à m'attendre.

Avant ce matin-là, mes relations avec Victor s'étaient résumées à une question. Je me demandais ce qu'il pouvait bien trouver à cette grande gueule de Diane. Il était beau, athlétique, et incroyablement plus calme que nous tous. Il avait choisi sa spécialité dès sa première année de fac. Un machin comme le génie électrique. À cent lieues de la poésie. Victor était noir.

« Alice », a dit Diane.

D'autres étudiantes sont sorties de la chambre de Cindy. Des filles que je connaissais vaguement, d'autres que je ne connaissais pas.

« Victor voudrait te serrer dans ses bras », a dit Diane.

J'ai regardé Victor. C'était trop. Ce n'était pas lui mon violeur, je le savais. Le problème n'était pas là. Mais il m'empêchait d'aller faire la dernière chose au monde que j'avais envie de faire, la chose qu'il fallait que je fasse. Passer ce coup de fil à ma mère.

« Je ne peux pas, ai-je dit à Victor.

— Il était noir, c'est ça ? » a demandé Victor. Il essayait de me forcer à le regarder, à le regarder en face.

« Oui.

— Je suis désolé », a-t-il dit. Il pleurait. Les larmes coulaient lentement sur ses joues. « Je suis vraiment désolé. »

Je ne sais pas si je l'ai pris contre moi parce que je ne supportais pas de le voir pleurer (c'était tellement bizarre de la part du Victor que je connaissais, du Victor si tranquille qui apprenait ses cours et souriait timidement à Diane), ou parce que ceux qui nous entouraient m'y ont poussée. Il m'a tenue si longtemps que j'ai été forcée de le repousser, alors il m'a lâchée. Il était malheureux, et je n'arrive toujours pas à imaginer ce qu'il avait en tête. Peut-être savait-il déjà que mes proches, et les autres, me diraient des trucs comme « Je parie qu'il était noir », peut-être voulait-il me donner quelque chose pour riposter à cela, une expérience, au cours des mêmes vingt-quatre heures, qui me permettrait de résister à l'envie de ranger les gens en catégories et de diriger ma haine de plein fouet contre eux. C'était le premier homme – blanc ou noir – à m'enlacer depuis le viol, et tout ce je que savais, c'était que je ne pouvais rien lui donner en retour. Les bras autour de moi, la vague menace de puissance physique, c'était trop pour moi.

Finalement, nous nous sommes retrouvés avec un public, Victor et moi. J'allais devoir m'y habituer. Debout à côté de lui, hors de son étreinte, j'étais consciente de la présence de Mary Alice et de Diane. Elles étaient à leur place. Les autres formaient une masse confuse, à l'écart. Ils regardaient ma vie comme si c'était un film. Où étaient-ils, dans leur version de l'histoire ? Je découvrirais au fil des ans que certains avaient fait de moi leur meilleure amie. Connaître une victime, c'est presque aussi bien qu'une célébrité. Surtout si un tabou pèse sur le crime. Au moment où je travaillais sur ce livre, j'étais revenue à Syracuse pour faire des recherches et j'ai rencontré une femme de ce genre. Elle ne m'a pas reconnue tout de suite, tout ce qu'elle savait, c'est que j'écrivais sur l'affaire Alice Sebold. Sortant d'une autre pièce, elle a foncé vers moi et m'a dit, devant ceux qui m'aidaient : « La victime était ma meilleure amie. » Je ne savais absolument pas qui elle était. Quand quelqu'un m'a appelée par mon nom, elle a cligné des yeux puis s'est approchée de moi. Elle m'a embrassée pour sauver la face.

Dans la chambre de Cindy, je me suis assise sur le lit le plus proche de la porte. Cindy, Mary Alice et Tree étaient là, peut-être Diane aussi. Cindy avait chassé les autres et fermé sa porte. Le moment était venu. J'étais assise, le téléphone sur les genoux. Ma mère n'était qu'à quelques kilomètres. Elle était venue à Syracuse en voiture la veille, pour me reconduire chez nous. Elle devait être debout, à bricoler dans sa chambre de l'Holiday Inn. À l'époque, elle voyageait avec sa cafetière personnelle parce qu'elle se faisait du déca dans sa chambre. Elle descendait jusqu'à dix tasses de café par jour, et on ne servait pas encore couramment de déca dans les restaurants. Avant qu'elle me dépose chez Ken Childs la veille au soir, nous étions convenues qu'elle passerait me prendre à la résidence vers huit heures et demie du matin – un départ un peu tardif pour elle, mais elle m'avait accordé cette concession, sachant que je me serais couchée tard pour dire au revoir à mes copains. Je regardais mes amies, espérant les entendre dire « Tu n'es pas si mal en point » ou me fournir l'histoire, la seule, l'histoire parfaite, qui pourrait justifier les balafres et les bleus qui ornaient mon visage – celle que j'avais été incapable d'inventer pendant la nuit.

Tree a composé le numéro.

Quand ma mère a décroché, Tree a dit : « Mrs. Sebold, ici Tree Roebeck, une amie d'Alice. »

Peut-être ma mère a-t-elle dit bonjour.

« Je vais vous passer Alice. Elle veut vous parler. »

Tree m'a tendu le téléphone.

« M'man », ai-je commencé.

Le tremblement de ma voix, qui me semblait si fla-
grant, lui avait apparemment échappé. Elle était énervée.

« Qu'y a-t-il, Alice ? Je ne vais pas tarder à me mettre
en route, tu sais. Ça ne pouvait pas attendre ?

— M'man, il faut que je te dise quelque chose. »

Cette fois, elle l'avait entendu. « Quoi, que se passe-
t-il ?

— C'est hier soir. Je me suis fait attaquer et violer dans
le parc. »

Ma mère a dit : « Oh, mon Dieu », puis après avoir ins-
piré rapidement, un halètement de saisissement, elle a
pris sur elle : « Ça va ?

— Est-ce que tu peux venir me chercher, maman ? »
ai-je demandé.

Elle a dit qu'elle serait là dans une vingtaine de minutes, le temps de faire ses bagages et de payer sa note. Elle
arrivait.

J'ai raccroché.

Mary Alice m'a proposé d'attendre dans sa chambre.
Quelqu'un était allé acheter des petits pains et des
donuts.

Depuis notre retour, les étudiants de la cité s'étaient
réveillés. On se bousculait autour de moi. Beaucoup
d'étudiantes, dont mes amies, retrouvaient leurs parents
pour le petit déjeuner ou se dépêchaient de rejoindre les
stations de bus et les aéroports. Elles venaient faire un
saut, puis s'éclipsaient pour finir leurs bagages. J'étais
assise, le dos contre le mur de parpaings de la résidence.
Quand quelqu'un entrait ou sortait, quand la porte
s'ouvrait, je surprenais des bribes de conversation.

« Où est-ce qu'elle est ? » « Violée… » « … vu sa
tête ? » « … elle le connaît ? » « … toujours été
bizarre… »

Je n'avais rien mangé depuis la nuit précédente – depuis
les raisins secs de Ken Childs – et je ne pouvais pas
regarder les petits pains ou les donuts sans penser à la

dernière chose que j'avais eue en bouche : le pénis du violeur. J'essayais de rester éveillée. Cela faisait plus de vingt-quatre heures que j'étais debout – bien plus, sans compter toutes les nuits blanches que j'avais accumulées au cours des dernières semaines –, mais j'avais peur de m'endormir avant l'arrivée de ma mère. Mes amies et la *resident advisor* qui, après tout, n'avait que dix-neuf ans, faisaient ce qu'elles pouvaient pour moi, mais j'avais l'impression d'être passée de l'autre côté de quelque chose qu'elles ne pouvaient pas comprendre. Je ne le comprenais pas moi-même.

2.

Pendant que j'attendais ma mère, d'autres s'en allaient déjà. J'ai mangé un cracker, que m'a offert Tree, ou peut-être Mary Alice. Des amies sont venues me dire au revoir. Mary Alice ne partait que plus tard, dans l'après-midi. Elle avait fait instinctivement ce que peu de gens font en cas de crise : s'embarquer pour toute la traversée.

Je tenais à être bien habillée pour accueillir ma mère et rentrer chez moi. Mary Alice avait déjà été ébahie aux vacances de Noël et de printemps en me voyant enfiler une jupe et un blazer avant d'aller prendre le car pour la Pennsylvanie. Chaque fois, Mary Alice attendait sur le trottoir, devant la cité U, en jogging et veste avachie, entourée de sacs-poubelle remplis de linge, prêts à être chargés dans la voiture de ses parents. Les miens aimaient que j'aie l'air soigné. Quand j'étais au lycée, ils discutaient souvent, le matin, de mes choix vestimentaires. J'avais commencé à suivre un régime à onze ans et mon poids, ainsi que son incidence négative sur ma beauté, était un sujet de conversation fréquent. Mon père était le champion des compliments équivoques. « On dirait vraiment une ballerine russe, m'a-t-il lancé un jour. En plus gros. » Ma mère disait et répétait : « Si tu étais moins belle au départ, ça n'aurait pas d'importance. » Leur intention étant, je suppose, de me faire savoir qu'ils me trouvaient belle. Avec pour conséquence, évidemment, que j'étais persuadée d'être moche.

Me faire violer en était sans doute la meilleure confirmation. Au lycée, dans leur « testament de terminale », deux garçons m'avaient légué des cure-dents et du pigment. Les cure-dents pour mes yeux bridés, le pigment pour ma peau trop blanche. J'étais pâle, toujours pâle, et sans muscles. J'avais des lèvres épaisses et de petits yeux. Le matin du viol, j'avais les lèvres entaillées, les yeux gonflés.

J'ai mis un kilt vert et rouge, en veillant à utiliser l'épingle spéciale que ma mère avait fini par dénicher après avoir fait je ne sais combien de magasins. Elle m'avait souvent fait remarquer que les jupes portefeuille étaient indécentes, notamment lorsque nous croisions une femme ou une fille qui n'avait pas remarqué que le rabat s'était écarté, et qu'elle nous offrait – nous, public d'un parking ou d'un centre commercial – la vision de plus de cuisse « que l'on n'en pourrait souhaiter », comme disait ma mère.

Ma mère était une adepte des vêtements amples, et, pendant toute mon enfance, j'ai entendu ma grande sœur, Mary, se plaindre que tout ce que maman nous achetait était dix fois trop grand. Dans les cabines des grands magasins, elle vérifiait la taille des pantalons ou des jupes en glissant sa main dans la ceinture. Si elle avait du mal à l'introduire entre nos sous-vêtements et la tenue que nous essayions, cela voulait dire que celle-ci était trop étroite. Quand ma sœur protestait, ma mère répliquait : « Mary, je ne comprends pas pourquoi tu tiens absolument à porter des pantalons qui ne laissent aucune place, je dis bien aucune, à l'imagination. »

Nous nous asseyions en croisant les jambes. Nous étions toujours bien coiffées, les cheveux tirés en arrière au-dessus des oreilles. Avant d'entrer au lycée, nous n'avions pas le droit de porter de jean plus d'une fois par semaine. Nous devions mettre une robe pour aller en classe au moins une fois par semaine. Des chaussures plates, à part des escarpins de chez Pappagallo, essentiellement réservés à l'église, et dont, de toute façon, le talon ne dépassait pas trois centimètres et demi de haut. Le chewing-gum faisait pute ou serveuse de bistrot, et seules les petites femmes pouvaient se permettre de porter des cols roulés et des chaussures à brides.

Je savais que, maintenant que je m'étais fait violer, il faudrait que je fasse bonne figure devant mes parents. Comme j'avais pris les quelques kilos de règle pendant la première année de fac, ma jupe était parfaitement à ma taille ce jour-là. Je voulais leur prouver, et me prouver à moi-même, que j'étais encore celle que j'avais toujours été. Trop grosse, mais belle. Grande gueule, mais intelligente. Ravagée, mais bonne fille quand même.

Pendant que je m'habillais, Tricia, une représentante de SOS Viols, est arrivée. Elle a tendu des brochures à mon amie et en a laissé des piles dans le hall d'entrée de la résidence. Si quelqu'un s'interrogeait encore sur les causes du remue-ménage de la nuit précédente, il avait la réponse. Tricia était grande et mince, avec des cheveux châtains qui encadraient son visage en fines mèches ondulées. Son attitude réconfortante, son côté « Je suis là pour toi », ne m'inspiraient pas confiance. J'avais Mary Alice. Ma mère n'allait pas tarder. Je n'aimais pas la délicatesse de cette étrangère, je ne voulais pas faire partie de son club.

On m'a avertie que ma mère était dans l'escalier. Je voulais que Tricia la boucle – je ne voyais pas comment ses paroles pouvaient m'aider à affronter cette épreuve –, et je faisais les cent pas dans la chambre, me demandant s'il fallait que je sorte dans le couloir.

« Ouvre la porte », ai-je dit à Mary Alice. J'ai respiré un grand coup, et me suis plantée au milieu de la chambre. Je voulais que ma mère sache que ça allait. Rien ne pouvait m'atteindre. Je m'étais fait violer, mais j'allais bien.

Il ne m'a fallu que quelques secondes pour constater que ma mère, qui, j'en étais sûre, s'effondrerait d'une minute à l'autre, possédait exactement l'énergie revigorante indispensable pour me permettre d'aller jusqu'au bout de cette journée.

« Je suis là, maintenant », a-t-elle dit. Quand nous étions au bord des larmes, nous avions toutes les deux le menton qui tremblait, un point commun que nous détestions.

Je lui ai parlé de la police, je lui ai dit qu'il fallait y retourner. Il me restait à faire une déposition sous serment et à consulter des recueils de photos d'identité judiciaire. Ma mère a parlé à Tricia et à Cindy, elle a remercié Tree et Diane, et surtout Mary Alice, qu'elle connaissait déjà. Je la regardais prendre le relais. Je l'ai laissée faire, de bon gré, sans me demander sur le coup ce qu'il lui en coûtait.

Les filles ont aidé ma mère à faire mes bagages et à porter toutes mes affaires jusqu'à la voiture. Victor a donné un coup de main, lui aussi. Je suis restée dans la chambre. J'étais mal à l'aise dans le couloir. Ses portes ouvraient sur des chambres dont les occupants savaient ce qui m'était arrivé.

Avant que nous ne partions, ma mère et moi, et pour me prouver son amour une dernière fois, Mary Alice a démêlé mes cheveux en pagaille pour me faire une tresse plate. C'était une chose qu'elle savait faire, et pas moi. Elle en avait une longue expérience parce qu'elle avait soigné des chevaux dont elle avait tressé les crinières pour des concours. Ça me faisait mal, j'avais le cuir chevelu endolori parce que le violeur m'avait attrapée et tirée par les cheveux mais, avec chaque mèche qu'elle ajoutait à la natte, j'essayais de rassembler ce qui me restait d'énergie. Avant que Mary Alice et ma mère ne m'aident à descendre l'escalier et à m'installer dans la voiture, avant que Mary Alice ne m'embrasse et ne me dise au revoir, j'ai su que j'allais faire tout mon possible pour feindre que tout allait bien.

Nous nous sommes dirigées vers le centre, vers le bâtiment de la police. Une dernière corvée avant de rentrer à la maison.

J'ai regardé des photos d'identité judiciaire, mais je n'ai pas reconnu l'homme qui m'avait violée. À neuf heures, l'inspecteur Lopez est arrivé et sa première tâche de la journée a été de prendre ma déposition. Mon corps me lâchait, maintenant, j'avais tendance à m'assoupir. Lorenz m'a conduite dans la salle d'interrogatoire, dont les murs étaient tapissés d'une fine moquette. Pendant que je racontais ce qui m'était arrivé, il était assis à un bureau derrière une vieille machine à écrire, il tapait lentement avec deux doigts. Je dérivais, j'avais un mal de chien à rester vigilante, mais je lui ai tout dit. Le travail de Lorenz consistait à résumer mes propos sur une seule page pour le dossier, ce qui explique que, par moments, il se soit mis en colère. Il aboyait : « C'est sans importance, je veux des faits, rien d'autre. » J'ai pris chaque rappel à l'ordre pour ce qu'il était : il s'agissait de me faire comprendre que la spécificité du viol que j'avais subi n'importait pas, la seule chose qui comptait était de savoir si et par quels aspects il pouvait donner lieu à des poursuites judiciaires. Viol premier degré, autres formes d'abus sexuels premier degré, etc. Qu'il m'ait tordu les seins, enfoncé son poing dans le vagin, déflorée : sans importance.

Tout en luttant pour rester consciente, j'ai pris la température de cet homme. Il était las, fatigué, le côté administratif de son travail à la police de Syracuse le barbait, prendre une déposition dans une affaire de viol était une manière absolument merdique de commencer sa journée.

Et puis, il était mal à l'aise avec moi. D'abord, parce que j'étais victime d'un viol, ce qui l'obligeait à entendre un certain nombre de faits qui auraient suffi à gêner n'importe qui, mais aussi parce que j'avais du mal à rester éveillée. Il me lorgnait du coin de l'œil, me jaugeant de l'autre côté de sa machine à écrire.

Quand je lui ai dit que je ne savais pas qu'un homme devait avoir une érection pour pouvoir me pénétrer, il m'a regardée.

« Voyons, Alice, a-t-il dit en souriant. Vous savez ça aussi bien que moi.

— Je suis désolée », ai-je dit, ayant l'impression d'être prise en faute. « Je ne le sais pas. Je n'ai jamais eu de relations sexuelles avec un homme avant. »

Il s'est tu, puis il a baissé les yeux. « Les pucelles, c'est pas tellement mon rayon », a-t-il conclu.

J'ai fini par décréter que j'aimais bien l'inspecteur Lorenz et que j'allais le trouver paternel. Il était la première personne à avoir entendu tous les détails. Je n'imaginais pas un instant qu'il puisse douter de ma parole.

Le 8 mai 81, j'ai quitté le domicile de mon ami au 321 Westcott Street vers minuit. J'ai décidé de rejoindre ma résidence universitaire au 305 Waverly Avenue en traversant Thorden Park. Vers minuit cinq, alors que je me trouvais sur l'allée au-delà des vestiaires de la piscine, près de l'amphithéâtre, j'ai entendu des pas derrière moi. J'ai accéléré l'allure mais je me suis fait rattraper par quelqu'un qui m'a posé la main sur la bouche. Cet homme a dit : « Tais-toi. Je ne te ferai pas de mal si tu fais ce que je te dis. » Il a retiré sa main de ma bouche et j'ai crié. Alors il m'a jetée à terre, m'a tirée par les cheveux et a dit : « Ne pose pas de questions. Je pourrais te tuer, là, tout de suite. » Nous étions tous les deux par terre et il m'a menacée d'un couteau que je n'ai jamais vu. Puis il a commencé à se battre avec moi et m'a dit de me diriger vers l'amphi-théâtre. En marchant, je suis tombée et il s'est fâché, m'a attrapée par les cheveux et m'a traînée dans l'amphithéâtre. Il a commencé à me déshabiller, il ne m'a laissé que mon soutien-gorge et mon slip. J'ai retiré mon soutien-gorge et mon slip, il m'a dit de m'allonger, ce que j'ai fait. Il a retiré son pantalon et a commencé à avoir des relations sexuelles avec moi. Quand ça a été terminé, il s'est relevé et m'a demandé de lui « tailler une pipe ». J'ai dit que je ne savais pas ce que ça voulait dire ; il a dit : « Suce-la. » Puis il m'a pris la tête et m'a obligée à prendre son pénis dans ma bouche. Quand il a eu fini, il m'a dit de m'allonger par terre et il a de nouveau eu des relations sexuelles avec moi. Il s'est endormi sur moi quelques instants. Il s'est levé, m'a aidée à me rhabiller et a pris neuf dollars que j'avais dans ma poche arrière. Puis il m'a laissée partir. Je suis retournée à la résidence Marion où j'ai prévenu la police de l'université.

Je tiens à déclarer que l'homme qui m'a agressée dans le parc est un Noir d'environ seize, dix-huit ans, petit, musclé, pesant approximativement soixante-quinze kilos. Il portait un sweat-shirt bleu marine et un jean foncé. Ses cheveux étaient coupés court, à l'afro. Je désire engager des poursuites judiciaires si cet individu est arrêté.

Lorenz m'a tendu cette déposition pour que je la signe.
« C'était huit dollars, pas neuf, ai-je rectifié. Et ce qu'il a fait à mes seins ? Et son poing ? ai-je demandé. Nous nous sommes battus plus que ça. » Je n'avais d'yeux que pour ce que je prenais pour des erreurs de sa part, ce qu'il avait laissé de côté, les mots qu'il avait employés à la place de ceux qui avaient réellement été prononcés.
« Ça n'a aucune importance, a-t-il dit. Il ne s'agit que d'un résumé. Dès que vous aurez signé, vous pourrez rentrer chez vous. »

J'ai signé. Je suis partie pour la Pennsylvanie avec ma mère.

De bonne heure ce matin-là, quand ma mère était arrivée à la résidence, je lui avais demandé s'il fallait qu'elle prévienne papa. Elle l'avait déjà fait. Il avait été la première personne qu'elle avait appelée. Au cours de cette conversation téléphonique, ils avaient hésité à informer ma sœur immédiatement. Il lui restait un dernier examen à passer à l'université de Pennsylvanie. Mais mon père avait besoin de lui en parler autant que ma mère avait eu besoin de lui en parler, à lui. Il l'a appelée dans sa chambre de cité universitaire à Philadelphie le matin même pendant que nous rentrions à la maison, ma mère et moi. Mary passerait son dernier examen en sachant que je m'étais fait violer.

C'est ainsi que je me suis mise à élaborer ma théorie des personnages principaux et secondaires. D'accord pour que les personnages principaux, ma mère et mon père, ma sœur et Mary Alice, en parlent. Ils en avaient besoin, c'était parfaitement naturel. Mais ceux à qui ils en parlaient, les personnages secondaires, ne devaient rien dire à personne. Je pensais que, comme ça, j'arriverais à empêcher la nouvelle de circuler. J'oubliais fort commodément tous les visages de la résidence, les visages de ceux qui n'avaient aucune raison particulière de respecter la moindre promesse à mon égard.

Je rentrais à la maison.

Ma vie était finie ; ma vie venait de commencer.

3.

Paoli, en Pennsylvanie, est une vraie ville, avec un centre et une ligne de train qui porte son nom, la Paoli Local. Quand on me demandait d'où je venais, je répondais de Paoli. Ce n'était pas vrai. Je venais de Malvern. Enfin, c'était mon adresse postale. En réalité, j'étais de Frazer. J'ai grandi dans une vallée qui ne ressemblait à rien, où des terres cultivées avaient été divisées en parcelles nues pour être vendues à des promoteurs. Notre lotissement, Spring Mill Farms, a été l'un des premiers construits. Pendant plusieurs années, cette quinzaine de maisons a eu l'air d'avoir atterri au milieu d'un ancien cratère de météorite. Il n'y avait rien à des kilomètres à la ronde, sauf le lycée, tout aussi neuf et dépourvu d'arbres. De nouvelles familles comme la mienne sont venues s'installer dans les maisons de deux étages et ont acheté du gazon ou des petits semoirs vrombissants que les pères promenaient de long en large sur leurs lopins boueux comme des animaux domestiques remarquablement dressés. La mort dans l'âme parce qu'elle n'arrivait pas à faire pousser quoi que ce soit qui ressemblât aux pelouses des magazines, ma mère a été enchantée de voir s'installer de la digitale. « Au diable, a-t-elle dit. Au moins, c'est vert. »

Les maisons existaient en deux versions : avec garage en saillie sur l'avant, ou garage planqué sur le côté. On

pouvait choisir entre deux ou trois couleurs pour les bar-
deaux et les volets. C'était à mes yeux une sorte de friche
qui exigeait un entretien de chaque instant, tondeuse à
gazon, plantations, désherbage et bonnes relations avec
les voisins de part et d'autre. Nous avions même une
palissade blanche. J'en connaissais chaque piquet, car
nous étions chargées, ma sœur et moi, de crapahuter à
quatre pattes pour couper à la cisaille l'herbe que la tondeuse ne pouvait pas atteindre.

Pour finir, d'autres lotissements ont surgi de terre
autour de nous. Seuls les premiers résidents de Spring
Mill Farms étaient capables de distinguer la limite entre
notre lotissement et les autres. C'est vers cet éventail
banlieusard que je suis revenue après m'être fait violer.

Quand j'avais une dizaine d'années, le vieux moulin
qui avait donné son nom au quartier n'avait pas encore
été restauré. La maison de son propriétaire, de l'autre
côté de la rue, était l'une des rares constructions anciennes du coin. Quelqu'un y avait mis le feu et la grande
bâtisse blanche présentait désormais des trous noirs à la
place des fenêtres tandis que sa balustrade de bois verte
calcinée s'effondrait par endroits.

Quand nous passions devant en voiture avec ma
mère, ce qui nous arrivait chaque fois que nous quit-
tions le lotissement, j'étais fascinée – par sa vétusté,
ses herbes folles et les traces d'incendie, les flammes
qui avaient léché les fenêtres et laissé des cicatrices de
cendre noircie au-dessus de leurs châssis, comme des
couronnes.

En un sens, les incendies ont fait partie intégrante de
mon enfance ; ils m'attiraient, me laissant entraperce-
voir une face de la vie encore inconnue. C'était une
catastrophe, bien sûr, mais ils semblaient, inévitable-
ment, marquer un changement, et c'est ce qui m'obsé-
dait. J'avais connu une fille du quartier dont la maison
avait été touchée par la foudre. Elle avait déménagé, et

je ne l'avais plus jamais revue. De la même manière, une aura de mal et de mystère entourait aussi l'incendie de la maison du propriétaire du moulin, embrasant mon imagination chaque fois que je passais devant.

Quand j'avais cinq ans, j'étais entrée dans une maison près du vieux cimetière de Zook, dans Flat Road. J'étais avec mon père et ma grand-mère. La maison, située très en retrait de la rue, avait été ravagée par le feu. J'avais peur, mais mon père était intrigué. Il s'était dit que nous pourrions y dénicher quelques bricoles qui agrémenteraient la cage à lapins dans laquelle lui et ma mère venaient d'emménager. Ma grand-mère lui avait donné raison.

Sur la pelouse, à quelque distance de la maison, j'ai vu une poupée de chiffons calcinée. Un Raggedy Andy. J'ai voulu la ramasser et mon père a dit : « Non ! Que des objets utiles ! Pas des trucs de gosse. » Je crois que c'est à cet instant que j'ai pris conscience avec effarement que nous pénétrions dans un endroit où des êtres comme moi – des enfants – avaient vécu, et ne vivaient plus. Ne pouvaient plus vivre.

Une fois à l'intérieur, ma grand-mère et mon père se sont mis au travail. L'essentiel de la maison était hors d'état ; ce qui était encore debout était noirci par la fumée au point d'en être irrécupérable. Il restait des meubles, des tapis et des décorations au mur, mais tout était noir, abandonné.

Ils ont alors décidé d'emporter la rampe d'escalier. « Du bon vieux bois, a dit ma grand-mère.

— Et à l'étage ? » a demandé mon père.

Ma grand-mère a cherché à le dissuader. « Il fait noir comme dans un four là-haut. En plus, l'escalier ne m'inspire pas confiance. »

Je suis une vérificatrice d'escaliers hors pair. J'attends toujours ce moment-là dans les films, quand il y a un incendie et que les héros se précipitent dans les flammes.

Vérifient-ils la solidité de l'escalier ? Dans le cas contraire, mon esprit critique s'empresse de crier : « Chiqué ! »

Mon père a jugé qu'étant la plus petite je courais le moins de risques. Il m'a envoyée à l'étage pendant que ma grand-mère et lui essayaient d'arracher les barreaux de la rampe. « Préviens-nous si tu trouves quelque chose ! a-t-il crié. Des meubles ou ce genre de trucs. »

Je me souviens d'une chambre d'enfant jonchée de jouets, plus précisément de petites voitures, des Matchboxes, dont je faisais collection. Elles gisaient sur le flanc et sur le dos sur un tapis gansé, les couleurs pétantes du métal moulé, jaune, bleu, vert, dans la maison sombre, brûlée. Dans le placard ouvert, il y avait des vêtements d'enfants dont tous les ourlets étaient roussis. Un lit défait. Ça s'était passé la nuit : je me rappelle m'être dit cela, quand j'étais plus grande. Ils dormaient.

Au milieu de ce lit, j'ai remarqué une petite cavité sombre, calcinée, qui s'enfonçait jusqu'au sol. Je l'ai fixée du regard. Un enfant était mort là-dedans.

Quand nous sommes rentrés à la maison, ma mère a traité mon père d'imbécile. Elle était blême. Il était arrivé avec ce qu'il considérait comme un butin. « Ces barreaux feront des pieds de table du tonnerre », avait-il annoncé. Je préférais me rappeler les Matchboxes et le Raggedy Andy. Mais quel enfant aurait abandonné ses jouets, même légèrement noircis ? Où étaient les parents, me suis-je demandé toute la nuit et dans les cauchemars qui ont suivi. Est-ce qu'ils s'en étaient tirés ?

Cet incendie a donné naissance à un récit. J'ai inventé une nouvelle vie pour cette famille. Je l'ai faite telle que je l'aurais voulue : maman, papa, un garçon et une fille. Parfaite. L'incendie était un nouveau départ. Un changement. Les objets restés sur place avaient été abandonnés exprès ; le petit garçon était trop grand, il ne voulait plus de ses Matchboxes, voilà ce que j'imaginais. Mais les jouets me hantaient. Le visage du Raggedy Andy sur le sentier, dehors, ses yeux noirs et brillants.

C'est une camarade de six ans qui a été la première à porter un jugement sur ma famille. Elle était petite et blonde, le genre de blondeur filasse qui s'estompe avec l'âge, et elle habitait en bas de la rue, au bout du pâté de maisons. Il n'y avait que trois filles de mon âge, dont moi, dans tout le quartier et nous avons joué à être amies, elle et moi, avant de nous perdre dans le monde plus vaste de l'école primaire et du collège.

Nous étions assises sur la pelouse, devant ma maison, près de la boîte aux lettres, en train d'arracher des touffes d'herbe. Nous venions de commencer, cette semaine-là, à prendre le bus ensemble. Pendant que nous arrachions l'herbe par poignées et que nous en faisions un petit tas, près de nos genoux, elle a dit : « Ma maman, elle dit que ta maman, elle est bizarre. »

Avec une sorte de maturité factice provoquée par le choc, j'ai demandé : « Pardon ?

— Tu seras pas fâchée, hein ? » implora-t-elle. Je lui ai promis que non.

« Ma maman, mon papa, et puis la maman et le papa de Jill, ils ont dit que ta famille, elle est bizarre. »

Je me suis mise à pleurer.

« Moi, je te trouve pas bizarre, a-t-elle dit. Je te trouve chouette. »

À cet âge-là déjà, j'étais rongée d'envie. Je voulais ses cheveux blonds comme de la paille, qu'elle portait dénoués, au lieu de mes ridicules nattes brunes et de la frange que ma mère égalisait en collant un ruban adhésif dessus et en coupant ce qui dépassait. Je voulais son père, qui passait beaucoup de temps dehors et qui, les rares fois où j'allais chez elle, disait des trucs comme « Ça roule, ma poule ? » ou « Comment vas-tu, poilu ? ». J'entendais mes parents d'une oreille : Mr. Halls était ordinaire, pas étonnant qu'il ait du bide avec toutes les bières qu'il descendait, il s'habillait comme un prolo ; et ma copine de l'autre : mes parents étaient bizarres.

Mon père travaillait à l'intérieur de la maison, derrière des portes closes, il avait un énorme dictionnaire de latin, vieux comme le monde, posé sur un pupitre en fer forgé, il parlait espagnol au téléphone, il buvait du sherry et mangeait de la viande crue, du chorizo en fait, à cinq heures de l'après-midi. Jusqu'à ce fameux jour avec ma copine, au jardin, je me figurais que tous les pères faisaient ça. Puis j'ai commencé à cataloguer, à analyser. Ils passaient la tondeuse. Ils buvaient de la bière. Ils jouaient au jardin avec leurs gosses, ils faisaient le tour du pâté de maisons avec leurs femmes, ils s'entassaient dans des camping-cars et, quand ils sortaient, ils mettaient des cravates rigolotes ou des polos, et certainement pas des insignes du Phi Bêta Kappa[1] et des vestons sur mesure.

Pour les mères, c'était une autre affaire. J'aimais la mienne si férocement que je n'ai jamais voulu admettre la moindre insatisfaction à son sujet. Je remarquais bien que ma mère avait l'air plus angoissée que les autres, moins préoccupée par son maquillage, ses tenues vestimentaires et ses menus. J'aurais bien voulu que ma mère soit normale, comme les autres mamans, souriante et n'ayant apparemment pour seul souci que le bien-être de sa famille.

Un soir, j'ai regardé *The Stepford Wives* à la télé avec mon père. Mon père a adoré ce film ; il m'a fichu une trouille bleue. Bien sûr, je pensais que ma mère était Katharine Ross, la seule femme en chair et en os d'une ville où toutes les épouses avaient été remplacées par des robots de ménagères parfaites, automatisées. J'en ai fait des cauchemars pendant des mois. J'avais peut-être envie que ma mère change, mais pas qu'elle meure et je ne voulais pas, surtout pas, qu'elle soit remplacée.

---

1. Association d'étudiants fondée en 1776 et réservée aux plus brillants éléments (*N.d.T.*).

Quand j'étais petite, j'avais peur de perdre ma mère. Elle était souvent dissimulée derrière la porte de sa chambre fermée à clé. Il nous arrivait, à ma sœur ou moi, de la réclamer le matin. Nous voyions notre père sortir de sa chambre, et, quand nous nous approchions, il nous expliquait : « Votre mère a mal à la tête ce matin », ou bien : « Votre mère ne se sent pas bien. Elle va sortir dans un moment. » J'ai découvert que si je frappais quand même à sa porte, une fois que mon père était descendu et s'était enfermé dans son bureau où nous n'avions pas le droit de le déranger, il arrivait que ma mère me laisse entrer. Je me fourrais dans son lit, j'inventais des histoires ou je lui posais des questions.

Elle vomissait souvent à cette époque et, un jour où mon père avait oublié de fermer la porte à clé, je l'ai surprise. Quand je suis entrée dans sa chambre, j'ai vu mon père, debout sur le seuil de la salle de bains attenante. Il me tournait le dos. J'ai entendu ma mère faire des bruits épouvantables. J'ai passé la tête juste à temps pour voir un jet de vomi rouge vif sortir de sa bouche et tomber dans le lavabo. Elle a vu que je la regardais ; mes yeux au niveau des hanches de mon père se réfléchissaient dans le miroir accroché devant le lavabo. Toujours prise de nausées, elle m'a désignée du doigt à mon père, qui m'a chassée et a refermé la porte à clé. Puis ils se sont disputés. « Pour l'amour du ciel, Bud, a dit ma mère, tu sais pourtant qu'il faut fermer la porte. »

Quand j'étais petite, les oreillers de ma mère sentaient la cerise. Une odeur douceâtre, écœurante. Mon violeur sentait comme ça, la nuit du viol. J'allais mettre des années à admettre que c'était l'odeur de l'alcool.

L'histoire de la rencontre entre mes parents m'a toujours plu. Mon père travaillait au Pentagone, il était plus fort pour la paperasse que sur le terrain (à l'instruction, on leur avait donné l'ordre, à un de ses copains et lui, d'escalader un mur ; il a cassé le nez de son partenaire qui lui faisait la courte échelle en posant le pied dessus). Ma mère habitait chez ses parents, à Bethesda, dans le Maryland. Elle avait travaillé pour le *National Geographic Magazine* avant d'entrer à l'*American Scholar*. Des amis avaient organisé un rendez-vous. Ils se sont détestés. Ma mère a trouvé que mon père était un « âne prétentieux » et, après une autre soirée avec le couple qui avait pris cette initiative, ils ont décidé de tirer un trait sur l'expérience.

Mais ils se sont retrouvés un an plus tard. Sans que l'on puisse parler de coup de foudre, ce n'était plus de la haine, et mon père a invité ma mère à sortir avec lui une deuxième fois. « Ton père était le seul à accepter de prendre le bus pour quitter la capitale puis de parcourir à pied les huit kilomètres qui séparaient le dernier arrêt de chez nous », m'a dit ma mère plusieurs fois. Cet exploit lui avait valu toute l'affection de ma grand-mère, semble-t-il, et pour finir, mes parents se sont mariés.

À ce moment-là, mon père avait déjà passé son doctorat de littérature espagnole à Princeton, et mes parents sont allés s'installer à Durham, en Caroline du Nord, où il a obtenu son premier poste universitaire, à la Duke University. Ma mère passait ses journées toute seule, incapable de se faire des amies dans cet endroit qu'elle ne connaissait pas. C'est à ce moment-là que son penchant pour l'alcool a pris une nouvelle dimension : elle s'est mise à boire en cachette.

Ma mère avait toujours été nerveuse ; elle n'a jamais pu se faire au rôle de maîtresse de maison qu'elle était censée jouer. Elle ne cessait de nous répéter, à ma sœur et moi, combien nous avions de la chance de vivre à notre époque. Nous la croyions. Les années 1950 nous paraissaient atroces. Son père et le mien l'avaient convaincue de quitter son emploi à plein temps à force de lui répéter qu'une femme mariée ne travaillait pas.

Elle a bu pendant moins de dix ans – assez longtemps tout de même pour que ma sœur et moi venions au monde et grandissions. Assez longtemps pour que mon père gravisse les échelons universitaires et obtienne des promotions qui les ont conduits tous deux, puis nous quatre, à Madison, dans le Wisconsin, à Rockville, dans le Maryland, et finalement à Paoli, en Pennsylvanie.

En 1977, cela faisait dix ans que ma mère avait cessé de boire. Au cours de cette période, elle a commencé à être sujette à des « crises d'angoisse ». C'est comme cela que nous désignions les moments où maman perdait les pédales. Si mon père était absent – il partait souvent passer plusieurs mois d'affilée en Espagne –, ma mère, elle, était trop présente. Son angoisse et sa panique étaient contagieuses, et, quand elle était dans cet état, chaque instant paraissait deux fois plus long et deux fois plus pénible. Contrairement aux familles ordinaires, nous ne pouvions jamais être sûres d'atteindre notre but quand nous partions faire des courses au supermarché du coin. Deux pas dans le magasin, et ça pouvait lui tomber dessus.

« Attrape un melon ou n'importe quoi », me disait-elle en me glissant un billet dans la main, quand j'ai été un peu plus grande. « Retrouve-moi à la voiture. » Quand elle avait une crise, elle se voûtait et se frottait le sternum à toute vitesse pour empêcher, disait-elle, son cœur d'exploser. Je me précipitais à l'intérieur du magasin pour acheter le fameux melon et éventuellement un article en vente près des caisses, sans cesser de me demander : Est-ce qu'elle va arriver jusqu'à la voiture ? Est-ce qu'elle va s'en sortir ?

Au cinéma comme dans la vie, les grands costauds en blanc qui encadrent les malades mentaux sont quelconques et indifférenciés. Nous leur ressemblions pas mal, ma sœur et moi. Mary est absente d'un grand nombre de mes souvenirs en raison de l'hégémonie totale de ma mère et de sa maladie. Quand je me rappelle que,

mais oui, Mary était de la partie ce jour-là, voici exactement comment je la vois : la seconde béquille de notre
mère toujours sur le point de s'effondrer.

Il nous arrivait d'opérer en tandem. Mary la raccom-
pagnait précautionneusement à la voiture, pendant que,
moi, je me chargeais d'attraper le melon. Mais j'ai vu ma
sœur grandir, j'ai vu l'enfant persuadée que le monde
allait s'écrouler se transformer en jeune adulte exaspé-
rée par ces crises qui nous empêchaient d'être comme
tout le monde, qui attiraient regards et commentaires.
« Arrête un peu de te frotter les nénés », sifflait-elle à
ma mère.

Face au déclin de la compassion de Mary, j'ai
compensé et me suis proclamée chef suprême des sentiments – rassurant ma mère et condamnant ma sœur.
Quand Mary me donnait un coup de main, j'étais
contente qu'elle soit là. Quand elle chougnait et cédait à
sa version personnelle et balbutiante de la panique
maternelle, je l'excluais.

L'unique souvenir que je garde d'une manifestation
physique d'affection de mon père à l'égard de ma mère
est un bref baiser, un jour où nous l'avions déposé à
l'arrêt de la navette de l'aéroport, où il devait embarquer pour son voyage universitaire annuel en Espagne.
Cet épisode singulier pourrait s'intituler : « Évitons une
scène. » Pour dire les choses plus simplement, une sug-
gestion de ma part suivie de supplications, puis de
pleurnicheries en était à l'origine.

À cette époque, j'avais déjà remarqué que, contrairement à mes parents, d'autres couples se touchaient, se
tenaient par la main, s'embrassaient sur la joue, au supermarché, en faisant le tour du pâté de maisons, aux fêtes
scolaires et, devant moi, chez eux.

Mais ce fut le baiser que mon père donna ce jour-là sur
mon insistance qui m'a fait comprendre que, si les relations entre mes parents étaient solides, elles n'étaient

certainement pas passionnées. Après tout, il nous quittait pour plusieurs mois, comme chaque année, et il me semblait qu'à la veille d'une aussi longue absence ma mère avait droit à quelque témoignage d'amour.

Elle était sortie de la voiture pour aider mon père à décharger ses bagages et lui dire au revoir. J'étais sur la banquette arrière avec Mary. C'était la première fois que j'assistais à son départ pour ce voyage annuel. Il était agité, comme d'habitude. Ma mère, toujours nerveuse, l'était aussi. Assise à l'arrière, je me rappelle m'être fourré dans la tête que l'image que j'avais devant moi ne collait pas. Je me suis mise à piailler : « Embrasse maman pour lui dire au revoir. »

Mon père a dit : « Allons, Alice, ce n'est pas indispensable », ou quelque chose de ce genre.

Le résultat n'a certainement pas été à la hauteur de ses espérances.

« Embrasse maman ! ai-je hurlé en sortant la tête par la vitre arrière. Embrasse maman !

— Fais-le, papa », a dit ma sœur d'un ton amer. Elle avait trois ans de plus que moi et peut-être, me suis-je dit plus tard, connaissait-elle la chanson.

Si ce que je voulais était la confirmation que mes parents étaient comme les autres couples de Spring Mill Farms, et peut-être même comme le célèbre couple télévisé du moment, Mr. et Mrs. Brady, ce baiser forcé n'a pas rempli son objectif. Il m'a ouvert les yeux. Il m'a fait comprendre que, chez les Sebold, l'amour était un devoir. Mon père a embrassé ma mère sur le front, le genre de baiser destiné à satisfaire le caprice d'une enfant, rien de plus.

Bien des années plus tard, je découvrirais des photos en noir et blanc de mon père, des pâquerettes dans les cheveux, plongé dans l'eau, des fleurs tout autour de lui. Il sourit, exhibant les dents qu'il détestait parce qu'elles poussaient de travers et que sa famille n'avait pas assez d'argent pour les faire arranger. Mais il était si heureux sur ces photos qu'il s'en fichait. Qui les avait prises ? Pas ma mère, ça, j'en étais sûre. Cette boîte de photos était arrivée chez nous après la mort de ma grand-mère Sebold. J'ai fouillé dans le carton, à la recherche d'indices. En dépit de l'interdiction formelle de ma mère, j'ai pris une de ces photos et je l'ai glissée dans l'élastique de ma jupe.

Dès cette époque, j'éprouvais l'absence de quelque chose que j'étais encore incapable de nommer. J'en souffrais pour ma mère qui, je le savais d'instinct, en avait besoin et qui, j'en étais convaincue, s'épanouirait si elle le trouvait. Je n'ai plus jamais supplié, je n'ai plus jamais fait de scène à cause du manque d'affection de mon père, de peur d'affronter ce vide conjugal.

Je n'ai pas tardé à découvrir que, chez nous, seuls les contacts involontaires avaient droit de cité. Quand j'étais petite, il m'arrivait de préparer une attaque dont le seul objectif était d'être touchée. Ma mère était assise au bout du canapé, en train de lire ou de faire de la tapisserie. Pour arriver à mes fins, le mieux était qu'elle lise et regarde la télé en même temps. Plus elle était distraite, moins elle risquait de remarquer mes manœuvres.

Je m'asseyais à l'autre extrémité du canapé et, lentement, je progressais vers elle centimètre par centimètre, pour pouvoir finalement poser ma tête sur ses genoux. Si je réussissais, il lui arrivait de laisser tomber sa main qui tenait l'aiguille, quand elle faisait de la tapisserie, et de passer nonchalamment les doigts dans mes boucles. Je me souviens du contact froid du dé à coudre sur mon front et je savais, avec la conscience aiguisée d'un voleur, à quel moment elle prenait conscience de son geste. Il m'arrivait de l'encourager à poursuivre en lui disant que j'avais mal à la tête, mais, même si ce stratagème me valait quelques caresses supplémentaires, je savais que c'était fichu. Jusqu'à ce que je sois trop grande pour ce genre de jeux, j'hésitais toujours entre quitter ses genoux de moi-même et m'en laisser arracher à contrecœur en m'entendant dire de me redresser ou d'aller prendre un livre.

Dans ma vie, la douceur me venait des chiens : nous avions deux bassets négligés et affectueux, Feijoo et Belle. Le premier portait le nom d'un écrivain espagnol que mon père admirait ; celui de l'autre était un mot que les « gens sans éducation » eux-mêmes pouvaient reconnaître. « Le féminin de beau, en français », précisait mon père avec condescendance.

Il arrivait couramment à mon père de nous appeler, ma sœur et moi, par le nom des chiens, ce qui montrait à la fois quelles créatures étaient les plus proches de notre cœur à tous, et à quel point mon père était absorbé par son travail. Quand il travaillait, chiens ou enfants, c'était du pareil au même : de petites choses qui réclamaient de l'attention et qu'il fallait mettre à la porte.

Les chiens savaient parfaitement qu'il y avait dans notre maison quatre environnements distincts qui se recoupaient rarement. Il y avait le bureau de mon père, la chambre de ma mère, celle de ma sœur et tous les lieux de la maison où je me cachais. Feijoo et Belle, et plus tard Rose, disposaient donc de quatre endroits pour essayer d'attirer l'attention. Quatre endroits où une main pouvait se tendre distraitement pour caresser une oreille ou descendre plus bas, à la recherche d'un petit coin chaud à grattouiller. Ils étaient comme des caravanes de réconfort, trimbalant de pièce en pièce leurs personnes pesantes et baveuses. Ils étaient nos comédiens et notre ciment car, pour le reste, mon père, ma mère et ma sœur vivaient dans les livres.

Je m'évertuais à ne pas faire de bruit à la maison. Quand ils lisaient ou travaillaient tous les trois, je m'occupais. Je me livrais à des expériences culinaires étranges. Je chapardais du Jello-O que je préparais sous mon lit à colonnes. J'essayais de faire cuire du riz sur le dessiccateur, à la cave. Je mélangeais les parfums de ma mère et de mon père à la recherche de fragrances nouvelles. Je dessinais. Je grimpais sur des caisses pour atteindre le vide sanitaire, à la cave, et restais assise des heures durant dans cette cavité obscure, les genoux remontés sous le menton. Je jouais des mélodrames mettant en scène Ken et Barbie, et dans lesquels Barbie, à seize ans, s'était mariée, avait eu un enfant et avait divorcé de Ken. Lors du procès, devant le tribunal en carton découpé, Barbie exposait le motif de sa demande de divorce : Ken ne la touchait jamais.

Mais je finissais par m'ennuyer. Toutes ces heures passées à essayer de « trouver quelque chose à faire » m'incitaient à ourdir des complots. Les bassets étaient souvent mes assistants involontaires. Comme tous les chiens, ils fourraient leurs nez dans les boîtes à ordures et sous les lits. Ils en rapportaient des trophées : vêtements malodorants, chaussettes sales, emballages d'aliments, Dieu sait quoi. Plus ils aimaient un objet, plus ils bataillaient pour le garder, et ce qu'ils adoraient plus que tout, ce qui leur inspirait une passion animale qui donne tout son sens à l'expression, c'étaient les serviettes hygiéniques super de ma mère, usagées bien sûr. Les bassets et les serviettes hygiéniques super font un mariage d'amour parfait. Personne ne pouvait faire comprendre à Feijoo et à Belle que cet article ne leur était pas destiné. C'était un attachement indéfectible.

Ah, quelle scène formidable ! Ce n'était pas une ou deux personnes, c'était toute la maison qui était chamboulée. L'« horreur » du spectacle rendait mon père fou furieux, et ma mère tenait absolument à ce qu'il prenne part à la course-poursuite. L'idée à elle seule était obscène. Des serviettes hygiéniques super ! Nous étions ravis, les bassets et moi, parce que tout le monde sortait des chambres pour courir, sauter et crier.

La disposition de notre rez-de-chaussée formait une sorte de cercle et les bassets l'avaient bien compris. Nous tournions en rond en les pourchassant depuis l'entrée à travers le séjour, la cuisine, la salle à manger, le salon, et retour. Le basset assistant – celui qui ne trimbalait pas de serviette super – aboyait tant et plus et nous coupait le passage quand nous essayions de bondir sur le veinard. Notre tactique s'affinait, nous essayions de les bloquer avec des portes ou de les acculer dans l'angle d'une pièce. Mais ils étaient malins, et ils disposaient d'une auxiliaire clandestine.

Je les laissais passer. Je faisais des feintes. Je donnais de fausses indications à mes parents et à ma sœur. « Dans l'entrée, dans l'entrée ! » criais-je, et trois individus hystériques se précipitaient par là. Pendant ce temps, les bassets se cachaient tout heureux, sous la table de la salle à manger avec leur appât.

J'ai fini par prendre l'initiative. Quand ma mère descendait à la cuisine ou lisait dehors, sur la véranda, j'introduisais le premier basset disponible dans sa chambre et je tournais le dos.

Quelques minutes plus tard :

« Bud ! Feijoo a pris une Kotex !

— Seigneur Dieu !

— Maman, commentais-je obligeamment, il est en train de la mettre en pièces ! »

Les portes s'ouvraient toutes grandes, on entendait des pas précipités dans l'escalier et sur le tapis. Des cris, des aboiements, une scène bruyante, endiablée.

Mais chaque fois, lorsque tout était fini – et que les bassets maussades partaient se lécher les pattes –, ma mère, mon père et Mary retournaient dans leur chambre. Je me retrouvais livrée à moi-même dans la maison. Solitaire.

Au lycée, on m'a d'abord prise pour une débile. Une débile parce que je jouais du saxophone alto et que, selon la règle appliquée à tous les musiciens sauf les bienheureux violonistes, « si tu joues, tu défiles ». Je faisais partie du jazz band où, en tant que second alto, j'improvisais sur des thèmes comme « Funky Chicken » et « Toute la pluie tombe sur moi ». Pourtant, m'éclater avec mon instrument n'était pas assez gratifiant pour accepter l'étiquette de « débile de fanfare » qu'on m'avait collée. Si bien qu'après avoir défilé pendant la mi-temps d'un match des Philadelphie Eagles, où notre orchestre était chargé de dessiner sur le terrain la forme de la Cloche de la Liberté (on se fera une idée de mes aptitudes à marcher au pas en apprenant qu'on m'avait demandé de faire partie de la fêlure), j'ai quitté la fanfare. Plus tard, après mon départ, elle a gagné un championnat national de défilé. La joie inspirée par mon absence était réciproque.

Je suis passée de la musique à l'art. C'était un atelier tendance artisanat, et j'adorais les matières premières. Il y avait de l'argent, des sacrés gros bouts. Et, pour ceux qui étaient assez forts, de l'or. Je fabriquais des bijoux, je découpais des écrans à sérigraphie, je faisais fondre des émaux. Un jour, avec Mrs. Sutton – la moitié de l'équipe mari-et-femme qui dirigeait l'atelier – j'ai passé tout un après-midi à verser de l'étain fondu dans des bocaux de café remplis d'eau froide. Ouah ! Les formes ! J'adorais les Sutton. Ils approuvaient tous mes projets, même les plus extravagants. J'ai fait une sérigraphie de Méduse avec ses cheveux longs, et un collier émaillé sur lequel deux mains tenaient un bouquet de fleurs. Je me suis dépêchée de terminer un carillon que je voulais offrir à ma mère. Il représentait la tête d'une dame dont les deux bras dessinaient un cadre. À l'intérieur du cadre, il y avait deux cloches avec pour battants des tétons bleus en forme de cœur. Leur son était ravissant.

Sur le plan scolaire, je marchais dans le sillage de ma sœur, qui était la perfection même. Elle était calme, soignée et accumulait les A. J'étais grande gueule, bizarre et ringarde. Je m'habillais comme Janis Joplin dix ans après sa mort et je défiais quiconque de me faire travailler ou de m'obliger à me sentir concernée. Je m'en sortais quand même. Les professeurs – les individus – me touchaient. Les Sutton et quelques professeurs d'anglais sont arrivés à m'inspirer juste assez d'intérêt – à condition de ne pas me le faire remarquer – pour m'éviter de me transformer en camée ou en fumeuse de pétards, ou de passer mon temps libre au fumoir, du shit planqué dans mes bottes.

En fait, je ne risquais pas tellement de me camer, parce que j'avais un secret. J'avais fini par trouver ce que je voulais vraiment faire plus tard. Je voulais être actrice. Pas n'importe quelle actrice, actrice de Broadway. Et pas le genre discret, non plus. Ethel Merman, pour tout dire.

Je l'adorais. Je crois que je l'adorais d'autant plus que ma mère prétendait qu'elle ne savait ni chanter ni jouer, mais qu'elle avait tellement de personnalité qu'on ne voyait qu'elle sur scène. Je m'attifais d'un vieux boa à plumes et d'une veste à paillettes que le père Breuninger avait mise de côté pour moi à une braderie de la paroisse. Ce que je chantais, dans un style que j'espérais aussi tapageur et charismatique que celui de mon idole, était sa chanson fétiche. Montant et descendant langoureusement notre escalier en spirale avec les bassets pour public, je beuglais « There's No Business like Show Business ». Ça faisait rire ma mère et ma sœur, et mon père était aux anges. Je ne savais pas chanter non plus, mais je cultivais ce que Merman avait, enfin, j'essayais : de la personnalité. Des bassets à mes pieds. Quelques kilos en trop. Sept ans d'orthodontie. Je trouvais que c'était le moment idéal pour me lancer dans la chanson.

Ma passion pour Broadway et la mauvaise chanson m'a conduite à me lier aux gays du lycée. On se retrouvait devant le magasin de glaces Friendly sur la route 30 et, assis par terre, on chantait la bande sonore de *The Rose* de Bette Midler. Gary Freed et Sally Shaw, élus le couple le plus mignon du lycée, passaient devant nous pour rejoindre la Mustang 65 de Gary après leur glace du samedi soir. Ils se moquaient de nos vêtements noirs et des bijoux d'argent minables que nous fabriquions à l'atelier d'arts plastiques.

Sid, Randy et Mike étaient gays. Nous étions fous de gens comme Merman, Truman Capote, Odetta, Bette Midler, et du producteur Alan Carr, qui venait sur le plateau de *Merv* habillé de boubous multicolores et faisait rire Merv comme aucun autre invité. On voulait être des vedettes parce que, comme ça, on pourrait se tirer.

Nous traînions devant le Friendly car il n'y avait pas d'autre endroit où aller. Nous rentrions ventre à terre chez nous pour regarder *Merv* si nous savions qu'il y aurait Capote ou Carry. Nous ne manquions pas une apparition de Liberace. Un jour, il est arrivé en volant, suspendu à un câble, au-dessus de son piano et des candélabres, cape déployée. Mon père l'adorait, mais pas mon copain Sid. « Il se ridiculise alors qu'il a vraiment du talent », disait-il pendant que nous fumions des cigarettes devant le Friendly, près des bennes à ordures. Sid allait quitter le lycée et s'installer à Atlantic City. Il y connaissait un coiffeur qui, pendant l'été, lui avait promis de l'aider à s'en sortir. Randy, lui, a été envoyé dans une école militaire par ses parents, après « un incident au parc ». Nous n'avions plus le droit de lui parler. Mike est tombé amoureux d'un joueur de football et s'est fait casser la figure.

Je commençais à dire : « Quand je serai grande, j'habiterai New York. » Ce projet enchantait ma mère. Elle me parlait de la table ronde de l'Algonquin et de tous les gens, plus exceptionnels les uns que les autres qui s'y retrouvaient. Elle se faisait une image mythique de New York et des New-Yorkais. Elle était grisée à l'idée que je puisse m'y installer un jour.

Lucky

Pour mes quinze ans, ma mère a décidé de m'offrir un voyage à New York. Je pense qu'elle s'y est préparée en essayant de se persuader que mon enthousiasme l'empêcherait de craquer.

Dans le train interurbain dans lequel nous sommes montées à Philadelphie, elle a été prise d'une de ses fameuses paniques. La crise redoutée. La situation s'est aggravée pendant que nous filions vers New York. J'étais folle de joie à l'idée de ce voyage, mais en la voyant se balancer d'avant en arrière sur son siège, les mains tremblantes – l'une posée sur la tempe droite, l'autre se frottant le sternum –, j'ai compris qu'il fallait rentrer : « On y ira une autre fois, maman. Ça ne fait rien. »

Elle a discuté. « Mais on est en route. Tu te réjouissais tellement. » Et puis « Laisse-moi essayer ».

Elle a fait un immense effort. Elle a vraiment essayé de prendre le dessus. Nous aurions dû repartir dès notre arrivée à Penn Station. Nous le savions probablement toutes les deux. Elle n'arrivait pas à marcher droit. Elle voulait que nous allions à pied de Penn Station jusqu'au Metropolitan Museum of Art au niveau de la 82e Rue, Cinquième Avenue, pour faire du lèche-vitrines et voir Central Park en passant. Cela faisait des semaines qu'elle préparait tout ça. Elle m'avait dit que l'Algonquin était sur la 44e Rue, et que je verrais le Ritz et le Plaza, où elle était certaine que descendait mon idole, Merman. Que nous pourrions peut-être prendre une calèche pour faire le tour de Central Park et voir le célèbre Dakota Building. Bergdorf's et Lexington. Le quartier des théâtres, où l'on donnait les comédies musicales de Merman. Ma mère voulait voir la statue de Sherman et, en bonne fille du Sud, lui adresser une prière muette. La mare aux canards, le manège, les vieux messieurs avec leurs petits bateaux à voile. C'était le cadeau de ma mère.

Mais elle n'arrivait pas à marcher. Nous avons attendu un taxi sur la Septième Avenue, et sommes montées dedans. Elle était incapable de se tenir droite, même assise. Elle était pliée en deux, la tête entre les genoux, pour ne pas vomir. Elle a dit : « J'emmène ma fille au Met.

— Ça va, madame ? a demandé le chauffeur.

— Oui », a-t-elle répondu. Elle m'a suppliée de regarder par la fenêtre. « Nous sommes à New York », disait-elle, les yeux fixés sur le plancher sale du taxi.

Je ne me rappelle pas le trajet, tout ce que je sais, c'est que je pleurais. Que j'essayais de faire ce qu'elle disait. Les immeubles et les gens formaient une masse confuse. « Je n'y arriverai pas, a-t-elle commencé à dire. Je voudrais tellement, Alice, mais je n'y arriverai pas. »

Le chauffeur de taxi a été plutôt soulagé d'arriver au Met. D'abord, ma mère n'a pas bougé de la banquette arrière.

« Maman, faisons demi-tour et rentrons, ai-je supplié.

— Vous sortez ou vous restez ? a demandé le chauffeur. À quoi vous jouez ? »

On est sorties. Nous avons traversé la rue. Devant nous, l'escalier monumental du Met. Je regardais autour de moi, essayant de tout absorber. J'avais envie de monter en courant ces marches pleines de gens qui souriaient et prenaient des photos. Lentement, en remorquant ma mère toujours pliée en deux, je suis arrivée à lui faire gravir une vingtaine de marches.

« Il faut que je m'asseye, a-t-elle dit. Je ne peux pas entrer. »

Nous étions si près du but.

« Maman, on y est, il faut entrer.

— Vas-y, toi. »

Ma fragile banlieusarde de mère était assise dans sa belle robe sur le ciment brûlant, elle se frottait la poitrine et essayait de ne pas vomir.

« Je ne peux pas y aller sans toi », ai-je dit.

Elle a ouvert son sac et a sorti un billet de vingt dollars de son portefeuille. Elle me l'a glissé dans la main.

« Cours vite à la boutique de cadeaux, achète-toi quelque chose. Je veux que tu aies un souvenir de ce voyage. »

Je l'ai laissée là. Je ne me suis pas retournée sur sa silhouette recroquevillée sur l'escalier. À la boutique, il y avait trop de choix et, avec vingt dollars, on n'allait pas loin. J'ai vu un livre intitulé *Dada et l'art surréaliste*. Il coûtait huit dollars quatre-vingt-quinze. Je me suis précipitée à l'extérieur après être passée à la caisse. Il y avait du monde autour de ma mère, des gens qui essayaient de l'aider. Il n'y avait plus moyen de faire semblant.

« Pouvons-nous faire quelque chose pour vous ? » a demandé dans un anglais irréprochable un couple d'Allemands soucieux.

Ma mère les a ignorés. Les Sebold n'avaient besoin de personne.

« Alice, a-t-elle dit, il faut que tu nous trouves un taxi, je ne peux pas m'en occuper.

— Mais, maman, je ne sais pas comment faire, ai-je dit.

— Mets-toi au bord du trottoir et tends le bras. Il y en a bien un qui s'arrêtera. »

Je l'ai laissée, j'ai fait ce qu'elle disait. Un vieil homme chauve au volant d'un taxi Checker jaune s'est arrêté. Je lui ai expliqué que ma mère était la dame assise sur les marches. Je l'ai montrée du doigt. « Est-ce que vous pourriez l'aider ?

— Qu'est-ce qu'elle a ? Elle est malade ? Je ne veux pas de malades dans mon taxi, a-t-il dit avec un fort accent yiddish.

— Elle est nerveuse, c'est tout. Elle ne vomira pas. Je n'arrive pas à la faire bouger. »

Il m'a aidée. Maintenant que j'ai vécu à New York, je sais combien c'est rare. Mais mon désespoir et, pour être franche, ma mère, lui ont fait pitié. Nous sommes arrivés jusqu'au taxi. Je me suis assise sur la banquette arrière, pendant que ma mère se laissait tomber à mes pieds sur le plancher du vieux Checker.

Le chauffeur nous a débité exactement le genre de baratin qu'il nous fallait. « Allongez-vous là, madame. Comptez pas sur moi pour conduire un de ces taxis modernes. Les Checkers, il n'y a que ça de vrai. Spacieux. Les passagers y sont à l'aise. Quel âge avez-vous, mademoiselle ? Vous ressemblez beaucoup à votre mère, vous savez ? »

Dans le train qui nous ramenait à la maison, l'angoisse de ma mère a cédé la place à l'épuisement. Mon père est venu nous chercher à la gare et, à peine arrivée à la maison, ma mère est montée dans sa chambre. J'étais bien contente que ce soient les vacances. Ça me laissait le temps d'inventer quelque chose à raconter aux copines.

4.

Le jour du viol, j'étais allongée sur la banquette arrière de la voiture et j'essayais de dormir pendant que ma mère conduisait. J'ai somnolé par intermittence. L'intérieur de la voiture était bleu, et j'imaginais que j'étais sur l'océan, que je flottais vers le large. Mais plus nous approchions de la maison, plus je pensais à mon père.

J'avais appris de bonne heure que, si je le dérangeais pendant qu'il travaillait, j'avais intérêt à avoir prévu de quoi désamorcer sa colère. J'exploitais souvent ce qui me distinguait de ma sœur, tellement plus sérieuse que moi. Je me complaisais dans le registre des blagues cochonnes, des blagues de garçons, faites au bénéfice d'un homme qui était, il s'en plaignait bien souvent, « écrasé sous le nombre de femelles » (mon père était enchanté de leur nouveau chien – un bâtard de caniche. Il affirmait sans se cacher qu'il appréciait d'avoir enfin un autre mâle dans la maison). Je voulais, ce jour-là, que mon père retrouve l'enfant que j'avais toujours été.

Ma mère a arrêté la voiture dans l'allée, et nous sommes entrées par le garage.

Mon père est grand, et l'image que j'avais de lui était celle d'un homme obsédé par son travail – toujours en train de corriger des textes, d'écrire et de parler espagnol au téléphone avec des collègues et des amis. Mais, quand je l'ai aperçu au fond du long couloir sur lequel donnait la porte de derrière, il tremblait.

« Salut, p'pa », ai-je dit.

Maman me suivait. Je l'ai vu lever les yeux rapidement vers elle puis fixer son regard sur moi, ou chercher à le faire, pendant que j'avançais.

Il m'a serrée dans ses bras. Nous étions gênés, mal à l'aise.

Je ne crois pas qu'il m'ait dit quoi que ce soit. S'il m'avait dit : « Oh, ma chérie, je suis si content de te voir », ou « Alice, je t'aime », ces mots auraient été tellement insolites venant de lui que je pense que je m'en serais souvenue, mais, après tout, peut-être les ai-je oubliés pour cette raison même. Je ne voulais rien de nouveau. Je voulais ce que je connaissais, la maison que j'avais quittée pour la première fois de ma vie à l'automne, et le père auquel j'étais habituée.

« Ça va, p'pa ? » ai-je demandé. Je m'étais répété cette simple question pendant tout le trajet.

Rouge de soulagement, il a dit : « Après le coup de fil de ta mère, je me suis envoyé cinq whiskys, mais je n'ai jamais été moins soûl de ma vie. »

Je me suis allongée sur le canapé du séjour. Ayant passé la matinée à essayer de se changer les idées, mon père avait préparé deux trois trucs à la cuisine, pour le déjeuner.

« Tu veux manger quelque chose ? » m'a-t-il demandé.

Je voulais que ma réponse leur fasse clairement comprendre qu'il n'y avait pas à s'inquiéter pour une dure à cuire comme moi.

« C'est pas de refus, ai-je rétorqué. Il faut dire que tout ce que j'ai eu à me fourrer dans le bec au cours des dernières vingt-quatre heures, c'est un cracker et une bite. »

Vu de l'extérieur, cela peut paraître atroce ; pour mon père, debout sur le seuil de la cuisine, et pour ma mère qui s'affairait autour de nos sacs, c'était choquant, mais le message était clair : la sale gosse qu'ils connaissaient était toujours là.

« Mon Dieu, Alice », s'est écrié mon père. Il se tenait au bord du précipice, attendant mes instructions.

« C'est toujours moi, papa », ai-je dit.

Mes parents sont allés ensemble à la cuisine. Je ne sais pas combien de temps ils y ont passé, à confectionner des sandwiches qui étaient probablement déjà prêts. Qu'ont-ils fait ? Mon père a-t-il pris ma mère dans ses bras ? J'ai du mal à l'imaginer, mais après tout... Ma mère lui a-t-elle confié quelques détails sur ce qui s'était passé au bureau de police, sur mon état physique, ou lui a-t-elle promis de lui dire tout ce qu'elle savait quand je dormirais ?

Ma sœur avait réussi ses derniers examens. Le lendemain de mon retour à la maison, mes parents devaient aller la chercher à Philadelphie et l'aider à faire ses bagages pour l'été. Je les ai accompagnés.

J'avais encore le visage tuméfié. Mon père conduisait une voiture, ma mère l'autre. Il était prévu que je reste à l'intérieur de la voiture pendant qu'à trois ils chargeraient les affaires de ma sœur. Si j'étais là, c'était simplement pour qu'elle me voie, qu'elle sache tout de suite que j'allais bien. Je préférais aussi les accompagner pour éviter qu'ils ne parlent de moi.

J'étais assise à l'avant, dans la voiture de ma mère. Elle a préféré prendre une petite route. C'était plus long mais, nous l'avons tous reconnu, bien plus pittoresque. Évidemment, la vraie raison était qu'en rejoignant la ville par la voie rapide Schuylkill, connue sous le nom de Surekill, « Mort certaine », par ceux qui habitaient le long de la Main Line de Philadelphie, c'était la crise d'angoisse garantie. Nous avons donc pris la route 30 avant de serpenter sur des voies secondaires en direction de notre objectif ultime, l'U-Penn, l'université de Pennsylvanie, à Philadelphie.

Pour moi, la ville proprement dite commençait avec les rails abandonnés du métro aérien de Philadelphie. Les piétons y étaient plus nombreux, un type se tenait au milieu de la rue pour vendre des journaux aux automobilistes et une église baptiste célébrait, tout au long de l'année, des mariages et des enterrements dont les invités endimanchés se dispersaient dans les rues.

J'avais souvent fait ce trajet avec ma mère. Nous allions chercher mon père à son bureau, ou profiter des services de la mutuelle enseignante à l'hôpital de l'université de Pennsylvanie. Une constante de ces voyages était l'angoisse croissante de ma mère tandis que nous approchions de la ville. Dans Chestnut Street, une fois le métro aérien passé, ma mère conduisait systématiquement dans la file centrale des trois voies de cette rue à sens unique. Assise à la place du passager, j'étais chargée d'anticiper la crise.

Le jour où nous sommes allés chercher ma sœur, la dynamique a changé. Après les rangées de maisons contiguës, plus ou moins bien entretenues, la rue s'élargissait. Elle était bordée de bâtiments à l'abandon, de stations-service miteuses et d'immeubles gouvernementaux en briques. De temps en temps, une ou deux maisons jumelles encore debout se cramponnaient l'une à l'autre au milieu de constructions neuves.

Autrefois, pendant ces trajets, je n'avais d'yeux que pour l'architecture. J'aimais les indentations que dessinaient les escaliers sur les flancs des maisons à demi détruites, j'y voyais les fossiles de vies anciennes. Cette fois, mon centre d'intérêt s'est déplacé. Celui de ma mère aussi. Et je n'allais pas tarder à découvrir que, dans la voiture qui nous suivait, celui de mon père avait suivi la même évolution. Il se portait sur les gens qui se trouvaient dans la rue. Pas les femmes, pas les enfants.

Il faisait chaud. Humide et moite, comme dans toutes les villes du Nord-Est pendant l'été. L'odeur de détritus et de gaz d'échappement suintait par les vitres ouvertes de notre voiture sans climatisation. De temps en temps, un cri nous faisait dresser l'oreille. Nous écoutions, guettant la menace dans les saluts qu'échangeaient des amis, et ma mère se demandait pourquoi tant d'hommes étaient rassemblés au coin des rues, ou affalés devant les immeubles. À l'exception de quelques rescapés d'une population italienne en déclin, ce quartier de Philadelphie était noir.

Nous sommes passées à un carrefour où se tenaient trois hommes. Derrière eux, deux vieux étaient assis dans des fauteuils pliants branlants qu'ils avaient sortis sur le trottoir pour échapper à la chaleur des maisons. Je sentais le corps de ma mère, tendu, à côté de moi. Les bleus et les éraflures de mon visage me faisaient mal. J'avais l'impression que tous les hommes de la rue me voyaient, que tous les hommes savaient.

« J'ai mal au cœur, ai-je dit à ma mère.

— On est presque arrivées.

— C'est bizarre, maman », ai-je dit, en essayant de conserver mon calme. Je savais que ces vieux ne m'avaient pas violée. Je savais que le grand Noir en costume vert, assis sur un banc, à un arrêt de bus, ne m'avait pas violée. J'avais peur quand même.

« Qu'est-ce qui est bizarre, Alice ? » Elle a commencé à se pétrir le sternum avec la jointure des doigts.

« J'ai l'impression que tous ces types me sont passés dessus.

— Voyons, Alice, c'est ridicule. »

Nous étions arrêtées à un feu. Quand il est passé au vert, nous avons accéléré. Mais nous roulions assez lentement pour que mon regard s'attarde sur l'intersection suivante.

Il était là, il avait traversé la rue et était accroupi sur le ciment, adossé contre la brique propre d'un immeuble neuf. J'ai croisé son regard. Il a croisé le mien. « J'ai couché avec toi », ai-je dit dans ma tête.

C'était la préfiguration d'une prise de conscience qui allait mettre des années à émerger. Je ne partage pas ma vie avec les filles et les garçons près desquels j'ai grandi, ni avec les étudiants que j'ai fréquentés à Syracuse, ni même avec les amis et les gens que j'ai connus depuis. Je partage ma vie avec mon violeur. Il est l'époux de mon destin.

Nous sommes sorties de ce quartier pour pénétrer dans la sphère de l'université de Pennsylvanie, où vivait ma sœur. Les portes des immeubles qui louaient des chambres d'étudiants étaient ouvertes, et des camionnettes de location rangées en double file. Quelqu'un avait eu l'idée d'organiser une fête de départ. De grands types blancs en débardeur ou même torse nu se vautraient sur des canapés, sur le trottoir, et buvaient de la bière dans des gobelets en plastique.

Nous nous sommes frayé un chemin, ma mère et moi, jusqu'à la résidence de ma sœur et nous nous sommes garées.

Mon père est arrivé quelques instants plus tard et a rangé sa voiture à côté de la nôtre. Je suis restée à l'intérieur. Ma mère était sortie et faisait les cent pas pour essayer de me dissimuler sa panique.

Voici ce que j'ai entendu mon père dire à ma mère, avant qu'elle ne lui décoche un regard désapprobateur.

« Tu as vu ces espèces de bêtes accrochées à tous les poteaux et... »

Ma mère a tourné les yeux vers moi, puis vers mon père. « Chut, Bud », a-t-elle coupé.

Il est venu vers moi et s'est penché par la fenêtre.

« Ça va, Alice ?

— Impec, papa. »

Il était en nage, écarlate. Désarmé. Effrayé. Je ne l'avais jamais entendu parler des Noirs en ces termes, ni de n'importe quelle minorité, d'ailleurs. Il ne s'était jamais livré à ce genre de condamnation collective.

Mon père est entré prévenir ma sœur que nous étions arrivés. Je suis restée dans la voiture avec ma mère. Nous n'avons pas parlé. J'observais les activités de ce jour de grand départ. Les étudiants entassaient leurs affaires dans de gros sacs de toile comme ceux qui servent à transporter le courrier au fond des bureaux de poste. Ils les faisaient rouler à travers le parking pour rejoindre les voitures de leurs parents. Des familles se saluaient. Sur un carré de pelouse rabougrie, deux garçons jouaient au frisbee. Des radios hurlaient par les fenêtres de la cité U. Il y avait de la liberté, du relâchement dans l'air ; l'été se répandait comme une infection à travers le campus.

Elle était là. J'ai vu ma sœur sortir du bâtiment. Je l'ai regardée approcher depuis la porte, qui devait être à une trentaine de mètres ; la même distance que celle de mon violeur quand il m'avait dit : « Hé, toi, comment tu t'appelles ? »

Je me souviens qu'elle s'est penchée à l'intérieur de la voiture. « Oh là là ! Ta figure ! Ça va ?

— J'ai eu du mal, c'est sûr, ai-je rétorqué, mais j'ai quand même réussi à éclipser tous tes A.

— Alice, voyons, a dit mon père. Ta sœur te demande comment tu vas.

— Je vais sortir de la voiture, ai-je annoncé à ma mère. Je me sens complètement idiote. »

Ça ne plaisait pas beaucoup à ma famille, mais je suis sortie. J'ai dit que je voulais voir la chambre de Mary, voir où elle vivait, donner un coup de main.

Mes blessures n'étaient pas assez graves pour qu'on les remarque immédiatement. Personne ne pouvait se rendre compte que j'avais quelque chose qui clochait s'il ne regardait pas de mon côté. Nous sommes revenues vers la résidence de ma sœur, ma famille et moi. Les regards que nous croisions enregistraient d'abord une famille comme les autres – la mère, le père, deux filles – avant de s'attarder, juste un moment, et de surprendre un détail. Mon œil bouffi, les entailles sur mon nez et sur ma joue, mes lèvres enflées, les violets subtils de mes contusions qui s'épanouissaient. Nous avancions, et les regards se multipliaient. Je les sentais, mais je faisais comme si de rien n'était. De superbes garçons et filles de l'Ivy League, des intellos et des pauvres types m'entouraient. J'étais persuadée de faire ça pour ma famille, pour l'aider à faire face. Mais je le faisais pour moi aussi. Nous avons pris l'ascenseur et à l'intérieur, j'ai vu un graffiti.

Cette année-là, une fille avait été victime d'une tournante dans les locaux d'une association d'étudiants. Elle avait porté plainte, formulé des accusations précises. Elle voulait engager des poursuites judiciaires. Mais les membres de l'association et leurs amis lui avaient rendu la vie impossible et l'avaient littéralement forcée à quitter la fac. Le jour de ma visite au campus de Penn, elle était partie. Dans l'ascenseur de la résidence de ma sœur, quelqu'un avait fait un dessin obscène au stylobille qui la représentait, jambes écartées. Un groupe de mecs faisaient la queue à côté d'elle. La légende disait : « Marcie. Toute la fac lui est passée dessus. »

J'étais coincée dans l'ascenseur avec ma famille et des étudiants de Penn qui montaient chercher un nouveau chargement. Debout, le visage contre le mur, les yeux fixés sur le dessin de Marcie, je me suis demandé où elle était, et ce qu'elle allait devenir.

Les souvenirs que j'ai de ma famille ce jour-là forment comme des taches. J'étais très occupée à jouer un rôle, persuadée que c'était le seul moyen de me faire aimer. Le problème était que certaines choses me touchaient au vif. Le Noir accroupi sur le trottoir dans West Philadelphia, les beaux mecs de la Penn qui lançaient un frisbee, le disque orange fluo s'élevant en arc de cercle avant de retomber à mes pieds. J'ai pilé net et un des mecs a couru, insouciant, pour le ramasser. En se relevant, il a vu mon visage. « Oh merde », a-t-il dit, abasourdi, un instant distrait de la partie.

Ce qui te reste après ça, c'est une famille. Ta sœur a une chambre de cité U qu'il faut que tu voies. Ta mère a une crise de panique dont il faut que tu t'occupes. Ton père, eh bien, il ne sait pas grand-chose, alors tu peux te charger de son éducation. Tous les Noirs ne sont pas comme ça, c'est un bon début. Voilà ce que tu fais au lieu de t'effondrer sous le soleil éclatant, devant les beaux mecs, là où, à en croire la rumeur, toute la fac est passée sur Marcie.

Nous sommes rentrés à la maison. Cette fois, j'ai fait le trajet avec mon père. Je me rends compte maintenant que ma mère a dû en profiter pour raconter à ma sœur ce qu'elle savait, qu'elles ont essayé de se donner du courage pour la suite.

Mary a rentré le plus gros de ses affaires et elle est montée dans sa chambre pour les ranger. Il avait été décidé que nous prendrions ensemble un repas improvisé, ce que ma mère appelait « cherche et tu trouveras ». Mon père retournerait ensuite dans son bureau et je pourrais passer un moment avec ma sœur.

Mais quand ma mère a appelé Mary pour qu'elle descende, elle n'a pas répondu. Ma mère a crié une seconde fois. Beugler des noms dans la cage d'escalier était une pratique courante, chez nous. Il n'était pas inhabituel non plus d'avoir à le faire plusieurs fois. Finalement, ma mère est montée, pour redescendre quelques instants plus tard.

« Elle s'est enfermée dans la salle de bains, nous a-t-elle annoncé, à mon père et moi.

— Pourquoi faire ? » a demandé mon père. Il coupait de grosses tranches de provolone et les glissait au chien en douce.

« Elle n'est pas dans son assiette, Bud, a expliqué ma mère.

— Personne ne l'est, ai-je dit. Bienvenue au club !

— Alice, je pense que ça serait bien que tu montes lui parler. »

Je suppose que j'ai râlé, mais j'ai obéi. Je connaissais le scénario. Mary n'était pas dans son assiette et ma mère me demandait d'aller lui parler. Je frappais à la porte de sa chambre et je m'asseyais au bord du lit sur lequel elle était allongée. Je faisais mon numéro de « pom-pom girl de la vie » et, dans certains cas, j'arrivais à lui remonter suffisamment le moral pour qu'elle descende dîner ou, au moins, pour qu'elle rie des blagues obscènes que je collectionnais tout exprès pour ces occasions.

Mais, ce jour-là, je savais bien que c'était moi qu'elle voulait voir. Pas simplement le clown désigné par l'autorité maternelle ; la raison pour laquelle elle s'était enfermée dans la salle de bains et refusait d'en sortir.

Arrivée à l'étage, j'ai frappé tout doucement à la porte.

« Mary ? »

Pas de réponse.

« Mary ? C'est moi. Laisse-moi entrer.

— Va-t'en. »

Je savais qu'elle pleurait.

« D'accord, ai-je dit. Prenons les choses rationnellement. À un moment ou à un autre, il va bien falloir que je pisse et si tu ne m'ouvres pas, je serai obligée de pisser dans ta chambre. »

Un silence, et puis elle a tourné la clé dans la serrure.

J'ai ouvert la porte.

C'était la « salle de bains des filles ». Carrelée de rose par le promoteur. Si des garçons s'étaient installés dans la maison, je ne peux qu'imaginer ce qu'ils en auraient pensé. En tout cas, nous avons fini, Mary et moi, par avoir une sainte horreur du rose. Lavabo rose. Carrelage rose. Baignoire rose. Murs roses. Impossible d'y échapper.

Mary s'était reculée jusqu'au mur, entre la baignoire et les toilettes, aussi loin de moi que possible.

« Salut ! ai-je dit. Qu'est-ce qu'il y a ? »

J'avais envie de la serrer dans mes bras. J'avais envie qu'elle me serre dans ses bras.

« Excuse-moi, a-t-elle dit. Tu t'en sors tellement bien. Je ne sais pas comment réagir. »

Je me suis approchée d'elle, elle s'est écartée.

« Mary, ai-je dit. Je me sens nulle à chier.

— Je ne sais pas comment tu fais pour être aussi forte. » Elle m'a regardée, des larmes sur les joues.

« Ça va, ai-je dit à ma sœur. Ça va aller. »

Elle ne voulait toujours pas que je la touche. Elle voletait nerveusement du rideau de douche au porte-serviettes, comme un oiseau en cage. Je lui ai dit que j'allais descendre m'empiffrer et qu'elle ferait mieux de venir avec moi. Puis j'ai refermé la porte et je suis partie.

Ma sœur a toujours été plus fragile que moi. Quand nous étions petites, à un centre aéré de l'YMCA[1], on nous avait distribué des badges. Pour que chaque enfant en ait un, les moniteurs avaient inventé toutes sortes de catégories. Je me suis vu décerner le badge d'artisanat d'art, symbolisé par une palette et des pinceaux. Ma sœur celui de la discrétion. Sur son insigne fabriqué à la main, ils avaient collé une souris de feutre gris. Ma sœur en a fait son symbole, finissant même par intégrer une petite souris dans la queue du y de sa signature.

En bas, mon père et ma mère m'ont demandé ce qu'elle fabriquait. Je leur ai dit qu'elle n'allait pas tarder à descendre.

« Tu sais, Alice, a dit mon père, si ça devait arriver à l'une de vous, j'aime mieux que ça soit toi qu'à ta sœur.

— Bon sang, Bud ! a protesté ma mère.

— Tout ce que je voulais dire, c'est que sur les deux...

1. Young Men Christian Association : Association des jeunes chrétiens.

— Je sais ce que tu voulais dire, papa. » J'ai posé ma main sur son bras.

« Tu vois bien, Jane », a-t-il fait.

Au cours de ces premières semaines, ma mère a estimé que la famille, ou l'idée qu'elle s'en faisait, devait passer avant tout. Pas facile à faire avaler à quatre âmes foncièrement solitaires, mais, cet été-là, j'ai regardé plus de mauvaises émissions de télé en compagnie de ma famille qu'à aucun autre moment de ma vie.

Le dîner était devenu un moment sacré. Ma mère, dont la cuisine est décorée de devises savoureuses qui disent toutes la même chose : « La cuisinière est en congé », préparait un vrai dîner tous les soirs. Je me souviens très bien des efforts de ma sœur pour ne pas reprocher à mon père de « faire du bruit en mangeant ». Notre conduite était irréprochable. Je me demande ce qu'ils avaient en tête. Ils devaient être complètement épuisés. Croyaient-ils vraiment à mon numéro de femme forte ou faisaient-ils semblant ?

Pendant ces premières semaines, je n'ai porté que des chemises de nuit. En pilou. Achetées tout spécialement par ma mère et mon père. Quand mon père allait faire des courses, ma mère lui suggérait de s'arrêter pour me prendre une nouvelle chemise de nuit. C'était une façon de nous donner l'impression d'être riches, une folie raisonnable.

Ainsi, pendant que le reste de la famille venait dîner en tenue estivale normale, je m'asseyais sur ma chaise vêtue d'une longue chemise de nuit blanche.

Je ne sais plus comment le sujet est venu sur le tapis mais, une fois abordé, il a dominé la conversation.

Il s'agissait de l'arme du violeur. Peut-être avais-je raconté que la police avait retrouvé mes lunettes et son couteau dans le même coin, sur le chemin de briques.

« Tu veux dire qu'il n'avait pas le couteau dans le souterrain ? a demandé mon père.

— Non, ai-je répondu.

— Attends, je ne comprends pas. »

Ma mère est intervenue : « Qu'est-ce que tu veux comprendre, Bud ? » Peut-être, au bout de vingt ans de mariage, savait-elle où il voulait en venir. Elle avait peut-être déjà pris ma défense contre lui, en tête à tête.

« Comment a-t-il pu te violer s'il n'avait pas son couteau ? »

Au dîner, n'importe quel sujet pouvait déclencher une discussion animée. Un de nos motifs de dispute préférés était l'orthographe ou la définition autorisées de tel ou tel mot. Il n'était pas rare que l'*Oxford English Dictionary* soit traîné jusqu'à la salle à manger, même en vacances ou en présence d'invités. Webster, notre bâtard de caniche, devait son nom au *Webster's Dictionary*, un arbitre plus maniable. Mais la querelle de ce jour-là reflétait une division flagrante entre féminin et masculin – entre deux femmes, ma mère et ma sœur, et mon père.

J'ai compris que je perdrais mon père s'il était frappé d'ostracisme. Volant à mon secours, ma sœur et ma mère lui ont crié de se taire, mais je leur ai dit à toutes les deux que c'était à moi de m'en occuper. J'ai demandé à mon père de monter avec moi. Je voulais lui parler. Ma mère et ma sœur étaient rouges comme des pivoines, tellement elles étaient en colère contre lui. Mon père me faisait penser à un petit garçon qui, croyant avoir compris les règles du jeu, perd contenance quand les autres lui font remarquer qu'il s'est trompé.

Nous sommes allés dans la chambre de ma mère. Je l'ai fait asseoir sur le canapé et me suis installée en face de lui, sur la chaise de bureau.

« Je n'ai pas l'intention de t'agresser, papa, ai-je dit. Je veux que tu me dises pourquoi tu ne comprends pas, et je vais essayer de t'expliquer les choses.

— Je ne comprends pas pourquoi tu n'as pas essayé de t'enfuir, a-t-il répondu.

— J'ai essayé.

— Mais comment a-t-il pu te violer si tu ne t'es pas laissé faire ?

— C'est comme si tu disais que je l'ai cherché.

— Mais puisqu'il n'avait pas le couteau, dans le souterrain.

— Papa, réfléchis un peu. Comment voulais-tu qu'il arrive à me violer et à me tabasser sans lâcher son couteau un seul instant ? »

Il a réfléchi, et a eu l'air d'admettre l'argument.

« Tu sais, dans la plupart des cas, ai-je poursuivi, même s'il y a eu une arme, au moment où le viol se produit, les victimes n'ont pas l'arme sous le nez. Il était plus fort que moi, papa. Il m'a cassé la figure. Comment peux-tu penser que je l'ai cherché ! Un truc pareil ? C'est impossible. »

Quand je me revois dans cette chambre, je me demande comment j'ai pu être aussi patiente. Je crois que son ignorance était tout bonnement inconcevable pour moi. Elle me choquait, mais je voulais absolument, désespérément, qu'il comprenne. S'il n'y arrivait pas – lui qui était mon père et qui faisait manifestement un gros effort pour y parvenir –, quel homme le pourrait ?

Ce que j'avais vécu et comment cela avait pu arriver sans un minimum de complicité de ma part le dépassaient. Son incompréhension me blessait. Elle me blesse encore, mais je ne lui en veux pas. Mon père n'avait peut-être pas très bien compris, mais l'essentiel pour moi était de sortir de cette chambre en sachant qu'il avait été vraiment important pour lui que nous montions ensemble à l'étage et que j'essaie, du mieux que je pouvais, de répondre à ses questions. Je l'aimais, il m'aimait, notre communication était imparfaite. Cela ne me paraissait pas si mal. Après tout, je m'étais persuadée que l'annonce du viol allait détruire tous ceux qui faisaient partie de ma vie. Nous étions vivants et, durant ces premières semaines, cela me suffisait.

La télévision était une activité que je pouvais partager avec ma famille sans qu'elle nous oblige à quitter notre îlot de douleur individuel. Mais elle n'était pas sans poser quelques problèmes.

J'avais toujours aimé Kojak. Il était audacieux, cynique, il parlait sèchement du coin des lèvres sans retirer sa sucette. Mais il avait le cœur grand comme ça. En plus, il maintenait l'ordre dans sa ville et il avait un frère complètement empoté. Je le trouvais irrésistible.

Je regardais donc *Kojak* dans ma chemise de nuit en pilou en buvant des milk-shakes au chocolat. Pendant quelque temps, j'ai eu du mal à absorber des aliments solides. J'avais la bouche irritée par la fellation forcée et, ensuite, je ne supportais pas d'avoir de la nourriture en bouche. Ça me rappelait trop le pénis du violeur, collé contre ma langue.

Regarder *Kojak* toute seule était supportable, parce que, bien que très présente, cette violence-là appartenait ostensiblement à un univers de fiction. (Où était l'odeur ? Et le sang ? Pourquoi toutes les victimes avaient-elles des visages et des corps impeccables ?) Mais quand ma sœur, mon père ou ma mère venaient regarder la télé avec moi, j'étais crispée.

Je me souviens de ma sœur assise dans le fauteuil à bascule devant le canapé où j'étais installée. Elle me demandait toujours si j'étais d'accord avant de mettre tel ou tel programme. Et pendant toute la durée de l'émission, une heure, deux heures, sa vigilance ne fléchissait pas. Chaque fois qu'elle s'inquiétait, je la voyais tourner la tête pour vérifier comment j'allais.

« Ça va, Mary. » Je savais très bien à quel moment elle allait se faire du souci et j'essayais d'anticiper.

J'étais fâchée contre elle et contre mes parents à cause de ça. J'avais besoin que tout le monde, à la maison, fasse comme si j'étais restée la même. C'était ridicule mais indispensable, et les regards de ma famille me faisaient l'effet de trahisons, alors même qu'en y réfléchissant je savais parfaitement qu'il n'en était rien.

Il m'a fallu un certain temps pour comprendre que ces émissions étaient plus dérangeantes pour eux qu'elles ne pouvaient l'être pour moi. Parce que je ne leur en avais pas parlé, ils ignoraient les détails de ce qui m'était arrivé dans le souterrain. Ils associaient les horreurs qui peuplaient leur imagination et leurs cauchemars pour essayer de reconstituer ce qui avait été la réalité de leur sœur, ou de leur fille. Moi, je savais exactement ce qui s'était passé. Mais peut-on prononcer ces phrases devant des gens qu'on aime ? Leur dire qu'on vous a pissé dessus, ou que vous avez rendu un baiser parce que vous ne vouliez pas mourir ?

Cette question continue à me hanter. Après avoir dit les faits, tels quels, à un certain nombre de gens, amants ou amis, j'ai changé à leurs yeux. Ils me manifestent souvent du respect ou de l'admiration, parfois de la répulsion, une ou deux fois de la rage, directement dirigée contre moi pour des raisons qui m'échappent un peu. Il y a des hommes et des lesbiennes qui trouvent ça excitant ou qui se croient chargés d'une mission comme si, en sexualisant nos relations, ils pouvaient me retirer des décombres de ce jour-là. Évidemment, leurs efforts sont plus ou moins vains. Personne ne peut retirer qui que ce soit d'où que ce soit. On s'en sort par ses propres moyens, ou on y reste.

5.

Ma mère était administratrice du conseil paroissial de l'église épiscopale St. Peter. Nous étions membres de cette paroisse depuis que ma famille s'était installée en Pennsylvanie, quand j'avais cinq ans. J'aimais bien le pasteur, le père Breuninger, et son fils, Paul, qui avait le même âge que moi. À la fac, j'ai reconnu le père Breuninger dans l'œuvre d'Henry Fielding ; c'était un homme gentil, mais pas particulièrement perspicace, autour duquel se rassemblait une petite communauté dévouée. Tous les ans, Paul vendait des couronnes de Noël aux paroissiens. Sa mère, Phyllis, était une grande femme, extrêmement nerveuse. Ce dernier trait lui valait des commentaires pleins de compassion, mais aussi de rivalité, de ma mère.

J'aimais jouer au cimetière après l'office ; j'aimais les observations, *a priori* et *a posteriori*, de mes parents dans la voiture ; j'aimais être chouchoutée par les paroissiens ; et j'aimais, j'adorais Myra Narbonne. C'était ma vieille dame préférée – celle de ma mère aussi. Myra disait qu'elle avait « vieilli avant que ça ne soit à la mode ». Elle enchaînait souvent sur son gros ventre ou sur ses cheveux d'ange qui s'éclaircissaient. Au milieu d'une communauté de gens chic où, tous les dimanches sans exception, tout le monde portait les mêmes tenues, parfaitement coupées mais vaguement élimées sinon carrément miteuses, Myra apportait un souffle d'air pur. Elle venait d'un excellent milieu mais s'enveloppait de vastes jupes portefeuille années 1970 qui étaient, selon ses propres termes, « aussi vulgaires que des nappes ». Son chemisier bâillait souvent, parce que sa poitrine avait une fâcheuse tendance à dégringoler. Elle fourrait un Kleenex dans son soutien-gorge, comme ma grand-mère d'East Tennessee, et me glissait du rab de biscuits quand je revenais après avoir joué au cimetière. Elle était mariée à un homme qui s'appelait Ed. Ed n'assistait pas souvent à l'office, et quand il venait, il avait l'air de se demander à quel moment il pourrait décemment s'éclipser.

J'étais allée chez eux. Ils avaient une piscine et ça leur faisait plaisir que les jeunes viennent y nager. Ils avaient un chien qu'ils avaient baptisé Freckles, « taches de son », à cause de ses mouchetures, et plusieurs chats dont la plus grosse chatte écaille de tortue que j'aie jamais vue. Quand j'étais au collège et au lycée, Myra a encouragé ma vocation de peintre. Elle-même peignait. Elle avait transformé leur serre en atelier. Je crois qu'elle comprenait, sans m'en avoir jamais rien dit, que je n'étais pas très heureuse à la maison.

Pendant ma première année de fac, tandis qu'à Syracuse je hantais les cafés d'étudiants de Marshall Street avec Mary Alice, il s'est passé dans notre quartier des choses qui m'étaient complètement étrangères. Myra ne fermait jamais les portes à clé. Elle était toujours entre la maison et le jardin. Il fallait bien faire sortir Freckles. Ils n'avaient jamais eu d'ennuis et, bien que leur maison fût située très en retrait par rapport à la rue et dissimulée par un rideau d'arbres, ils vivaient dans un quartier de gentlemen farmers. Comment Myra aurait-elle pu imaginer qu'un jour trois hommes au visage recouvert d'un bas noir couperaient leur ligne téléphonique avant de s'introduire chez eux ?

Ils ont séparé Myra et Ed, ils ont ligoté Myra. Il n'y avait pas beaucoup d'argent liquide dans la maison, et ça les a rendus furieux. Ils ont frappé Ed si violemment qu'il est tombé dans l'escalier du sous-sol. Un des types l'a suivi en bas. Un autre faisait le guet. Le troisième, que les autres appelaient Joey, s'est occupé de Myra. Il l'appelait « la vieille » et lui flanquait des coups, des gifles.

Ils ont pris ce qu'ils pouvaient. Joey a dit à Myra de rester là, de ne pas bouger, que son mari était mort. Ils sont partis. Couchée par terre, Myra est arrivée à se débarrasser de ses liens. Elle ne pouvait pas descendre l'escalier pour aller voir dans quel état était Ed, parce qu'elle sentait qu'elle avait quelque chose de cassé à un pied. Elle ne le savait pas encore, mais ils lui avaient aussi fracturé des côtes.

Malgré les ordres de Joey, Myra est sortie. Elle avait trop peur pour rejoindre la route. Elle a rampé à travers les broussailles, derrière leur jardin – huit cents mètres, en gros – avant d'arriver à une autre route, moins fréquentée. Elle s'est relevée, pieds nus, en sang. Finalement, une voiture est passée et elle lui a fait signe de s'arrêter.

Elle s'est approchée de la vitre.

« Je vous en prie, allez chercher du secours, a-t-elle dit au conducteur, qui était seul. Trois hommes nous ont cambriolés. Je crois qu'ils ont tué mon mari.

— Je ne peux pas vous aider, madame. »

Elle a compris alors qui se trouvait dans la voiture. C'était Joey, il était seul. Elle a reconnu sa voix. Elle l'a bien regardé ; il ne portait plus de bas sur la tête.

« Lâchez-moi », a-t-il dit, parce qu'elle l'avait attrapé par le bras.

Il a démarré en trombe et elle est tombée sur la route. Mais elle a continué à avancer et est arrivée à une maison, d'où elle a appelé les secours. Ed a été transporté à l'hôpital. Si elle n'était pas sortie de chez elle, lui ont dit les médecins, il aurait succombé à une hémorragie.

Et puis, cet hiver-là, St. Peter a été ébranlé par l'arrestation de Paul Breuninger.

Paul avait cessé de vendre des couronnes de Noël en entrant au lycée. Il avait laissé pousser ses boucles rousses, et ne mettait plus beaucoup les pieds à l'église. Ma mère m'avait appris que Paul disposait d'une entrée séparée. Que le père Breuninger ne savait plus quoi faire de lui. En février, défoncé à l'acide, Paul est entré chez une fleuriste de la route 30 et a demandé à une certaine Mrs. Mole une unique rose jaune. Cela faisait une semaine qu'avec un copain qui l'attendait dans la voiture, il repérait les lieux. Chaque fois, Paul avait demandé une seule rose, observant attentivement la caisse enregistreuse au moment où Mrs. Mole l'ouvrait.

Mais ils avaient mal choisi leur jour pour faire un casse. Le mari de Mrs. Mole venait de partir avec la recette de la semaine. Elle avait moins de quatre dollars dans son tiroir-caisse. Paul a perdu les pédales. Il a frappé Mrs. Mole de quinze coups de couteau, au visage et au cou, en hurlant « Crève, salope, crève », encore et encore. Mrs. Mole ne lui a pas obéi. Elle est arrivée à sortir de la boutique avant de s'effondrer dehors, dans un tas de neige. Une femme a aperçu le sang, qui avait dégouliné lentement le long du tas. Elle a suivi la piste et a trouvé Mrs. Mole, inconsciente, dans la neige.

C'est dans une communauté traumatisée que je suis revenue ce mois de mai après le viol. Nul ne l'était autant que le père Breuninger lui-même. En tant qu'administratrice du conseil paroissial, ma mère avait été informée du drame qu'il avait vécu au printemps. Paul avait été arrêté et, bien qu'étant encore mineur puisqu'il n'avait que dix-sept ans, il devait être jugé comme un adulte. Le père Breuninger ne savait pas que son fils s'enfilait une bouteille de whisky par jour depuis qu'il avait quinze ans. Il ignorait tout des drogues trouvées dans la chambre de Paul, et de son absentéisme scolaire. Il avait mis son insolence sur le compte de l'adolescence.

Parce qu'elle s'occupait du conseil paroissial et qu'elle lui faisait toute confiance, ma mère a raconté au père Breuninger que je m'étais fait violer. Il l'a annoncé à l'église. Il n'a pas utilisé le mot *violée*, il a dit « agressée brutalement dans un parc, près de son campus. Elle a subi des violences ». Pour toutes les rombières dignes de ce nom, ça ne pouvait vouloir dire qu'une chose. Pendant que l'histoire faisait le tour de la paroisse, elles se sont rendu compte que je n'avais rien de cassé. L'agression avait-elle vraiment été si brutale ? Oh… ça…

Le père Breuninger s'est pointé à la maison. Je me rappelle la pitié que j'ai lue dans son regard. Dès cet instant, j'ai senti qu'il nous mettait dans le même sac, son fils et moi : il nous considérait comme deux enfants qui, au seuil de l'âge adulte, avaient tout perdu. Je savais par ma mère que le père Breuninger n'arrivait pas à tenir Paul pour responsable des coups de couteau portés à Mrs. Mole. Il en voulait à la drogue, il en voulait au complice de vingt-deux ans, il s'en voulait à lui-même. Il ne pouvait pas en vouloir à Paul.

Ma famille s'est réunie au salon, la pièce de la maison qui servait le moins. Nous étions assis du bout des fesses, raides comme des piquets, au milieu du mobilier ancien. Ma mère est allée chercher à boire, du thé, pour Fred – c'est ainsi que les adultes appelaient le père Breuninger. On a parlé de tout et de rien. Je m'étais installée sur le canapé de soie bleu pâle, un des biens les plus précieux de mon père, interdit aux enfants et aux chiens. (Une année, pour Noël, j'avais réussi à y faire monter un basset en l'appâtant avec un biscuit. Puis je l'avais pris en photo en train de s'empiffrer sur la soie et j'avais fait encadrer les clichés, que j'avais offerts à mon père.)

Le père Breuninger nous a demandé de nous lever, de nous mettre en cercle et de nous donner la main. Il portait sa soutane noire et son col blanc. Le gland de soie du cordon qui lui servait de ceinture s'est balancé dans l'air avant de retomber. « Prions », a-t-il dit.

J'étais écœurée. Notre famille cultivait le commentaire, la réflexion, le scepticisme. Je trouvais ça hypocrite. Pendant qu'il priait, j'ai levé les yeux et j'ai regardé autour de moi, Mary, mes parents, le père Breuninger. Ils avaient la tête inclinée ; les yeux fermés. J'ai refusé de fermer les yeux. Nous priions pour mon âme. J'ai posé mon regard sur l'entrejambe du père Breuninger. J'ai pensé à ce qu'il était, sous tout ce noir. Un homme. Il avait une bite comme tous les hommes. De quel droit, me demandais-je, priait-il pour mon âme ?

J'ai pensé à autre chose : à son fils, Paul. Debout, là, j'ai pensé à Paul, à son arrestation, aux années qu'il passerait en prison. J'ai pensé à Paul, qui était tombé si bas, et à la satisfaction que Mrs. Mole devait éprouver. Paul était dans son tort. Le père Breuninger, qui avait passé sa vie à louer Dieu, avait perdu son fils, vraiment perdu, plus que mes parents ne pourraient jamais me perdre. Moi, j'étais dans mon droit. Et d'un coup, je me suis sentie forte et j'ai trouvé complètement stupide ce que ma famille était en train de faire, cet acte de foi, de croyance, ou de charité. J'étais furieuse qu'ils se prêtent à cette comédie. Qu'ils soient plantés là, sur le tapis du salon – la pièce des grandes occasions, des jours de fête et des célébrations – à prier pour moi un Dieu en lequel ils ne croyaient peut-être même pas.

Le père Breuninger a fini par s'en aller. J'ai dû l'embrasser. Il sentait la lotion après-rasage et la naphtaline du placard de l'église où il suspendait ses vêtements sacerdotaux. C'était un homme honnête, bien intentionné. Il traversait sa propre crise, mais je n'avais aucun moyen alors, que ce fût par l'intermédiaire de Dieu ou autrement, d'être à ses côtés.

Puis les vieilles dames sont venues. Les merveilleuses vieilles dames, les vieilles dames pleines d'amour et de sagesse.

Chaque fois qu'une vieille dame arrivait, on l'expédiait au salon et on l'installait dans le précieux fauteuil à oreilles de mes parents. Ce fauteuil offrait un poste d'observation sans égal. La personne qui s'y trouvait pouvait voir tout le reste de la pièce (le canapé bleu se trouvait à sa droite) et l'intérieur de la salle à manger où était exposé le service à thé en argent. Quand ces dames nous rendaient visite, on leur offrait du thé dans les tasses en porcelaine que mes parents avaient reçues à leur mariage, et ma mère les traitait comme des invitées exceptionnelles et vénérées.

Betty Jeitles a été la première à venir. Betty Jeitles avait de l'argent. Elle habitait une belle maison, près de Valley Forge, qui faisait très envie à ma mère et devant laquelle elle passait toujours très rapidement pour que personne ne s'en rende compte. Betty avait un visage sillonné de profondes rides, très Main Line[1]. Elle me faisait penser à une race de chiens exotique, une sorte de shar-pei cultivé, et parlait avec un accent aristocratique que ma mère justifiait d'une formule : « vieille fortune ».

En l'honneur de Mrs. Jeitles, j'avais enfilé une chemise de nuit et un peignoir. Cette fois encore, je m'étais installée sur le canapé bleu. Elle m'a donné un livre : *Akienfield : Portrait d'un village chinois*. Elle s'était rappelé que, quand j'étais petite, j'avais dit aux dames venues prendre le café que je voulais être archéologue. Pendant sa brève visite, nous avons passé le temps à bavarder. Ma mère nous a aidées. Elle a parlé de l'église et de Fred. Betty écoutait. Toutes les quelques

---

1. Nom donné à un ensemble de faubourgs chic au sud-est de la Pennsylvanie, desservis par la « Main Line », la principale ligne de chemin de fer (*N.d.T.*).

phrases, elle hochait la tête, ajoutait un ou deux mots. Je me rappelle qu'elle regardait dans ma direction, vers le canapé, pendant que ma mère parlait ; elle avait tellement envie de dire quelque chose, mais il se trouve que, ce mot-là, personne ne pouvait le prononcer.

Peggy O'Neil, que mes parents traitaient de vieille fille, a été la deuxième. Peggy n'était pas une fortune Main Line. Elle avait de l'argent parce qu'elle avait judicieusement placé ses économies faites pendant sa longue carrière. Elle vivait très à l'écart de la route, dans une adorable maison devant laquelle ma mère ne s'attardait jamais. Elle se teignait les cheveux en noir jais. Avec Myra, elle s'était spécialisée dans les sacs à main de saison. En vannerie avec des pastèques peintes dessus pour le printemps, faits de graines enfilées sur des lanières de cuir pour l'automne. Elle portait des robes droites, ordinaires – du madras et du seersucker. Les matériaux semblaient destinés à distraire le spectateur et à l'empêcher d'analyser la forme de son corps. Maintenant que j'ai été enseignante, je sais que c'étaient des vêtements de prof.

Si Peggy m'a apporté un cadeau, je ne m'en souviens pas. Mais Peggy, qui était moins réservée que Mrs. Jeitles, n'avait pas besoin de cadeau. Il fallait même que je fasse un effort pour l'appeler Miss O'Neil et pas Peggy. Elle a raconté des blagues, elle m'a fait rire. Elle m'a dit qu'elle avait peur dans sa maison. Que c'était dangereux d'être une femme seule. Que j'étais une fille super, que j'étais solide, que je m'en remettrais. Elle m'a dit aussi, en riant, mais elle était parfaitement sérieuse, que ce n'était pas si mal de rester vieille fille.

Myra a été la dernière à venir.

J'aimerais conserver le souvenir de sa visite. Ou plus exactement, j'aimerais en conserver le souvenir jusqu'au moindre détail : ce qu'elle portait, la manière dont nous étions assises, ce qu'elle a dit. Mais ce dont je me souviens, c'est de m'être trouvée d'un coup en présence de quelqu'un qui avait « pigé ». Qui n'était pas seulement au courant des faits mais qui comprenait – aussi précisément que possible – ce que j'éprouvais.

Elle était assise dans le fauteuil à oreilles. Sa présence me réconfortait et me soutenait. Ed ne s'était pas complètement remis de son passage à tabac. Il ne s'en remettrait jamais. Il avait reçu trop de coups à la tête. Il avait les idées embrouillées, maintenant, très confuses. Myra me ressemblait : on la jugeait solide. Sa réputation et ce qu'on savait de son caractère incitaient les gens à se dire que si un truc pareil devait arriver à une des vieilles dames de la paroisse, il était tombé sur celle qui avait le plus de ressort. Elle m'a parlé des trois types. Elle a ri en répétant qu'ils avaient été drôlement surpris de constater qu'une femme de son âge pouvait se bagarrer comme ça. Elle irait témoigner. Ils avaient arrêté Joey grâce à son signalement. Mais son regard se voilait quand elle parlait d'Ed.

Ma mère observait Myra, cherchant sur son visage le signe que je me remettrais. J'observais Myra, cherchant sur son visage la preuve qu'elle avait compris. À un moment, elle a dit : « Ce qui m'est arrivé n'a rien à voir avec ce qui t'est arrivé à toi. Tu es jeune et jolie. Personne ne s'intéresse à moi de cette manière-là.

— Je me suis fait violer », ai-je dit.

Le silence s'est fait, ma mère était affreusement mal à l'aise. Le salon, avec son mobilier ancien soigneusement disposé et ciré, les coussins en tapisserie de ma mère qui ornaient la plupart des fauteuils, les portraits lugubres de nobles espagnols qui vous dévisageaient du haut des murs, en était transformé. J'avais eu l'impression qu'il fallait que je le dise. Mais je sentais aussi que c'était presque un acte de vandalisme. Comme si j'avais balancé un seau de sang à travers le salon, sur le canapé bleu, Myra, le fauteuil à oreilles, ma mère.

Nous étions assises, toutes les trois, et nous le regardions dégouliner.

« Je sais, a dit Myra.

— Il fallait que je prononce ce mot, ai-je dit.

— Il est dur.

— Ce n'est pas "ce qui m'est arrivé", ce n'est pas "l'agression", "les coups et blessures", ni "*ça*". Je crois qu'il est important d'appeler les choses par leur nom.

— C'est un viol, a-t-elle dit, et ça ne m'est pas arrivé, à moi. »

Nous avons repris une conversation sans intérêt particulier. Un peu plus tard, elle est partie. Mais j'étais entrée en contact avec une planète différente de celle où vivaient mes parents ou ma sœur. Une planète où un acte de violence pouvait changer votre vie.

Le même après-midi, un garçon de notre école, le frère aîné d'une de mes amies, a fait un saut chez nous. J'étais sur la véranda, en chemise de nuit. Ma sœur était en haut, dans sa chambre.

« Les filles ! Jonathan est là », a crié ma mère depuis le vestibule.

C'était peut-être ses cheveux blond vénitien, ou le fait qu'il avait déjà passé sa licence et dégoté un boulot en Écosse, ou la haute opinion que sa mère se faisait de lui et qui expliquait que nous connaissions presque tous les détails de sa carrière de crack ; toujours est-il que ma sœur et moi avions pour lui un faible tacite et commun. Nous sommes arrivées dans l'entrée en même temps, moi débouchant de l'arrière de la maison, ma sœur dévalant l'escalier à vis menant au rez-de-chaussée. Il avait le regard fixé sur elle pendant qu'elle descendait. Ma sœur n'a pas bronché. Je ne pouvais pas l'accuser de faire la sainte-nitouche, de flirter avec lui ni de se livrer à une concurrence déloyale. Elle était jolie. Il avait les yeux levés vers elle, il souriait et les amabilités préalables – « Comment tu vas ? – Bien, merci. Et toi ? » – avaient déjà commencé. C'est alors qu'il m'a remarquée, debout sur le seuil du salon. On aurait dit que son regard s'était posé sur un objet incongru.

Nous avons bavardé une minute ou deux. Jonathan et ma sœur sont passés au salon, et je leur ai demandé de m'excuser. Je suis retournée à l'arrière de la maison, j'ai fermé la porte du séjour, j'ai rejoint la véranda et me suis assise, tournant le dos à la maison. J'ai pleuré. Les mots « gentils garçons » m'ont traversé l'esprit. J'avais vu le regard que Jonathan m'avait lancé et je le savais : *Aucun gentil garçon ne voudra jamais de moi.* J'étais tous ces horribles mots utilisés pour dire viol ; j'étais changée, ensanglantée, une marchandise abîmée, fichue.

Quand Jonathan est reparti, ma sœur avait la tête à l'envers.

Je me suis avancée vers le seuil du séjour. Elles ne m'avaient pas vue mais, par la fenêtre qui donnait sur la véranda, j'avais entendu la voix toute joyeuse de ma sœur.

« J'ai l'impression qu'il t'aime bien, a dit ma mère.

— Vraiment ? a demandé ma sœur, sa voix montant sur la seconde syllabe.

— Il en avait l'air, en tout cas, a répondu ma mère.

— Oui, il aime bien Mary », ai-je insisté, manifestant ma présence, « parce que Mary ne s'est pas fait violer !

— Alice, a protesté ma mère. Ne dis pas ça.

— C'est un gentil garçon, ai-je repris. Aucun gentil garçon ne voudra jamais de moi. »

Ma sœur était complètement ahurie. Je lui avais cassé la baraque. Elle avait manifesté un peu de gaieté, ce qu'elle méritait bien. Elle avait passé le plus clair de la semaine qui avait suivi son retour à la maison enfermée dans sa chambre, loin du combat et des feux de la rampe.

« Alice, a dit ma mère, ça n'a aucun sens.

— Bien sûr que si. Tu aurais dû voir comment il m'a regardée. Il ne savait pas quoi faire. »

J'avais haussé le ton, tirant mon père de la réclusion cérébrale de son bureau.

« Qu'est-ce que c'est que ce boucan ? » a-t-il demandé, en entrant dans le séjour. Il tenait ses lunettes de lecture dans la main droite et avait l'air, comme si souvent, d'avoir été brutalement réveillé, de débarquer d'une autre vie, dans l'Espagne du XVIIIe siècle.

« Merci de te joindre à nous, Bud, a lancé ma mère. Ne te mêle pas de ça, tu veux ?

— Aucun gentil garçon ne voudra jamais de moi », ai-je répété.

Sortie de son contexte, cette phrase ne pouvait qu'horrifier mon père. « Alice, pourquoi dis-tu une chose pareille ?

— Parce que c'est vrai ! ai-je hurlé. Parce que je me suis fait violer et que, maintenant, plus personne ne voudra de moi.

— C'est ridicule, a-t-il coupé. Tu es très jolie ; il ne manquera certainement pas de gentils garçons qui auront envie de sortir avec toi.

— Tu parles ! Les gentils garçons ne sortent pas avec des filles violées ! »

Je m'étais mise à beugler pour de bon. Ma sœur a battu en retraite et je lui ai hurlé : « C'est ça, vas-y ! Va écrire dans ton journal : "Un gentil garçon est venu me voir aujourd'hui." Moi, je ne pourrai jamais écrire ça.

— Ne mêle pas ta sœur à cette histoire, a dit ma mère.

— Et pourquoi ? Qu'est-ce qu'elle a de si spécial ? Elle reste bien tranquille dans sa chambre pendant qu'avec vous je me farcis SOS Suicides vingt-quatre heures sur vingt-quatre. Papa frôle les murs comme si j'allais tomber en pièces au moindre contact, et, toi, tu te planques à la lingerie pour piquer tes crises !

— Voyons, Alice, s'est indigné mon père. Tu es très perturbée, voilà tout. »

Ma mère a commencé à se frotter le sternum.

« Nous faisons ce que nous pouvons, ta mère et moi, m'a assuré mon père. Mais nous ne savons pas très bien quoi faire.

— Vous pourriez commencer par dire le mot », ai-je lancé, un peu calmée. J'avais le visage brûlant d'avoir crié, et les larmes recommençaient à me monter aux yeux.

« Quel mot ?

— *Viol*, papa. *Viol*. La raison pour laquelle les gens me dévisagent comme ça, la raison pour laquelle vous ne savez pas quoi faire, pour laquelle toutes ces vieilles dames viennent me voir et maman pique des crises, la raison pour laquelle Jonathan Gulick m'a regardée comme si j'étais un monstre. Pigé ?

— Calme-toi, Alice, a dit mon père, tu fais du mal à ta mère. »

C'était vrai. Ma mère s'était réfugiée à l'autre bout du canapé – loin de nous. Elle était pliée en deux, une main sur la tête, l'autre se frottant la poitrine. Franchement, je ne la supportais plus. Je ne supportais pas que ce soit toujours la plus faible qui monopolise l'attention.

Quelqu'un a sonné. C'était Tom McAllister. Il avait un an de plus que moi, et je ne connaissais pas de garçon plus séduisant que lui. Ma mère trouvait qu'il ressemblait à l'acteur Tom Selleck. Je n'avais pas vu Tom depuis la messe de minuit, le soir de Noël. Nous avions chanté un cantique. À la fin, quand je m'étais retournée sur mon banc, il m'avait souri.

Pendant que mon père lui ouvrait la porte et lui disait bonjour, je me suis faufilée au fond du couloir pour aller me laver la figure à la salle de bains d'en bas. Je me suis aspergé le visage d'eau froide et me suis recoiffée tant bien que mal, avec les doigts.

J'ai arrangé mon peignoir pour qu'on ne voie pas le collier de bleus laissé par les mains du violeur. Je pleurais tellement tous les jours que j'avais tout le temps les yeux gonflés. J'aurais voulu avoir meilleure allure. Être jolie, comme ma sœur.

Mes parents avaient invité Tom à s'installer sur la véranda. Quand je les ai rejoints, il s'est levé du canapé sur lequel il était assis.

« C'est pour toi, a-t-il dit en me tendant un bouquet. Je t'ai aussi apporté un cadeau. Maman m'a aidé à le choisir. »

Il me dévisageait. Mais, sous son regard insistant, je ne me sentais pas comme avec Jonathan Gulick.

Ma mère nous a apporté des boissons gazeuses et puis, après avoir échangé quelques mots avec Tom à propos de ses études à Temple, elle a emporté les fleurs à l'intérieur de la maison pour les mettre dans l'eau et mon père est allé lire au salon.

Nous étions assis sur le canapé. J'ai ouvert son cadeau. C'était une tasse, avec le dessin d'un chat portant des ballons – le genre de cadeau que, dans d'autres circonstances, j'aurais dédaigné. J'ai trouvé la tasse magnifique et j'ai remercié Tom sincèrement. C'était *mon* gentil garçon.

« Tu es moins amochée que je ne pensais, a-t-il dit.

— Merci.

— D'après ce que dit le révérend Breuninger, tu t'es fait salement tabasser. »

Je me suis rendu compte que, contrairement aux vieilles dames, il ne mettait aucun sens caché dans ces mots.

« Je suppose que tu sais ? » ai-je demandé.

Son visage était dénué d'expression. « Qu'est-ce que je suis censé savoir ?

— Ce qui m'est vraiment arrivé.

— Il paraît que tu t'es fait attaquer dans un parc et qu'on t'a piqué ton fric. C'est ce qu'on a dit à l'église. »

Je l'ai regardé intensément. Stoïque.

« Je me suis fait violer, Tom. »

Il n'en revenait pas.

« Tu peux t'en aller si tu veux », ai-je repris. J'avais les yeux fixés sur la tasse que je tenais entre mes mains.

« Je ne savais pas, personne ne me l'a dit. Je suis désolé. »

Tout en disant ces mots, et il les pensait, il s'est éloigné de moi. Il s'est redressé. Sans aller jusqu'à se lever pour partir, il semblait essayer de mettre autant d'air que possible dans l'espace qui nous séparait.

« Eh bien maintenant, tu le sais, ai-je dit. Est-ce que ça change quelque chose à ce que tu penses de moi ? »

Il était vaincu d'avance. Que pouvait-il répondre ? Ça le touchait forcément. J'en suis sûre, mais je ne voulais pas de la réponse que je connais aujourd'hui, je voulais celle qu'il m'a donnée.

« Non, bien sûr que non. C'est simplement que, mince, je ne sais pas quoi dire. »

Ce que j'ai retenu de cet après-midi, en plus de sa promesse de m'appeler bientôt, que nous nous reverrions, c'était ce mot, ce seul mot, en réponse à ma question : non.

Je ne le croyais pas vraiment, bien sûr. J'étais assez futée pour savoir qu'il disait ce qu'aurait dit n'importe quel gentil garçon. J'avais été bien élevée ; je savais, moi aussi, ce qu'il fallait dire à tel ou tel moment. Mais parce que c'était un garçon de mon âge, il m'a fait l'effet d'un héros par rapport à tous les autres visiteurs. Aucune vieille dame, pas même Myra, ne pouvait me donner ce que Tom m'avait donné. Ma mère le savait. Pendant toute la semaine, elle a chanté les louanges de Tom et mon père, qui ne s'était pas privé de ridiculiser un garçon assez naïf pour demander dans quel pays on parlait latin, est entré dans son jeu. Moi aussi. Pourtant, nous savions tous que nous nous cramponnions à une épave ; à quoi bon faire comme si je n'avais pas changé ?

Tom est revenu, quelques jours plus tard, et cette visite-là a certainement été bien plus pénible pour lui. Nous nous sommes installés sur la véranda, comme avant. Mais, cette fois, c'est moi qui ai écouté, et lui qui a parlé. Après être passé me voir, il était rentré chez lui et avait tout raconté à sa mère. Elle n'avait pas été étonnée, elle avait plus ou moins deviné ce qui s'était passé au ton du père Breuninger. Ce soir-là, ou le lendemain, je m'embrouille un peu dans les dates, elle a demandé à

Tom et à sa petite sœur Sandra de venir à la cuisine. Elle avait quelque chose à leur dire.

Tom m'a raconté qu'elle était debout devant l'évier, elle leur tournait le dos. Sans quitter la fenêtre des yeux, elle leur a avoué qu'elle s'était fait violer. Elle avait dix-huit ans quand c'était arrivé. Elle n'en avait encore jamais parlé à personne. Ça s'était passé dans une gare, un jour où elle allait voir son frère à la fac. Dans le récit de Tom, ce dont je me souviens le mieux, c'est qu'au moment où les deux hommes l'avaient saisie, elle leur avait laissé son manteau neuf entre les mains et avait continué à courir. Ils l'avaient quand même rattrapée.

Pendant que les larmes coulaient sur les joues de Tom, je pensais à mon violeur, qui m'avait agrippée par mes cheveux longs.

« Je ne sais pas quoi faire, je ne sais pas quoi dire, a murmuré Tom.

— Tu ne peux rien faire. »

J'aimerais pouvoir revenir en arrière et effacer cette dernière réplique. J'aimerais pouvoir lui répondre : « Tu le fais déjà, Tom. Tu écoutes. » Je me suis demandé comment sa mère avait pu avoir un mari et une famille sans jamais en parler à personne.

Après ces visites du début de l'été, nous nous sommes revus, Tom et moi, à l'église. À ce moment-là, je n'étais plus obsédée par l'envie d'attirer son attention ou de me faire voir en compagnie d'un joli garçon. C'était sa mère que je ne lâchais pas du regard. Elle savait que je savais ce qui lui était arrivé, et elle savait évidemment ce qui m'était arrivé, mais nous ne nous sommes jamais parlé. Une certaine distance s'est creusée entre Tom et moi. Ce serait arrivé de toute façon, mais l'histoire de mon viol avait fait irruption dans leur vie. Elle avait provoqué une révélation importune dans leur famille. Je ne sais pas quelle en a été la conséquence finale. Mais, par l'intermédiaire de son fils, Mrs. McAllister m'a fait découvrir deux choses : qu'une autre victime de viol vivait dans mon univers et que partager mon histoire me donnait un certain pouvoir puisque, à cause de moi, elle s'était confiée à ses enfants.

La nécessité de parler a été immédiate. Elle répondait à une réaction tellement instinctive que, même si j'avais cherché à la refouler, même si j'avais réfléchi un peu plus, je ne suis pas sûre que je serais arrivée à me taire.

Ma famille avait des secrets et, dès mon plus jeune âge, je m'étais enorgueillie d'être celle qui les révélerait. Je détestais les cachotteries. « Moins fort, les voisins vont t'entendre. » Cette injonction répétée m'inspirait généralement cette réponse : « Et alors ? »

Il n'y a pas très longtemps, nous avons eu une discussion, ma mère et moi, à propos de ce qu'on allait penser d'elle au Radio Shack d'à côté, où elle voulait rapporter un téléphone portable.

« Le vendeur va me prendre pour une folle, disait-elle.

— Mais, maman, il y a tout le temps des gens qui rapportent des articles, ai-je répliqué.

— Je l'ai déjà échangé une fois.

— Eh bien, le vendeur va trouver que tu es une emmerdeuse, mais ça m'étonnerait qu'il te prenne pour une cinglée.

— Je ne peux pas y retourner, un point c'est tout. Je les entends d'ici : "Oh, c'est cette vieille bique qui ne saurait même pas se servir d'une fourchette sans mode d'emploi."

— Maman, ai-je dit, ils échangent des trucs tout le temps. »

Cela m'amuse aujourd'hui, mais, quand j'étais adolescente, j'étais agacée que le souci de l'opinion d'autrui nous oblige à garder des secrets. Ma grand-mère, la mère de ma mère, avait un frère qui était mort d'une crise d'éthylisme. Son corps avait été découvert trois semaines plus tard par son frère cadet. On nous avait fait la leçon, à ma sœur et moi : il ne fallait surtout pas dire à grand-maman que maman était alcoolique. Nous n'étions pas non plus censées parler de ses crises d'angoisse, qu'elle faisait de son mieux pour dissimuler lorsque nous allions à Bethesda, où vivaient ses parents. Mes parents juraient comme des charretiers, mais nous ne devions pas les imiter. Et même s'ils disaient devant nous ce qu'ils pensaient du diacre de St. Peter (« un débile arrogant »), de tel ou tel voisin (« gros comme il est, c'est l'infarctus garanti »), ou d'une des sœurs quand l'autre était montée dans sa chambre – nous ne devions pas le répéter.

Je souffrais manifestement d'une incapacité innée à suivre ces instructions. Quand nous avons quitté Rockville, dans le Maryland, pour nous installer en Pennsylvanie – j'avais alors cinq ans –, ma sœur a dû redoubler son CE2 parce que, d'après les règlements scolaires d'East Whiteland, elle était trop jeune pour intégrer un CM1. Cette seule raison l'a obligée à refaire son CE2. Un vrai traumatisme pour elle : repiquer était un des pires stigmates possible pour une enfant de huit ans qui arrivait dans une nouvelle ville. Ma mère nous avait bien dit que personne n'avait à le savoir. Mais elle avait oublié que, pour cela, il aurait fallu me fermer la bouche aux barbelés et m'empêcher de sortir.

Quelques jours après notre installation dans notre nouvelle maison, j'étais au jardin avec notre basset, Feijoo. Une voisine, Mrs. Cochran, est passée. Elle s'est penchée vers moi et s'est présentée. Elle avait un enfant de mon âge, un garçon, Brian, et espérait sans doute obtenir quelques renseignements sur notre famille. Elle a été servie.

« Ma mère, c'est celle qui a des trous plein la figure », ai-je dit à cette voisine effarée. Je faisais allusion aux cicatrices d'acné de ma mère. En réponse à la question : « Ils sont tous comme toi, chez vous ? », j'ai dit : « Non, mais il y a ma sœur. Elle vient de repiquer son CE2. »

Et ainsi de suite. Avec le temps, je suis devenue de plus en plus grande gueule. Mais je ne suis pas seule responsable. J'étais très à l'écoute de mon public : les adultes adoraient ça.

Le seul problème étant que les règles de la divulgation étaient trop compliquées pour moi. Mes parents pouvaient dire tout ce qu'ils voulaient mais, à l'extérieur de la maison, j'étais censée ne pas piper mot.

« Les voisins te tirent les vers du nez, disait ma mère. Il faut que tu apprennes à être plus réservée. Je me demande pourquoi tu tiens absolument à parler à tout le monde, comme ça. »

Je ne savais pas ce que *réservé* voulait dire. Je ne faisais que suivre leur exemple. Puisqu'ils voulaient une fille qui se taise, ai-je fini par lâcher au cours d'un concours de hurlements à l'époque où j'étais au lycée, j'aurais dû me mettre à fumer ; comme ça, j'aurais attrapé un cancer du poumon au lieu de ce que ma mère m'accusait d'avoir : un cancer de la bouche.

Le sergent Lorenz avait été le premier à entendre mon histoire. Mais il m'avait interrompue tout le temps en objectant : « C'est sans importance. » La seule chose qui l'intéressait dans mon récit, c'étaient des faits qui puissent cadrer avec les chefs d'accusation courants. Il était ce qu'il était : un flic du genre tenons-nous-en-aux-faits-ma-p'tite-dame.

À qui pouvais-je parler ? J'étais à la maison. Ma sœur ne me donnait pas l'impression de pouvoir digérer ça, et Mary Alice était à des kilomètres, elle avait pris un boulot d'été à Jersey Shore. C'était impossible à raconter au téléphone. J'ai essayé d'en parler à ma mère.

J'étais au courant de beaucoup de choses. Grâce à de petits apartés de ma mère quand j'avais onze ans, du genre « Ton père n'a jamais su ce que c'est que la tendresse », ou aux discussions que nous avions eues pendant la longue maladie de mon grand-père et au moment de sa mort. Ma mère ne me cachait rien. C'était une résolution qu'elle avait certainement prise précocement, en réaction directe à l'attitude de sa propre mère. Ma grand-mère est stoïque et taciturne. En cas de crise, elle prodigue des paroles de sagesse de la vieille école : « N'y pense pas, et ça passera. » La vie s'était chargée d'apprendre le contraire à ma mère.

Il ne s'agissait donc pas de notre première discussion. J'avais à peine dix-huit ans qu'elle m'avait infligé un long discours sur son alcoolisme, ses débuts et ses répercussions, sans m'épargner aucun détail. Elle pensait qu'en me faisant partager ce genre de choses, elle me permettrait de les éviter ou, au moins, de les identifier quand elles se présenteraient. En parler à ses enfants, c'était aussi admettre leur réalité, reconnaître qu'elles n'étaient pas sans effet sur nous, qu'elles pesaient sur toute la famille, et pas seulement sur la personne à qui elles arrivaient.

J'ai le vague souvenir que c'était le soir, je n'en suis pas certaine, mais c'était quelques semaines après le viol, et ça s'est passé à la table de la cuisine. Si nous n'étions pas seules à la maison, ma mère et moi, mon père devait se trouver dans son bureau et ma sœur dans sa chambre. En tout cas, nous aurions entendu quelqu'un approcher.

« Il faut que je te raconte ce qui s'est passé dans le souterrain », ai-je dit.

Les sets de table n'avaient pas encore été débarrassés. Ma mère jouait avec le coin du sien.

« Tu peux essayer, a-t-elle répondu, mais je ne te promets pas de tenir le coup. »

J'ai commencé. Je lui ai parlé de la maison de Ken Childs, des photos que j'avais prises dans l'appartement. J'ai continué avec le sentier, dans le parc. Je lui ai parlé des mains du violeur, je lui ai dit qu'il m'avait attrapée avec ses deux bras, que nous nous étions battus sur l'allée de briques. Quand je suis entrée dans le souterrain, que j'ai commencé à me déshabiller, quand il m'a touchée, elle a crié grâce.

« Je ne peux pas, Alice. Je voudrais bien, mais je ne peux pas.

— Ça me fait du bien d'essayer d'en parler, maman, ai-je insisté.

— Je comprends, mais je ne crois pas être la personne qu'il te faut.

— Je n'ai personne d'autre.

— Je peux te prendre un rendez-vous chez le Dr Graham. »

Le Dr Graham était le psychiatre de ma mère. En réalité, c'était le psychiatre de famille. Elle s'était d'abord occupée de ma sœur et avait voulu nous voir tous pour comprendre comment la dynamique familiale affectait Mary. Ma mère m'avait même envoyée chez elle plusieurs fois, après une chute particulièrement mauvaise dans l'escalier à vis. Je passais mon temps à le monter et à le descendre en chaussettes, et il m'arrivait souvent de glisser sur le bois vernis. Chaque fois, je rebondissais sur mon derrière en atterrissant sur le palier, ou bien mes membres s'emmêlaient dans une contorsion telle que mon corps s'arrêtait *in extremis*, juste avant le sol dallé du vestibule. Ma mère s'était demandé si cette maladresse ne relevait pas d'une pulsion d'autodestruction. J'étais certaine que ce n'était pas aussi compliqué. J'étais empotée, voilà tout.

Cette fois, j'avais une bonne raison d'aller voir un psy. Je m'étais toujours flattée d'être le seul membre de la famille à avoir évité la psychothérapie – je ne comptais pas comme telle un entretien à propos de mes chutes dans l'escalier – et j'avais asticoté ma sœur à l'époque où elle se faisait suivre par le Dr Graham. Mary avait commencé sa psychothérapie l'année où les Talking Heads avaient sorti une chanson qui était devenue un instrument de torture idéal aux mains de sa petite sœur : « Psycho Killer ». Rosserie fraternelle avec accompagnement musical. Notre famille devait se saigner aux quatre veines pour payer sa psychothérapie. Mon raisonnement était simple : ce que mes parents dépensaient pour elle, ils ne le dépensaient pas pour moi. Ce n'était quand même pas ma faute si Mary était givrée.

Une revanche aurait été de bonne guerre, mais Mary s'est abstenue de toute taquinerie, cet été-là. Je lui ai dit que maman m'avait suggéré d'aller voir le Dr Graham et elle était d'accord avec moi pour penser que ça me ferait peut-être du bien. Ma motivation était essentiellement d'ordre esthétique. J'aimais l'allure du Dr Graham. Elle était féministe jusqu'à la moelle. Elle mesurait près d'un mètre quatre-vingts, enveloppait de grands boubous en batik sa charpente imposante sans être lourde, et refusait de s'épiler les jambes. Quand j'étais au lycée, mes blagues l'avaient fait rire, et, à l'issue de nos quelques séances à propos de mes chutes sur le derrière, elle avait déclaré à ma mère, devant moi, que, eu égard à la famille qui était la mienne, j'étais remarquablement équilibrée. Je n'avais strictement rien qui clochait, avait-elle dit à l'époque.

Ma mère m'a conduite à son cabinet, à Philadelphie. Ce n'était pas celui de la clinique pédiatrique ; c'était son cabinet privé. Elle m'attendait ; je suis entrée et me suis allongée sur le divan.

« Veux-tu me dire pourquoi tu viens me voir, Alice ? » a-t-elle demandé. Elle le savait déjà. Ma mère le lui avait dit au téléphone quand elle avait appelé pour prendre rendez-vous.

« Je me suis fait violer dans un parc, près de la fac. »

Le Dr Graham connaissait notre famille. Elle savait que nous étions pucelles, Mary et moi.

« Alors, a-t-elle dit, ça a dû lever certaines de tes inhibitions sexuelles, non ? »

Je n'en revenais pas. Je ne sais plus si j'ai vraiment répondu : « C'est dégueulasse de dire un truc pareil. » Ce dont je suis sûre, c'est que j'aimerais bien l'avoir fait. Et je sais que ça a été la fin de la séance, que je me suis levée et que je suis partie.

Les paroles du Dr Graham étaient celles d'une féministe d'une trentaine d'années. De quelqu'un qui aurait dû, me semblait-il, être un peu plus futé. Mais j'étais en train d'apprendre que personne – pas plus les femmes que les hommes – ne savait par quel bout prendre la victime d'un viol.

Alors j'en ai parlé à un garçon. Il s'appelait Steve Carbonaro. Je l'avais connu au lycée. Il était intelligent et mes parents l'aimaient bien – il appréciait leurs tapis et leurs livres. Il venait d'une famille nombreuse d'origine italienne et voulait s'en sortir. Il avait choisi la poésie pour s'évader. En ce sens, j'avais plus de points communs avec lui qu'avec qui que ce soit d'autre. Sur le canapé de mes parents, à seize ans, nous avions lu ensemble des extraits du *New Yorker Book of Poetry*, et il m'avait donné mon premier baiser.

J'ai conservé mon journal intime de l'époque. Ce soir-là, après son départ, j'ai écrit : « Maman m'a fait un sourire narquois. » Je suis allée dans la chambre de ma sœur. Elle ne s'était encore jamais fait embrasser par un garçon. Dans mon journal, j'ai écrit : « Beurk, burk, berk, envie de dégobiller. J'ai dit à Mary que les patins, c'est dégueu, et que je ne comprends pas pourquoi on devrait aimer ça. Je lui ai dit qu'elle pouvait venir m'en parler quand elle voudrait, si elle trouvait ça dégueu, elle aussi. »

Au lycée, j'avais été une petite copine peu enthousiaste pour Steve Carbonaro. Je ne voulais pas aller jusqu'au bout. Devant son insistance, je me suis expliquée en ces termes : je n'étais pas catégoriquement contre, mais je n'étais pas catégoriquement pour non plus, et tant que je ne me serais pas vraiment décidée dans un sens ou dans l'autre, ce serait non.

À dix-sept ans, quand nous étions en terminale, Steve avait jeté son dévolu sur une fille qui « couchait », comme nous disions dans notre jargon de lycéens. À la boum de fin d'année, pendant que je dansais avec Tom McAllister, Steve buvait. Quand je suis tombée par hasard sur lui et sur sa petite copine, elle m'a annoncé amèrement qu'elle se sentait plutôt en forme pour quelqu'un qui s'était fait avorter le matin même. Plus tard, à la boum de Gail Stuart, Steve s'est pointé avec une autre fille, Karen Ellis. Il avait raccompagné sa petite amie chez elle.

Mais en mai 1981, je m'en fichais pas mal de tous ces tâtonnements passés. Deux heures dans un souterrain obscur avaient rendu un peu désuet mon débat pour-ou-contre « est-il moral de coucher avec des lycéens comme Steve ».

Steve avait fait sa première année de fac à l'Ursinus College. À son retour, il s'était pris de passion pour la comédie musicale *L'Homme de la Manche*. Ma mère, et mon père, qui était plus difficile à séduire, étaient ravis de le voir s'investir comme cela dans le mythe de Don Quichotte. Pouvait-on rêver mieux qu'une comédie musicale inspirée de Cervantès pour faire craquer un professeur d'espagnol spécialiste du XVIIIe siècle ? À un siècle près, Steve Carbonaro avait fait mouche avec précision. Cet été-là, il a passé des heures sur la véranda avec mes parents, à se faire servir du café, à parler des bouquins qu'il aimait et de ce qu'il voulait faire plus tard. Je crois que l'attention qu'ils lui accordaient était terriblement importante pour lui. Quant à l'attention qu'il m'accordait, c'était une bénédiction pour mes parents.

La première fois qu'il est venu nous voir cet été-là, je lui ai dit que je m'étais fait violer. Nous avons dû sortir plusieurs fois, en tout bien tout honneur, avant que je lui raconte tout le reste. C'était sur le canapé du salon. Mes parents étaient dans la chambre, au-dessus de nous, et faisaient le moins de bruit possible. À chaque visite de Steve, mon père s'éclipsait dans son bureau ou rejoignait ma mère dans sa chambre, où ils essayaient en chuchotant de deviner ce qui pouvait bien se passer en bas.

Je lui ai raconté tout ce que je pouvais supporter de raconter. J'avais l'intention de lui confier tous les détails, mais je n'ai pas pu. J'improvisais au fur et à mesure, m'arrêtant aux virages sans visibilité, sachant que je risquais de m'effondrer. Mon récit était parfaitement linéaire. Je ne me suis pas étendue sur ce que j'avais pu éprouver quand le violeur a fourré sa langue dans ma bouche, quand il m'a obligée à lui rendre son baiser.

Il était partagé entre la fascination et l'écœurement. Il était aux premières loges pour assister au spectacle, à une vraie tragédie, un drame en libre accès, qui ne se passait pas dans les livres, ni dans les poèmes qu'il écrivait.

Il m'appelait Dulcinée. Il chantait tout haut les chansons de *L'Homme de la Manche*, dans sa Coccinelle Volkswagen blanche, et il me faisait chanter avec lui. Il fallait que Steve chante ces chansons, c'était vital pour lui. Il jouait le rôle principal, Don Quichotte de la Manche, un incompris, un romantique qui transforme le bol à raser d'un barbier en casque et la putain Aldonza en dame – Dulcinée. Moi, j'étais Aldonza.

Après une chanson et une scène intitulée « L'Enlèvement », dans laquelle Aldonza se fait enlever pour être, selon toute évidence, victime d'un viol collectif, Don Quichotte la découvre abandonnée par ses suborneurs. Don Quichotte s'obstine à reconnaître dans cette femme violée et battue sa Dulcinée, sa douce et adorable pucelle.

Steve a mis de l'argent de côté et pris des places pour m'emmener voir Richard Kiley dans le rôle principal, à l'Academy of Music de Philadelphie. C'était mon cadeau d'anniversaire, avec un peu d'avance. Nous nous sommes mis sur notre trente et un. Ma mère a pris des photos. Mon père a dit que j'avais l'air d'« une vraie dame ». Toute cette attention me gênait, mais, après tout, je passais la soirée dehors, et avec un garçon, un garçon qui savait et ne m'avait pas rejetée. C'était plus que suffisant pour que je tombe amoureuse de lui.

Et pourtant, je ne sais comment, en voyant tout ça sur scène, Aldonza pourchassée par un groupe d'hommes, pelotée et insultée, ses seins empoignés comme des morceaux de bidoche, j'ai été incapable de continuer à entretenir l'illusion à laquelle Steve Carbonaro tenait tant dans notre relation. Je n'étais pas une putain qu'il pouvait ériger au rang de dame par le pouvoir de son imagination et de son sens de la justice. J'étais une fille de dix-huit ans ; j'avais voulu être archéologue quand j'avais quatre ans, poète et vedette de Broadway un peu plus tard. J'avais changé. Mon monde n'était plus celui où évoluaient mes parents et Steve Carbonaro. Ce n'était pas une chanson, ni un rêve, ni l'objet d'une intrigue littéraire.

Je me sentais crasseuse en sortant de *L'Homme de la Manche*.

Steve était euphorique, ce soir-là. Il avait vu ce qu'il savait être la vérité, la vérité d'un garçon romantique de dix-neuf ans jouée sur scène. Il a raccompagné sa Dulcinée chez elle, il a chanté pour elle dans la voiture et, puisqu'il insistait, elle lui a donné la réplique. Nous sommes restés longtemps. Les vitres étaient couvertes de buée tellement nous avons chanté. Je suis rentrée chez moi. Mais avant, il m'est arrivé encore une fois ce qui était si précieux pour moi cet été-là : un gentil garçon m'a embrassée. Tout était souillé. Même un baiser.

Quand j'y repense aujourd'hui, quand je réécoute les chansons, je remarque ce qui m'avait échappé alors : Don Quichotte meurt à la fin, et c'est Aldonza qui chante le refrain. C'est elle qui reste là, pour combattre.

Entre nous, les choses ne se sont pas terminées glorieusement ; il n'y a pas eu d'étoile brillante, étincelante, ni de quête. Pour finir, Don Quichotte a eu bien du mal à conserver intact son amour chaste et pur, à continuer à aimer de loin. Il s'est trouvé quelqu'un qui était prêt à aller jusqu'au bout avec lui. L'été s'est achevé. Il était temps de retourner à la fac. Don Quichotte avait demandé son transfert pour Penn. Mon père lui a écrit une lettre de recommandation dithyrambique. Quant à moi, ayant fini par obtenir l'approbation de mes parents, je suis repartie pour Syracuse. Seule.

6.

Quand j'étais en terminale, j'avais déposé des demandes d'inscription dans trois universités : celle de Syracuse, Emerson College à Boston, et l'université de Pennsylvanie, où j'étais admise d'office, du tout cuit pour la fille d'un prof de la fac. Je n'avais pas envie d'aller à Penn, c'est du moins le souvenir que j'en ai. J'avais vu ma sœur s'installer et repartir aussi sec d'une cité U sur le campus de Penn, rapporter toutes ses affaires chez mes parents et faire la navette pendant toute sa première année. Si je devais aller à la fac – j'avais passé l'essentiel de mes quatre années de lycée à faire savoir que je n'en avais pas la moindre intention –, autant bénéficier de l'avantage de l'éloignement.

Mes parents ont cédé ; ils voulaient absolument que j'aille à la fac. Pour eux, c'était ce qui ouvrait toutes les portes, ce qui avait changé leur vie, celle de mon père surtout. Aucun de ses parents n'était allé jusqu'au bac, il en avait honte et il en souffrait. Ses exploits universitaires se nourrissaient de la volonté de se démarquer de la grammaire déficiente de sa mère et des blagues d'ivrogne de son père.

Quand j'étais en première, nous étions allés visiter Emerson, mon père et moi. Des étudiants chevelus, de ceux qu'il appelait des « produits de l'atavisme », m'ont

115

donné quelques conseils pour contourner des règles qu'ils jugeaient oppressives.

« On n'est pas censé avoir des appareils électriques », m'a expliqué le *resident assistant* de la cité U que nous avons visitée. Il avait des cheveux brun foncé crasseux et une barbe hirsute. J'ai trouvé qu'il ressemblait à John, le chauffeur de bus scolaire de mes années de collège, qui avait laissé tomber le lycée. Ces deux types avaient l'odeur de la vraie, de l'authentique révolte. Ils puaient le hasch.

« J'ai un mini-four et un sèche-cheveux », fanfaronna ce John, désignant du doigt un four électrique graisseux, coincé dans une série d'étagères fabrication maison. « Faut jamais s'en servir en même temps, c'est tout. »

Malgré un certain amusement, mon père était scandalisé par ce garçon, par son côté miteux, par sa position officielle dans la résidence. Ses sentiments devaient être ambivalents. Emerson avait la réputation d'une fac de bohèmes dans une ville de mastodontes comme Harvard et le MIT. L'université de Boston elle-même, dont nous sommes également allés visiter le campus et dont mon père faisait l'éloge, se situait bien au-dessus d'Emerson dans la chaîne alimentaire. Mais Emerson me tentait. Le jour où nous y sommes allés, il manquait deux lettres au panneau indicateur. C'était le genre d'endroit qui me convenait. Je me disais que j'arriverais à me débrouiller pour ne pas faire griller du pain en me séchant les cheveux.

Ce soir-là, je me suis bien amusée avec mon père. C'est rare. Mon père n'a pas de passe-temps ; il ne serait pas capable de reconnaître un jeu de ballon même s'il se prenait la balle sur la tête, et il n'a pas de copains, que des collègues. Les raisons pour lesquelles on pourrait avoir envie de se détendre lui échappent complètement. « C'est barbant de s'amuser », me disait-il quand, petite, j'essayais de le convaincre de jouer avec moi à un jeu de société que j'avais soigneusement installé par terre.

L'expression était une de ses favorites. Et ce n'était pas une blague.

Mais je m'étais toujours doutée que mon père n'était pas comme ça quand il était loin de nous, loin de notre mère. J'étais sûre qu'il s'amusait dans d'autres pays, ou avec ses étudiants de troisième cycle. J'aimais bien avoir mon père pour moi toute seule, et quand nous sommes allés à Emerson, nous avons pris une chambre d'hôtel pour deux par souci d'économie.

Le soir, après une longue journée dans Boston, je me suis glissée dans le lit jumeau le plus proche de la salle de bains. Mon père est descendu dans le hall pour lire, peut-être pour téléphoner à ma mère. J'étais crispée, je n'arrivais pas à dormir. Un peu plus tôt, j'étais allée chercher un seau de minuscules glaçons dans le couloir. J'avais prémédité mon coup. J'ai pris les glaçons et je les ai fourrés dans le lit de mon père, juste au niveau des pieds. Ceux qui restaient, je les ai cachés sous mon lit.

Quand mon père est revenu, j'ai fait semblant de dormir. Il est passé à la salle de bains pour enfiler son pyjama, s'est brossé les dents, a éteint. Je distinguais sa silhouette quand il a écarté la couverture pour se coucher. J'étais aux anges, un peu effrayée aussi. Il pouvait parfaitement se mettre dans une colère noire. J'ai compté dans ma tête et tout d'un coup, c'est parti. Un hurlement féroce, suivi de jurons : « Bon sang de bonsoir, mais qu'est-ce... »

Je n'y tenais plus. J'ai été prise de fou rire.

« Alice ?

— Je t'ai eu », ai-je dit.

Il a commencé par se fâcher mais, ensuite, il m'a jeté un glaçon. Je n'attendais que ça.

C'était la guerre. J'ai riposté. Nos lits nous servaient de bunkers. Il les balançait par poignées. Je les récupérais et les relançais un par un, tirant des salves chronométrées pour l'atteindre à l'instant précis où il s'apprêtait à frapper. Il riait, moi aussi. Il avait essayé un moment de jouer son rôle de parent, mais il avait craqué.

J'ai fini par être trop excitée à son goût, par atteindre ce que ma mère appelait mon état d'hyperactivité, alors nous avons arrêté. Mais avant, oh ! voir mon père s'amuser, l'entendre rire comme ça ! Dans des moments pareils, je faisais comme s'il était le grand frère que je n'avais pas eu. Il fallait que je prenne l'initiative mais, quand ce gamin coincé se défoulait enfin, je mourais d'envie de lui demander de rester comme ça pour toujours.

Comme une provinciale qui rêve d'Hollywood, j'étais sûre que Syracuse m'offrirait la chance de ma vie. Contrairement à ma sœur qui vivait près de chez mes parents, je serais loin de la maison. Assez loin pour m'affirmer ; pour rejeter ce que j'avais été autrefois.

Ma camarade de chambre s'appelait Nancy Pike. C'était une fille du Maine potelée, surexcitée. Pendant l'été, elle avait trouvé mon nom et m'avait écrit une lettre enthousiaste de six pages, dans laquelle elle énumérait tous les objets qu'elle allait apporter, assortis de leurs définitions – « J'ai une bouilloire électrique. C'est une sorte de pot qui ressemble à une cafetière électrique mais qui ne sert qu'à faire chauffer de l'eau. Il suffit de brancher une prise. C'est super pour faire des soupes et faire chauffer l'eau du thé, mais il ne faut jamais y mettre la soupe directement. »

Je redoutais de faire sa connaissance.

Quand nous sommes arrivés, ma mère, mon père et moi, le jour de l'emménagement, j'avais la tête à l'envers. C'était ma nouvelle vie, il y avait là tous les inconnus qui allaient la peupler. Une résidence mixte offrait certaines possibilités dont je n'osais pas faire part à mes parents. Ma mère arborait son expression à la Donna Reed, c'est-à-dire un sourire particulièrement pâle, mais plein d'optimisme ; je me suis toujours demandé où elle l'avait déniché. Mon père n'avait qu'une idée en tête : décharger la voiture et qu'on en finisse. Il n'était pas fait, comme il l'avait rappelé plusieurs fois ce jour-là, « pour soulever des choses lourdes ».

Nancy était arrivée la première, elle avait choisi son lit, accroché une tenture murale représentant un arc-en-ciel et commencé à installer toutes ses petites affaires. Ses parents et ses frères et sœurs étaient restés pour faire ma connaissance, et celle de ma famille. La Donna Reed de ma mère était en train de céder à la panique. Mon père était monté sur ses ergots de professeur d'université, membre de l'Ivy League, d'où il toisait tous ceux qui manifestaient le moindre intérêt pour le sport ou la vie quotidienne. « Je suis né deux siècles trop tard », disait-il souvent, ou « Je n'ai pas eu de parents, j'ai surgi de la Terre, entier et unique ». À quoi ma mère rétorquait : « Votre père regarde tout le monde de haut parce qu'il espère qu'à cette altitude on ne verra pas ses dents gâtées. »

Rencontre entre les Sebold, la famille bizarre, et les Pike, la famille excitée. Éliminés, les Pike ont emmené Nancy déjeuner. Le mot qui leur convenait le mieux, me semble-t-il, est *déconfits*. Leur adorable fille avait tiré le gros lot, une super-givrée.

La première semaine, nous n'avons pas beaucoup parlé, Nancy et moi. Elle frétillait ; j'étais couchée sur mon pieu à regarder le plafond.

Au cours des brillants et joyeux exercices que les *resident assistants* avaient organisés pour nous pendant la semaine d'accueil – « Bien, nous allons jouer à un jeu qui s'appelle Priorités dans la Vie. Notez. Études. Bénévolat. Adhésion aux associations d'étudiantes. Qui peut me dire laquelle de ces trois activités elle choisirait en priorité, et pourquoi ? » – ma camarade de chambre a passé son temps à lever la main. Pendant un interminable après-midi où les filles de notre étage sont restées assises en tailleur sur la pelouse, devant le réfectoire, à assister à une conférence sur l'art de la lessive, je me suis dit que mes parents avaient dû me déposer dans une colo pour débiles.

Dans la cité U, je marchais en tapant des pieds. Cela faisait une semaine que nous étions là, et j'avais refusé d'aller manger avec les autres au réfectoire. Quand Nancy m'a demandé pourquoi, je lui ai dit que je jeûnais. Plus tard, quand j'ai eu faim, je lui ai demandé de m'apporter à manger. « Uniquement des aliments blancs, ai-je dit. Pas de couleur. Erik Satie ne mangeait que des aliments blancs. » Ma pauvre coturne m'a rapporté de chez elle des montagnes de fromage blanc et de tapioca à gros grains. J'étais allongée sur mon lit, je détestais Syracuse et j'écoutais Erik Satie. J'avais trouvé l'idée de mon nouveau régime sur la pochette de son disque.

Un soir, j'ai entendu du bruit dans la chambre d'à côté. Toutes les autres étaient descendues. Je suis sortie dans le couloir. Une porte était légèrement entrebâillée.

« Salut ? » ai-je dit.

C'était la plus belle fille de l'étage. Celle que ma mère m'avait montrée le jour de mon emménagement. « Félicite-toi que cette superbe blonde ne partage pas ta chambre. Les garçons feraient la queue devant la porte. »

« Salut. »

Je suis entrée. Elle venait de recevoir de chez elle une pleine cantine de bouffe. Elle était ouverte contre le mur. Après une semaine d'aliments blancs, c'était le pays de Cocagne. Des M & M, des cookies, des crackers, des Starbursts et des barres aux fruits. Des machins dont je n'avais jamais entendu parler, ou que je n'avais pas le droit de manger.

Mais elle ne mangeait pas. Elle se faisait une natte. Une natte française. Je lui ai exprimé mon admiration et lui ai dit que je n'avais jamais su faire que des tresses toutes bêtes.

« Je peux t'en faire une si tu veux. »

Je me suis assise sur son lit, elle s'est installée derrière moi et a commencé à prendre des petites mèches de cheveux et à les tresser serré au point que j'en avais le crâne tout engourdi, pour faire une natte plate à l'arrière de ma tête.

Elle a fini la natte, je l'ai remerciée et me suis regardée dans la glace. Nous nous sommes assises, puis allongées sur les deux lits jumeaux de sa chambre. Nous nous taisions, les yeux au plafond.

« Je peux te dire un truc ? ai-je demandé.

— Vas-y.

— Je trouve ça à chier, ici.

— Oh mon Dieu ! a-t-elle dit en se redressant, toute rouge d'approbation. Moi aussi ! »

On a descendu toute sa malle de provisions. J'ai le souvenir d'avoir été assise dans la cantine, au milieu de la nourriture. Mais je dois me tromper.

La camarade de chambre de Mary Alice était ce que nous appelions dessalée. Elle venait de Brooklyn. Elle s'appelait Debbie et on la surnommait Double D. Elle fumait et n'avait pas une très haute opinion de nous. Elle avait un petit copain qui venait du même coin qu'elle et qui était plus vieux. *Vraiment* plus vieux. Le début de la quarantaine, mais avec ce côté sans âge de Joey Ramone. Il était DJ quelque part et avait une voix grave de fumeur. Quand il venait la voir, ils allaient à l'hôtel et Debbie revenait à la cité U, les joues rouges et manifestement plus dégoûtée de nous que jamais. Mary Alice avait de longs orteils, dont elle se servait pour pêcher des crackers dans leur boîte et me les fourrer dans la bouche. On s'attifait n'importe comment et, avec des points découpés sur les paquets de chocolat instantané, on a commandé par correspondance un vrai chalet en carton Swiss Miss.

Debbie a commencé à tromper son copain avec un supporter de foot de la fac. Son nouveau petit ami s'appelait

Harry Weiner[1] et, évidemment, ça nous faisait mourir de rire Mary Alice et moi. Un jour, pour gagner un pari, je me suis cachée dans le chalet Swiss Miss pendant que Debbie et Harry s'envoyaient en l'air. Au bout d'un moment, je n'en pouvais plus et, pari ou pas, j'ai décidé de me tirer et je me suis dirigée vers la porte à quatre pattes, le chalet en carton se déplaçant avec moi comme un camouflage d'espion de dessin animé.

Debbie était outrée. Elle a demandé à changer de chambre. Ce qui m'a valu la reconnaissance éternelle de Mary Alice.

Quelques semaines après le début des cours, une bande de filles s'est rassemblée dans le couloir, devant les chambres. Nous nous sommes installées par terre, dos contre le mur, jambes allongées ou en tailleur. Les anciennes reines de la fête de début d'année et les futures dragueuses se sont assises en amazone, jambes repliées sur le côté, alors que les boursières qui étaient là grâce à leurs exploits sportifs, comme mon amie Linda, s'en fichaient pas mal de la manière dont elles s'asseyaient ou de l'allure qu'elles avaient quand elles étaient avec leurs copines. Peu à peu, les confessions ont commencé – qui était pucelle et qui ne l'était pas.

Certains cas étaient flagrants. Celui de Sara, par exemple, qui vendait du hasch dans sa chambre éclairée à la lumière noire, où elle avait une chaîne stéréo qui coûtait plus cher que les voitures de la plupart de nos pères, sur laquelle elle écoutait les grands classiques des fumeurs de pétards, Traffic et Led Zeppelin. « Il y a un mec », venait nous dire sa camarade de chambre attitrée, et nous lui jetions un sac de couchage en lui demandant de ne pas ronfler.

Et puis il y avait Chippie. Je n'avais jamais entendu ce nom avant. Je ne savais pas que ça voulait dire putain. Je

---

1. *Weiner* ou *wiener* : saucisse (*N.d.T.*).

croyais que c'était son vrai nom et, un matin, en allant aux douches, je l'ai hélée en toute innocence : « Salut, Chippie, ça va ? » Elle a fondu en larmes et ne m'a plus jamais adressé la parole.

Il y avait aussi une fille de deuxième année, qui avait une chambre au bout du couloir. Elle sortait avec un mec de la ville et posait pour Joel Belfast, un peintre plus ou moins connu du département d'arts plastiques. Le mec de la ville aimait l'enchaîner à son lit, et nous voyions ses soutiens-gorge et ses slips en cuir et en Skaï quand elle courait aux toilettes le matin. Une nuit, les services de sécurité du campus sont intervenus, parce qu'ils faisaient trop de boucan. J'ai aperçu la balafre qui sortait du haut de sa botte, dessinait un sillon au-dessus de sa hanche et passait derrière son corps. Elle était complètement défoncée et hurlait sur le lit, où elle était encore enchaînée. Elle a déménagé peu après pour aller s'installer à l'extérieur du campus.

Avec Debbie, ces filles-là étaient les seules, sur un couloir de cinquante nanas, dont je savais qu'elles n'étaient plus vierges. Les autres l'étaient forcément, pensais-je, puisque je l'étais.

En fait, même Nancy avait des révélations à nous faire. Elle avait été dépucelée dans une Datsun, par son petit copain du lycée. Tree dans une Toyota. Diane dans le sous-sol de la maison de son copain. Les parents du garçon avaient frappé à la fenêtre pendant qu'ils le faisaient. J'ai oublié les autres histoires, je me souviens seulement que plusieurs filles ont eu pour surnom la marque de voiture dans laquelle ça s'était passé. Les cas mémorables n'étaient pas nombreux – un petit copain qui avait acheté une bague, choisi soigneusement son jour et apporté des fleurs, ou qui disposait de l'appartement de son grand frère pour la journée. De toute façon, on n'a pas cru les filles qui racontaient ça. Mieux valait parler d'une Datsun, d'une Toyota ou d'une Ford ;

c'était une sorte de ticket d'entrée dans le groupe, une manière de s'intégrer.

À l'issue de cette soirée de confidences, de toutes celles qui étaient sorties de leurs chambres, nous étions, Mary Alice et moi, les deux seules pucelles du couloir.

Ces exploits sexuels tâtonnants sur la banquette arrière des voitures ou au sous-sol de la maison des parents me paraissaient merveilleux. Nancy avait honte de « l'» avoir perdu – son pucelage – dans une Datsun, mais, après tout, c'était comme cela qu'on devenait adulte.

À en croire les lettres qu'elles m'ont adressées pendant les vacances de cette année-là, Tree et Nancy passaient toutes leurs nuits avec leurs petits copains du lycée. Pour Tree, il était même question de l'achat d'une bague. Ces filles commençaient à envahir mon paysage.

J'ai aussi reçu des lettres de garçons avec qui j'avais travaillé pendant l'été, après le lycée, notamment d'un type plus âgé qui s'appelait Gene. Je l'ai supplié de m'envoyer une photo de lui. Évidemment, j'avais raconté à mes copines qu'il était plus qu'un ami et je voulais une preuve à leur fournir.

La photo qu'il m'a envoyée datait manifestement de quelques années. Il était plus mince, il avait plus de cheveux, mais sa moustache en guidon de vélo proclamait *un homme, un vrai*. Quand j'ai fini par recevoir la photo, à la fin du premier semestre, je l'ai fait circuler. Mary Alice est allée droit au but : « C'est encore les années 1970 ? Je sens planer l'ombre d'un bal disco. » Nancy a fait semblant d'être impressionnée, mais Tree et elle étaient trop absorbées par leurs relations avec leurs vrais petits copains – des garçons avec qui elles étaient allées au lycée et qu'elles avaient promis d'épouser un jour.

Quant à Mary Alice, elle se passionnait, dans l'ordre, pour : Bruce Springsteen, Keith Richards et Mike Jagger. Dès qu'il était question de Bruce – il était notre intime, bien sûr – elle frôlait l'apoplexie. Pour son anniversaire,

je lui ai fait imprimer un tee-shirt. Il portait l'inscription
MRS. BRUCE SPRINGSTEEN en énormes lettres floquées.
Elle dormait avec tous les soirs.

Franchement, à y bien réfléchir, je peux dire que j'ai
été amoureuse de Mary Alice pendant la plus grande
partie de ma première année de fac. Son culot m'enchantait et je ne demandais qu'à participer à ses raids méticu-
leusement préparés. Voler un *sheet cake*[1] au réfectoire se
transformait en expédition digne de James Bond. Il fallait découvrir le passage souterrain entre deux résidences
qui conduisait à une porte toujours verrouillée. Il y avait
des clés à voler, des gens à distraire et enfin, au plus pro-
fond de la nuit, un gâteau rose à dissimuler tout en montant quatre à quatre dans nos chambres.

Mais mes copines de cité U appréciaient aussi les bars
de Marshall Street, tout près de là, et, au printemps, elles
étaient devenues des piliers des soirées bière des associations étudiantes. J'avais horreur de ça. « Ils nous prennent pour de la bidoche », hurlais-je à Tree, qui faisait la
queue devant moi pour se chercher un demi. « Et alors ?
me répondait-elle en criant. C'est marrant ! » Tree est
devenue membre. Quant à Mary Alice, elle était toujours
accueillie à bras ouverts. Aucune association n'aurait eu
l'idée d'éconduire une vraie blonde accompagnée de ses
copines.

J'étais inscrite à un cours de poésie, que suivaient deux
garçons, Casey Hartman et Ken Childs, qui ne ressemblaient à personne de ma cité U. Ils étaient en deuxième
année, alors je les trouvais vraiment mûrs. Ils faisaient
des études d'arts plastiques, et avaient pris la poésie en
option libre. Ils m'ont montré le bâtiment d'arts plastiques, un vieux machin superbe qui avait grand besoin
d'être restauré. On y trouvait des ateliers avec des estrades couvertes de moquette pour les modèles des cours de

---

1. Pâtisserie texane (*N.d.T.*).

nu, des vieux canapés et des fauteuils défoncés dans lesquels les étudiants se vautraient. Ça sentait la peinture et l'essence de térébenthine et les locaux restaient ouverts toute la nuit pour que les étudiants puissent travailler parce que, contrairement à ceux qui étaient inscrits dans d'autres filières, ils avaient au programme certains travaux comme la soudure impossibles à réaliser dans leur chambre.

Ils m'ont fait découvrir un restaurant chinois correct et Ken m'a emmenée au musée Emerson, en ville. J'allais les attendre à la sortie des cours, j'assistais à leurs vernissages et à ceux de leurs amis. Ils venaient tous les deux de Troy, dans l'État de New York. Casey, qui avait obtenu une bourse de création, était fauché. Il m'est arrivé de le trouver en train de se préparer trois tasses de thé avec le même sachet. C'était son dîner. Je ne connaissais que des fragments de son histoire. Son père était en prison. Sa mère était morte.

Casey me faisait craquer. Mais il se méfiait de toutes ces étudiantes en lettres qui le trouvaient romantique et ne demandaient qu'à panser ses plaies, à lui faire oublier sa tache de vin et les coups qu'il avait reçus. Il parlait vite, comme une cafetière crachotante, et quelquefois ses propos n'avaient aucun sens. Ça m'était bien égal. Il était complètement allumé, et tellement plus humain, me semblait-il, que les types des associations d'étudiants ou de mon réfectoire.

Mais c'était Ken qui avait un faible pour moi et, comme moi, il aimait parler. À nous trois, nous formions un triangle de frustrations. Je leur ai avoué que tout un tas de filles de Marion avaient bien plus d'expérience que moi et que je me sentais nulle. D'abord, Ken et Casey n'ont rien dit, puis c'est sorti. Ils se sentaient nuls, eux aussi.

Quand il y avait une soirée à la résidence – à l'époque, on avait le droit de monter de la bière dans les chambres –, je sortais et j'allais me promener. Je finissais au sous-sol du bâtiment d'arts plastiques, où je me faisais un café instantané avant de m'installer dans un des divans et des fauteuils aux ressorts foutus disséminés dans le bâtiment pour lire Emily Dickinson ou Louise Bogan pendant des heures. Je commençais à m'y sentir chez moi.

Il m'est arrivé de rentrer à Marion en espérant que la soirée était finie pour découvrir qu'elle venait visiblement de commencer. Je n'entrais même pas, je faisais demi-tour. J'allais dormir dans une salle de cours d'arts plastiques, sur une des estrades moquettées pour que les modèles n'aient pas froid aux pieds. Elles n'étaient pas assez grandes pour que je puisse m'allonger, alors je me roulais en boule.

Un soir, j'étais couchée dans une salle de cours, dans le noir. J'avais fermé la porte et m'étais installé un lit, au fond. Les lampes des couloirs restaient toujours allumées et les ampoules étaient recouvertes de cages grillagées pour éviter qu'elles ne soient cassées ou volées. J'allais m'endormir quand la porte s'est ouverte. Un homme a surgi, sa silhouette dessinée à contre-jour par la lumière du couloir. Il était grand et portait un chapeau haut de forme. Je ne l'ai pas reconnu.

Il a allumé. C'était Casey. « Sebold, a-t-il dit. Qu'est-ce que tu fous là ?

— Je dors.

— Bienvenue, camarade, a-t-il lancé en inclinant son chapeau. Je serai ton Cerbère pour la nuit. »

Il s'est assis dans le noir et m'a regardée dormir. Je me souviens qu'avant de m'assoupir je me suis demandé si Casey me trouverait un jour assez jolie pour m'embrasser. C'était la première nuit que je passais avec un garçon qui me plaisait.

Quand j'y repense, je vois Casey en chien de garde. Je veux dire que, sous sa protection, je me sentais en sécurité, mais la personne qui écrit ces lignes n'est pas celle qui se blottissait sur les estrades moquettées de salles de cours obscures. À cette époque, le monde n'était pas coupé en deux comme il l'est aujourd'hui pour moi. Dix jours plus tard, le dernier soir de l'année universitaire, j'allais pénétrer dans ce que je considère depuis comme mon vrai quartier, un lotissement dont les parcelles sont délimitées et nommées. Il y en a de deux sortes : celles qui sont sûres et celles qui ne le sont pas.

7.

Le fardeau imposé au père et à la mère de la victime d'un viol s'est abattu de tout son poids sur les épaules de mes parents pendant l'été 1981. Leur problème immédiat était de savoir que faire de moi. Où pouvais-je aller ? Comment me perturber le moins possible ? Un retour à Syracuse était-il envisageable ?

La solution la plus souvent évoquée était Immaculata College.

Toutes les facs normales avaient déjà procédé aux nouvelles inscriptions ou aux transferts pour l'année suivante. Il était trop tard pour déposer une demande. Mais ma mère était sûre que je serais prise à Immaculata. C'était un établissement catholique réservé aux jeunes filles. Avantage supplémentaire, disait-elle, cela me permettrait d'habiter à la maison. Mon père ou elle pourrait me conduire tous les jours, huit kilomètres sur la route 30, et venir me chercher à la sortie des cours.

Les priorités de mes parents étaient d'assurer ma sécurité et de m'éviter de rater une année de fac. Je faisais de mon mieux pour écouter ma mère. Ses projets démoralisaient tellement mon père que c'est à peine s'il arrivait à lui apporter l'approbation nécessaire (à vrai dire, il n'avait pas le choix). D'emblée, Immaculata n'a été à mes yeux qu'une chose et une seule : une prison. Je devais y aller pour une unique raison : parce que je m'étais fait violer.

En plus, c'était complètement ridicule. Que je puisse, *moi*, *moi*, dis-je à mes parents, fréquenter une université confessionnelle ! Je m'étais engagée dans des polémiques théoriques avec le diacre de notre église, j'avais collectionné les histoires obscènes et parodié les sermons du père Breuninger au grand ravissement de ma famille, et même du père Breuninger en personne. Je crois que plus que toute autre chose, c'est Immaculata et sa menace qui m'ont incitée à présenter un plaidoyer irréfutable.

Je voulais retourner à Syracuse, ai-je expliqué, parce que le violeur m'avait déjà pris tant de choses. Je ne voulais pas le laisser me déposséder davantage. Si je rentrais à la maison pour m'enfermer dans ma chambre, je ne saurais jamais à quoi ma vie aurait pu ressembler.

Et puis, j'avais été acceptée dans un atelier de poésie dirigé par Tess Gallagher et dans un atelier d'écriture romanesque dirigé par Tobias Wolff. Ne pas revenir, c'était renoncer à cette double chance. Mes parents savaient l'un comme l'autre que s'il y avait un domaine qui m'intéressait, c'étaient les mots. Immaculata n'avait pas d'enseignants de la pointure de Gallagher ou de Wolff. Pas d'ateliers d'écriture.

Ils m'ont laissée retourner à Syracuse. Ma mère en parle encore comme de l'une des décisions les plus douloureuses qu'elle ait jamais eu à prendre, bien plus pénibles que tous les ponts interminables et les innombrables tunnels qu'elle a dû traverser dans sa vie.

Ça ne veut pas dire que je n'avais pas peur. J'avais peur. Mes parents aussi. Mais nous avons essayé de mettre toutes les chances de mon côté. J'éviterais soigneusement le parc ; quant à mon père, il passerait tous les coups de téléphone et écrirait toutes les lettres nécessaires pour que j'aie une chambre particulière à Haven Hall, la seule cité universitaire réservée aux filles. Je ferais installer un téléphone privé dans ma chambre. Je demanderais à me faire escorter par les agents de sécurité du campus si je devais sortir à la nuit tombée. Je ne mettrais pas les pieds seule dans Marshall Street après dix-sept heures et je ne traînerais pas dehors. Je ne fréquenterais pas les bars d'étudiants. On était loin des belles promesses de liberté de la vie estudiantine, mais je n'étais pas libre. Je l'avais appris à mes dépens, comme tout ce que j'apprenais, disait ma mère.

Haven Hall avait une drôle de réputation. Ce grand bâtiment circulaire posé sur un socle de béton tranchait au milieu des autres résidences de la colline, qui étaient toutes carrées ou rectangulaires. Le réfectoire, où la nourriture était meilleure qu'ailleurs, était surélevé.

Mais la renommée de Haven à travers tout le campus ne tenait pas à son architecture bizarre ni à ses repas corrects. La rumeur prétendait que les chambres particulières de Haven Hall n'étaient occupées que par des pucelles et des écuyères (c'est-à-dire des lesbiennes), des « coincées » et des « gouines ». Je n'ai pas tardé à découvrir que ces étiquettes recouvraient bon nombre d'allumées. Haven hébergeait des pucelles, c'est vrai, et des lesbiennes, mais aussi des boursières fortes en sport, des gosses de riches, des étrangères, des ringardes et des membres de différentes minorités ethniques. Il y avait des « professionnelles » – des étudiantes qui voyageaient beaucoup et avaient passé des contrats avec des boîtes comme Chap Stick[1] qui les obligeaient à prendre l'avion de temps en temps pour aller passer un week-end dans les Alpes suisses. Il y avait les filles de célébrités de seconde zone et des Marie-couche-toi-là repenties. Des étudiantes venues d'autres facs, des filles plus âgées ou qui, pour une raison ou pour une autre, avaient du mal à s'intégrer.

Ce n'était pas un endroit très sympa. Je ne sais même plus qui occupait une des chambres voisines de la mienne.

---

1. Marque de pommade pour les lèvres (*N.d.T.*).

La fille qui se trouvait de l'autre côté – une Israélienne de Queens qui fréquentait la S.I. Newhouse School of Communications et passait son temps à travailler sa voix de radio – n'était pas mon amie. Mary Alice et mes copines de première année, Tree, Diane, Nancy et Linda, étaient toutes à Kimmel Hall, la résidence rattachée à Marion Hall.

Je me suis installée à Haven, j'ai dit au revoir à mes parents, et je suis restée dans ma chambre. Le lendemain, j'ai traversé la rue qui séparait Haven de Kimmel, la peau en feu. Personne n'échappait à mon regard. Je Le cherchais.

Comme Kimmel était une cité de deuxième année et que beaucoup d'anciens de Marion s'y étaient retrouvés, je connaissais la plupart des filles et des garçons qui y vivaient. Ils me connaissaient aussi. Quand ils m'apercevaient, on aurait dit qu'ils voyaient un fantôme. Personne ne pensait que je reviendrais au campus. Et ce retour me rendait encore plus bizarre. En un sens, il les autorisait à me juger – après tout, est-ce que je ne l'avais pas cherché en revenant comme ça ?

Dans le hall de Kimmel, je suis tombée sur deux garçons qui habitaient à l'étage au-dessous, l'année précédente. Ils se sont arrêtés net en me voyant, mais ils n'ont rien dit. J'ai baissé les yeux, j'étais devant l'ascenseur, j'ai pressé sur le bouton. D'autres garçons sont arrivés par la porte d'entrée et leur ont dit bonjour. Je ne me suis pas retournée mais, quand la cabine est arrivée, j'y suis entrée et j'ai fait demi-tour pour être en face de la porte. Quand elle s'est refermée, j'ai vu cinq mecs debout, là, les yeux fixés sur moi. Je n'avais pas besoin de les entendre pour savoir ce qu'ils racontaient. « C'est la fille qui s'est fait violer le dernier jour de cours », a dû chuchoter un des garçons qui me connaissaient. Ce qu'ils ont pu dire d'autre, les questions qu'ils se sont posées, j'ai préféré ne pas l'imaginer. J'avais déjà assez de mal à marcher dans les allées et à prendre l'ascenseur.

Le deuxième étage était réservé aux filles, et je me suis dit que le pire était passé. Je me trompais. Je suis sortie de l'ascenseur et quelqu'un s'est précipité vers moi, une fille que j'avais à peine entrevue en première année.

« Oh, Alice ! » a-t-elle lancé, la voix dégoulinante. Elle m'a pris la main sans me demander si j'étais d'accord et ne l'a plus lâchée. « Tu es revenue.

— Oui », ai-je dit. J'étais là, je la regardais. J'avais le vague souvenir de l'avoir croisée à la salle de bains et de lui avoir emprunté son dentifrice.

Comment décrire son regard ? Elle était suintante, elle était désolée pour moi et grisée de me parler. Elle tenait la main de la fille qui s'était fait violer le dernier jour de cours de sa première année de fac.

« Je ne pensais pas que tu allais revenir », a-t-elle dit. Je voulais qu'elle me rende ma main.

L'ascenseur était descendu et remonté. Toute une bande de filles en est sortie.

« Mary Beth, a dit la fille qui était avec moi. Mary Beth, viens là. »

Mary Beth s'est approchée, une fille ordinaire, plutôt moche, que je ne reconnaissais pas.

« C'est Alice, elle était dans mon couloir à Marion, l'an dernier. »

Mary Beth a battu des paupières.

Pourquoi n'ai-je pas bougé ? Pourquoi n'ai-je pas filé dans le couloir, pourquoi ne suis-je pas partie ? Je ne sais pas. Je crois que j'étais complètement sonnée. J'étais capable de décrypter un langage dont je n'avais jamais eu la clé auparavant. « C'est Alice » se traduisait par « La fille dont je t'ai parlé, tu sais bien, celle qui s'est fait violer ». Le battement de paupières de Mary Beth me l'avait dit. De toute façon, son commentaire suivant aurait suffi.

« Ouah, a dit cette mocheté. Sue m'a tout raconté. »

Mary Alice a interrompu l'échange. Elle est sortie de sa chambre, juste à côté, et elle m'a vue. Souvent, à cause de sa beauté, les gens la prenaient pour une snob à moins qu'elle ne fasse un effort pour se faire bien voir. Mais pour moi, dans un moment pareil, les réactions qu'elle suscitait étaient un plus. J'étais toujours amoureuse d'elle et, maintenant, mon adulation englobait tout ce qu'elle était et que je n'étais plus : intrépide, confiante, innocente.

Elle m'a emmenée dans sa chambre, qu'elle partageait avec Tree. Toutes les filles de première année étaient là, sauf Nancy. Tree s'est donné du mal, mais la fameuse douche, après le viol, était encore trop présente. J'étais mal à l'aise. Et puis il y avait Diane. Elle singeait Mary Alice si grossièrement – imitant sa façon de parler et essayant de rivaliser avec elle en inventant des projets débiles – que je ne lui faisais pas confiance. Elle m'a accueillie gentiment, mais avec empressement, tournant les yeux vers notre idole mutuelle pour trouver ses répliques. Linda est restée près de la fenêtre. J'aimais bien Linda. Musclée, bronzée, elle avait des boucles noires coupées court. J'aimais penser qu'elle était un peu comme moi, en plus sportif – une marginale qui s'en tirait grâce à un petit quelque chose qui la distinguait du lot. C'était une athlète accomplie ; j'étais une cinglée, juste assez marrante pour m'intégrer.

Peut-être était-ce une sorte de remords au souvenir de son évanouissement qui expliquait que Linda n'arrive pas à soutenir mon regard très longtemps. Je ne me rappelle plus qui c'était, ni comment on en est arrivées à ça, mais, ce jour-là, quelqu'un m'a demandé pourquoi j'étais revenue.

La question était agressive. Le ton sous-entendait qu'en revenant, j'avais commis un impair – fait un truc anormal. Mary Alice l'a senti, et ça ne lui a pas plu. Elle a balancé quelque chose de concis et d'aimable du genre « Parce que c'est son droit, et merde », et nous sommes sorties de la chambre. J'avais un atout, Mary Alice. Quant à mes handicaps, je préférais ne pas prendre le temps de les compter. J'étais revenue à la fac. J'avais des cours à suivre.

Certaines premières impressions sont indélébiles. C'est le cas de celles que je garde de Tess Gallagher. Je m'étais inscrite à deux de ses cours : son atelier d'écriture et un cours de deuxième année d'initiation à la littérature. Ce cours-là avait lieu deux jours par semaine à huit heures et demie du matin, un horaire assez peu populaire.

Elle est entrée et s'est dirigée vers l'avant de la salle. J'étais assise au fond. Le rituel d'observation du premier jour a commencé. Elle n'avait rien d'un dinosaure. Tant mieux. Elle avait de longs cheveux bruns retenus par des peignes au niveau des tempes. On pouvait en conclure à une humanité sous-jacente. Mais le plus remarquable était ses sourcils très arqués et ses lèvres en arc de Cupidon.

J'ai assimilé tout cela pendant qu'elle se tenait devant nous, silencieuse, attendant que les retardataires s'installent, que les glissières des sacs à dos soient fermées ou ouvertes. Mes crayons étaient prêts, j'avais sorti un cahier.

Elle s'est mise à chanter.

Elle a chanté une ballade irlandaise *a cappella*. Elle avait une voix à la fois vigoureuse et timide. Elle tenait courageusement les notes, et nous la regardions fixement. Elle était heureuse et mélancolique.

Elle s'est tue. Nous étions bouche bée. Je crois que personne n'a rien dit, pas de questions idiotes pour demander si c'était bien le bon cours. Pour la première fois depuis mon retour à Syracuse, j'avais le cœur qui débordait. J'étais en présence de quelque chose d'exceptionnel ; cette ballade m'a confirmé que j'avais bien fait de revenir.

« Bien, a-t-elle dit avec un regard perçant. Si je suis capable de chanter une ballade *a cappella* à huit heures et demie du matin, vous devriez pouvoir arriver en cours à l'heure. Si vous pensez que c'est au-dessus de vos forces, laissez tomber. »

Bravo ! me disais-je en moi-même. Bravo !

Elle nous a parlé d'elle. De son œuvre de poète, de son mariage précoce, de son amour pour l'Irlande, de son engagement contre la guerre du Viêt Nam, du long chemin qui l'avait conduite à la poésie. J'étais captivée.

À la fin de l'heure, elle nous a donné pour le cours suivant un devoir tiré de la *Norton Anthology*. Elle est sortie pendant que les élèves rangeaient leurs affaires.

« Et merde, a dit un garçon qui portait un tee-shirt L.L. Bean à sa copine vêtue d'un tee-shirt ΔΦΣ. Je me casse, cette bonne femme est à la masse. »

J'ai rassemblé mes livres, avec la liste de lectures de Gallagher dessus. Outre le *Norton* obligatoire en deuxième année, elle nous conseillait onze recueils de poésie, que l'on pouvait trouver en ville, dans une librairie. Enthousiasmée par cette poétesse, et ayant plusieurs heures à tuer avant mon premier atelier d'écriture romanesque avec Wolff, je suis allée acheter du thé quelque part, sous la chapelle, puis j'ai traversé la cour. Il y avait du soleil, je pensais à Gallagher et j'essayais d'imaginer Wolff. J'aimais bien le titre d'un des livres qu'elle nous avait conseillés, *In a White Light* de Michael Burkard. J'y pensais et je lisais le *Norton* tout en marchant quand je suis tombée sur Al Tripodi.

Je ne connaissais pas Al Tripodi. Mais lui me connaissait, ce qui devenait de plus en plus courant.

« Tu es revenue », a-t-il dit. Il a fait deux pas en avant et m'a serrée dans ses bras.

« Désolée, ai-je répondu. Je ne te connais pas.

— Ouais, ouais, bien sûr. Mais je suis tellement content de te voir. »

Il m'avait fait peur, mais il *était* content, vraiment. Ça se voyait dans ses yeux. C'était un étudiant, bien plus vieux que moi, il commençait à se dégarnir et il avait une moustache voyante qui rivalisait avec ses yeux bleus pour attirer l'attention. Peut-être avait-il l'air plus âgé qu'il ne l'était en réalité. J'ai reconnu plus tard les rides et les plis de son visage sur des types qui aimaient faire du cross-country sans casque.

Il avait quelque chose à voir avec la sécurité du campus et il se trouve qu'il était dans le coin la nuit où je me suis fait violer. J'étais gênée, je me sentais à nu, mais je le trouvais sympa quand même.

En même temps, ça me faisait enrager. Il n'y avait pas moyen d'y échapper. J'ai commencé à me demander combien de personnes étaient au courant, jusqu'où la nouvelle s'était répandue et qui s'était chargé de la propager. Le journal local avait mentionné le viol, sans citer mon nom – « une étudiante de Syracuse », c'est tout. J'ai calculé que, même s'il avait mentionné mon âge et le nom de ma résidence, il y avait une bonne cinquantaine de filles possibles. Naïvement peut-être, je n'avais pas compris que je serais condamnée à me poser quotidiennement cette question : Qui savait ? Qui ne savait pas ?

Mais on ne peut pas empêcher une histoire de circuler, surtout quand elle est aussi passionnante que la mienne. Même les gens les plus naturellement discrets n'avaient pas hésité à en parler parce que tout le monde était convaincu que je ne reviendrais pas. Quand j'avais quitté la ville, la police avait mis mon dossier en sommeil ; à l'exception de Mary Alice, mes amis en avaient fait autant. Comme par magie, j'étais devenue une histoire, je n'étais plus une personne, et celui qui raconte une histoire exerce une sorte de droit de propriété sur elle.

Je me souviens d'Al Tripodi parce qu'à ses yeux je n'étais pas seulement « la fille qui s'est fait violer ». Il y avait quelque chose dans son regard qui abolissait toute distance entre nous. J'ai mis progressivement au point une sorte de mécanisme de détection, à enregistrement immédiat. Est-ce moi ou le viol que voit cette personne ? Avant la fin de l'année, j'arrivais à répondre à la question ou, du moins, j'en avais l'impression. J'avais fait des progrès, en tout cas. Souvent, parce que c'était trop douloureux, je préférais ne pas me la poser. Au cours de ces échanges, quand je me blindais pour arriver à commander un café ou à demander un stylo à un autre étudiant, j'ai appris à verrouiller une partie de moi-même. Je n'ai jamais su exactement combien de personnes avaient fait le lien entre l'article du journal ou les rumeurs en provenance de la résidence Marion et moi. Il m'arrivait d'entendre parler de moi. On me racontait ma propre histoire. « Tu étais à Marion ? me demandait-on. Tu as connu cette fille ? » Des fois, j'écoutais pour voir ce que les gens savaient, pour découvrir comment le jeu du téléphone avait interprété ma vie. D'autres fois, je les regardais dans le blanc des yeux et je répondais : « Oui, c'est moi. »

Pendant les cours de Tess Gallagher, je ne posais pas mon crayon un instant. J'ai noté dans mon cahier qu'il fallait écrire des « poèmes qui comptent ». S'attaquer à ce qu'il y a de plus difficile, être ambitieux : voilà ce que Gallagher attendait de nous. Elle n'était pas commode. Nous devions apprendre par cœur et réciter un poème par semaine, parce qu'elle avait dû le faire quand elle-même était étudiante. Elle nous faisait lire, analyser les formes, scander des vers, elle nous a fait écrire une villanelle et un sizain. En nous secouant, en nous imposant une approche rigoureuse, elle espérait tout à la fois nous encourager à écrire des poèmes qui comptent et nous empêcher de croire que c'était en feignant le découragement qu'on écrivait de la bonne poésie. Nous n'avons pas tardé à savoir ce qui avait le don d'agacer Gallagher.

Lucky

Quand Raphael, qui avait un bouc en pointe et une moustache cirée, a expliqué qu'il n'avait pas de poème à présenter parce qu'il était heureux, et qu'il ne pouvait écrire que quand il était déprimé, les lèvres en arc de Cupidon de Gallagher se sont pincées, ses sourcils naturellement arqués sont remontés encore plus haut, et elle a dit : « La poésie n'est pas une attitude, c'est du boulot. »

Je n'avais rien écrit sur le viol, sauf dans mon journal intime sous forme d'interminables lettres dont j'étais la destinataire. J'ai décidé d'écrire un poème.

Une horreur. Si je me souviens bien, il couvrait cinq pages, et le viol n'était qu'une métaphore confuse que j'essayais tant bien que mal d'intégrer dans un fatras verbeux qui prétendait traiter de la société et de la violence, et de la différence entre télévision et réalité. Je savais que ce n'était pas ce que je pouvais faire de mieux, mais je pensais qu'il prouvait mon intelligence, qu'il montrait que j'étais capable d'écrire des poèmes qui comptaient et ne manquaient pas d'envergure (je l'avais divisé en quatre parties numérotées par des chiffres romains !).

Gallagher a été gentille. Je n'avais pas présenté le poème en atelier, et nous nous sommes donc retrouvées dans son bureau pour en discuter. Comme celui de Tobias Wolff de l'autre côté du couloir, c'était une pièce exiguë, bourrée de livres et de documents de référence. Mais alors que le bureau de Wolff donnait l'impression qu'il ne s'y était pas encore complètement installé, on aurait dit, à voir celui de Gallagher, qu'elle l'occupait depuis des années. Il y faisait chaud. Il y avait une tasse de thé sur sa table de travail. Un châle de soie chinoise bigarré était drapé sur le dossier de sa chaise et, ce jour-là, ses longs cheveux ondulés étaient retenus par des peignes à paillettes.

« Parlons un peu du poème que tu m'as remis, Alice », a-t-elle dit.

Et je ne sais comment, j'ai fini par lui raconter mon histoire. Elle a écouté. Elle n'était pas stupéfaite, pas choquée, pas même inquiète à l'idée du fardeau que je risquais de représenter, en tant qu'étudiante. Son comportement n'était ni maternel ni plein de sollicitude, bien qu'elle ait été les deux, plus tard. Elle est restée neutre, hochant la tête pour montrer qu'elle comprenait. Elle écoutait la douleur contenue dans mes mots, pas le récit lui-même. Elle sentait intuitivement ce que cela représentait pour moi, ce qui était le plus important, ce qu'elle pouvait distinguer dans la masse confuse d'expérience et d'aspiration qu'elle entendait dans ma voix, pour me le restituer.

« Ce type, ils l'ont arrêté ? a-t-elle demandé après m'avoir écoutée un certain temps.

— Non.

— J'ai une idée, Alice, a-t-elle dit. Et si tu commençais un poème par ce vers. »

Elle l'a écrit. *S'ils t'arrêtaient…*

S'ils t'arrêtaient,
juste le temps
que je revoie ce visage,
peut-être saurais-je
ton nom.
Je n'aurais plus à t'appeler « le violeur »,
je pourrais enfin t'appeler John, Luc ou Paul.
Je veux que ma haine soit grande et pleine.

S'ils t'arrêtaient, je pourrais prendre
ces couilles rouges et massives et les trancher net
l'une puis l'autre, sous les yeux de tous.
J'ai déjà prévu tout ce que je ferais,
j'ai préparé une agréable mise à mort, une fin lente et
douce.

Lucky

D'abord,
je te flanquerais des coups de botte,
des coups bien durs,
je te regarderais rejeter et perdre
des matières rose sang.
Ensuite,
je te couperais la langue,
tu ne pourrais ni jurer ni crier,
seul un visage de douleur parlerait
en ton nom, exprimerait ton ignorance crasse.
Et si, enfin,
j'extirpais ces doux yeux bovins
avec les lames de verre sur lesquelles
tu m'as obligée à m'allonger ? Mais je pourrais aussi
te tirer à bout portant
dans le genou ; là où, paraît-il,
la rotule éclate sur-le-champ.

Je t'imagine en ce moment
te frottant les yeux, ces yeux vivants et aveugles,
tout pleins de sommeil, tandis que je me lève nerveu-
sement.
Je veux sur mes mains
le sang de ta peau.
Je veux te tuer
à coups de botte, de fusil et d'éclats de verre.
Je veux t'enculer avec des couteaux.

Viens près de moi, viens près de moi,
Viens mourir, allonge-toi, près de moi.

Quand j'ai reposé mon stylo, je tremblais de tous mes membres. J'étais dans ma chambre de Haven Hall. Malgré ses vers bringuebalants fortement influencées par Plath et le « surarmement », comme dirait Gallagher, de plusieurs passages, c'était la première fois que je m'adressais directement au violeur. Je lui parlais.

Mon texte a beaucoup plu à Gallagher. « Voilà, c'est ça », m'a-t-elle dit. J'avais écrit un poème important, m'a-t-elle expliqué, et elle tenait à ce que je le présente en atelier. C'était un grand pas à franchir. Cela impliquait de s'asseoir dans une pièce avec quatorze étrangers – parmi lesquels Al Tripodi – et de leur dire, en gros, que je m'étais fait violer. Poussée par Gallagher, mais tout de même anxieuse, j'ai accepté. J'ai cherché un titre. Finalement, j'ai choisi : « Condamnation ».

J'ai distribué le poème, puis, comme nous le faisions habituellement, je l'ai lu à voix haute devant les autres étudiants. J'avais chaud en le lisant. Je sentais ma peau rougir, le sang me monter au visage, me picoter le haut des oreilles et le bout des doigts. Je sentais les autres étudiants autour de moi. Cloués sur place. Les yeux fixés sur moi.

Quand j'ai eu fini, Gallagher m'a demandé de le relire. Mais avant, elle a prévenu les étudiants qu'ils auraient tous à faire un commentaire. Je l'ai relu. Ça a été une vraie torture de devoir rejouer sur-le-champ ce qui avait déjà été assez pénible la première fois. Je m'interroge encore sur les raisons pour lesquelles Gallagher tenait tant à ce que je présente « Condamnation » en atelier et à ce que tous les étudiants, sans exception – ce qui n'était pas courant – y réagissent ensuite. C'était un poème important à ses yeux, car il traitait d'un sujet important. Peut-être, en agissant ainsi, voulait-elle le faire clairement sentir à toute la classe, et à moi aussi.

Mais la plupart de mes camarades avaient du mal à croiser mon regard.

« Qui veut commencer ? » demanda Gallagher. Elle était directe. Par son exemple, elle cherchait à nous dire : voilà pourquoi nous sommes là.

Les étudiants étaient presque tous embarrassés. Ils se sont dissimulés derrière des mots comme *courageux*, *important* ou *audacieux*. Il y en a eu un ou deux qui étaient furieux d'avoir à réagir, qui jugeaient que ce poème, ainsi que l'obligation qui leur était faite de le commenter, était un acte d'agression de la part de Gallagher, et de la mienne.

Al Tripodi a dit : « Ce n'est pas vraiment ce que tu éprouves, si ? »

Il me regardait droit dans les yeux. J'ai pensé à mon père. D'un coup, il n'y avait personne d'autre que lui dans la salle.

« Comment ça ?

— Tu n'as pas envie de lui tirer une balle dans le genou, et ce machin avec les couteaux. Tu ne peux pas éprouver une chose pareille.

— Bien sûr que si, ai-je dit. J'ai envie de le tuer. »

Il n'y avait pas un bruit dans la salle. Tout le monde avait parlé sauf Maria Flores, une Latina très discrète. Quand Gallagher lui a donné la parole, elle s'est défilée. Gallagher a insisté. Maria a dit qu'elle ne pouvait pas parler. Gallagher lui a proposé de profiter de la pause pour mettre ses idées en ordre. Elle parlerait ensuite. « Tout le monde doit commenter ce poème, a-t-elle insisté. Alice vous a fait un cadeau. Il me paraît important que tout le monde le reconnaisse et y réagisse. En parlant, vous vous asseyez à sa table. »

On a fait une pause. Dans le couloir carrelé, près de la vitrine où les publications et les prix de la faculté étaient exposés sur des étagères de verre poussiéreuses, Al Tripodi a continué à me presser de questions. J'ai baissé les yeux, contemplant les insectes morts, prisonniers des vitrines.

Il n'arrivait pas à comprendre comment j'avais pu écrire ces mots.

« Je le hais, ai-je dit.

— Mais tu es tellement belle. »

C'était la première fois que cela m'arrivait, et j'ai été incapable d'identifier un obstacle contre lequel je n'avais pas fini de me heurter : l'incompatibilité entre la haine et la beauté. Comme toutes les filles, j'avais envie d'être belle. Mais j'*étais* remplie de haine. Comment pouvais-je être l'une et l'autre aux yeux d'Al Tripodi ? Je lui ai parlé d'un rêve que je faisais très souvent à l'époque. Une rêvasserie plutôt. D'une manière ou d'une autre, je ne savais pas très bien comment, j'arrivais à mettre la main sur mon violeur et je pouvais lui faire tout ce que je voulais. Je lui ferais tout ce que j'avais écrit dans mon poème, ai-je dit à Tripodi, et pis encore.

« Qu'est-ce que ça peut bien t'apporter ? m'a-t-il demandé.

— La vengeance, tu ne peux pas comprendre.

— Non, effectivement. Je te plains. »

J'examinais les insectes morts, sur le dos, leurs pattes qui sortaient puis rentraient en dessinant des angles aigus, leurs antennes qui retombaient en arcs fragiles, immobiles, comme des cils humains égarés. Tripodi ne s'en rendait pas compte, parce que pas un seul de mes muscles ne tressaillait, mais mon corps était un mur de flammes. Je ne voulais pas de pitié, de personne.

Maria Flores n'est pas revenue en cours. J'étais furieuse. Ils ne sont même pas capables de supporter ça, me disais-je, et cela me fâchait. Je savais que je n'étais pas belle et en présence de Gallagher, pendant trois heures ce jour-là, je n'avais pas eu à m'en soucier. En écrivant ce premier vers, en inscrivant ce texte au programme de l'atelier, elle m'avait donné son autorisation – je pouvais haïr.

Une semaine plus tard exactement, le *S'ils t'arrêtaient* de Gallagher allait faire l'effet d'une prémonition hallucinante. Le 5 octobre, j'ai croisé mon violeur dans la rue. À la fin de cette nuit-là, je n'ai plus eu à l'appeler « le violeur » et j'ai pu commencer à l'appeler Gregory Madison.

Ce jour-là, j'avais atelier avec Tobias Wolff.

J'avais fait sa connaissance le même jour que Gallagher, mais j'avais moins bien accroché. C'était un homme, et, à l'époque, il fallait vraiment que les hommes m'éton-nent pour que je songe un seul instant à leur faire confiance. Il ne se donnait pas en spectacle. Il faisait clai-rement comprendre que sa personnalité était hors sujet. Le sujet, c'était l'écriture romanesque. Alors moi, qui avais décidé d'être poète et avais atterri dans ce machin d'écriture romanesque, j'ai adopté une attitude attentiste. J'étais la seule deuxième année de ce cours, et la seule à m'habiller bizarrement. Les futurs auteurs de romans s'enveloppaient de tissus amidonnés et de denim, de che-mises correctes à carreaux, ou arborant l'emblème d'une équipe de sport. Les poètes privilégiaient le flou. En tout cas, ils ne portaient pas des chemises ornées de blasons d'équipes sportives. Je me considérais comme un poète. Avec son attitude militaire et ses analyses qui excluaient tout détour, Tobias Wolff n'était pas mon truc.

J'avais quelques courses à faire avant son atelier. J'ai pris la direction de Marshall Street depuis Haven. Cela faisait un mois que j'étais à Syracuse et j'avais commencé à faire quelques incursions dans Marshall Street, comme tout le monde, pour aller grignoter quelque chose et acheter des fournitures scolaires. Il y avait une petite épi-cerie que j'aimais bien. Elle était tenue par un Palestinien d'une soixantaine d'années qui racontait souvent des his-toires et qui disait « Bonne journée » sur un ton qui don-nait l'impression qu'il le pensait.

Je descendais la rue quand j'ai vu, juste devant moi, un Noir en train de discuter avec un Blanc un peu louche. Le Blanc se tenait dans un passage entre deux immeubles et parlait par-dessus la barrière. Il avait des cheveux bruns qui lui descendaient aux épaules, et une barbe de plusieurs jours. Il portait un tee-shirt blanc dont il avait roulé les manches pour mettre en valeur les petits renfle-ments de ses biceps. Je ne voyais le Noir que de dos, mais tous mes sens ont été immédiatement en alerte. J'ai par-couru ma liste : bonne taille, bonne corpulence, quelque chose dans la posture, en train de discuter avec un type louche. Traverse !

J'ai traversé la rue et j'ai parcouru le reste du chemin jusqu'au niveau de la petite épicerie. Je ne me suis pas retournée. J'ai retraversé pour entrer en ligne droite dans le magasin. Là, le temps s'est ralenti. Mes souvenirs sont bien plus précis que d'ordinaire. Je savais que j'allais devoir ressortir et j'ai essayé de me calmer. Dans la boutique, j'ai choisi un yaourt à la pêche et un Teem soda – deux articles qui vous prouveraient, si vous me connaissiez, que je n'étais pas dans mon assiette. Le Palestinien a encaissé. Il était brusque, pressé. Pas de « Bonne journée ».

Je suis sortie de l'épicerie, j'ai traversé immédiatement pour retrouver la sécurité du trottoir opposé, et j'ai jeté un rapide coup d'œil en direction du passage. Les deux hommes étaient partis. J'ai aussi repéré un policier à ma droite, de mon côté de la rue. Il sortait d'une voiture de patrouille. Il était très grand, plus d'un mètre quatre-vingts, il avait les cheveux roux, franchement carotte, et une moustache. Il n'avait pas l'air pressé. J'ai inspecté les alentours, je me suis dit que tout allait bien. Ce n'était qu'une version plus aiguë de l'angoisse que j'éprouvais depuis le viol à proximité de certains Noirs. J'ai regardé ma montre et j'ai pressé le pas. Je ne voulais pas être en retard à l'atelier de Wolff.

C'est alors que, semblant surgir de nulle part, mon violeur s'est dirigé vers moi. Il traversait la rue en diagonale depuis le trottoir opposé. Je ne me suis pas arrêtée. Je n'ai pas crié.

Il s'est approché en souriant. Il m'a reconnue. Pour lui, c'était une petite balade peinarde ; il avait rencontré quelqu'un qu'il connaissait dans la rue.

Je savais que c'était lui, mais j'étais incapable de prononcer un mot. J'avais besoin de toute mon énergie pour me convaincre que je n'étais pas retombée en son pouvoir.

« Hé, salut, toi, a-t-il dit. On s'est pas déjà vus quelque part ? » Il m'a adressé un petit sourire narquois, il se rappelait.

Je n'ai pas répondu. Je l'ai regardé bien en face. Je savais que son visage était celui que j'avais eu sur moi, dans le souterrain. Je savais que j'avais embrassé ces lèvres, croisé ce regard, senti l'odeur de baie écrasée de sa peau.

J'avais trop peur pour hurler. Il y avait un flic derrière moi, mais je n'arrivais pas à crier : « C'est le type qui m'a violée ! » C'est au cinéma que ça se passe comme ça. Je posais un pied devant l'autre. Je l'ai entendu rire derrière moi. Mais j'ai continué à marcher.

Il n'avait pas peur. Cela faisait près de six mois que nous ne nous étions pas vus. Six mois depuis que j'avais été couchée sous lui, dans un souterrain, sur un lit de verre brisé. Il riait parce qu'il s'en était tiré à bon compte, parce qu'il en avait violé d'autres avant moi, parce qu'il violerait encore. J'étais ravagée, et ça lui faisait plaisir. Il se baladait dans les rues, libre comme l'air.

J'ai tourné au coin de la rue. Par-dessus mon épaule, je l'ai vu se diriger vers le policier roux. Il a bavardé avec lui, tellement sûr de ne courir aucun risque qu'il avait le culot, après m'avoir croisée, d'aller faire la nique à un flic.

Je ne me demande jamais pourquoi je suis allée prévenir Wolff que je ne pourrais pas assister à son cours. Il fallait que je le fasse. J'étais son étudiante. J'étais la seule élève de deuxième année de sa classe.

Je suis montée à l'Institut de langues vivantes, au sommet de la colline et j'ai regardé ma montre. J'avais le temps, avant le cours de Wolff, de passer deux coups de fil depuis la cabine du rez-de-chaussée. J'ai appelé Ken Childs, je lui ai raconté ce qui s'était passé et lui ai demandé de me rejoindre à la bibliothèque d'à côté, une demi-heure plus tard. Je voulais faire un croquis du violeur et Ken était étudiant en arts plastiques. Puis, dès que j'ai eu raccroché, j'ai appelé mes parents en PCV.

Ils ont pris la communication tous les deux.

« Maman, papa, ai-je dit, je téléphone de l'Institut de langues. »

Ma mère était désormais à l'affût du moindre frémissement de ma voix.

« Que se passe-t-il, Alice ? a-t-elle demandé.

— Maman, je viens de le voir.

— Qui ça ? s'est étonné mon père, qui avait toujours un train de retard.

— Le violeur. »

Je ne me souviens pas de leur réaction. C'était impossible. Je les appelais parce que je voulais les prévenir, mais, ensuite, je n'ai pas attendu, je les ai bombardés de faits. « Je vais dire au professeur Wolff que je ne peux pas aller à son cours. J'ai appelé Ken Childs, il me retrouve pour me raccompagner chez moi. Je veux faire un croquis.

— Appelle-nous dès que tu seras rentrée », a dit ma mère. Je me souviens tout de même de cela. « Tu as appelé la police ? » a demandé mon père.

Je n'ai pas hésité : « Pas encore », ce qui signifiait, pour nous tous, que ce n'était pas une question à laquelle on pouvait répondre par oui ou non. Je l'appellerais. J'irais jusqu'au bout.

Je suis montée à l'étage où avait lieu l'atelier d'écriture, et je suis tombée sur Wolff à l'instant où il s'apprêtait à entrer dans le bureau de l'Institut d'anglais.

Les autres étudiants arrivaient au compte-gouttes. Je me suis approchée de lui. « Professeur Wolff, ai-je dit, je voudrais vous parler.

— Après le cours.

— Je ne peux pas venir en cours, c'est pour ça. »

Je savais qu'il ne serait pas content. Mais je ne savais pas à quel point. Il a commencé à me dire que je ne me rendais pas compte de la chance que j'avais de pouvoir suivre son cours, et que manquer ce cours-là revenait à manquer trois séances d'un cours normal de premier cycle. Je savais tout ça. C'était pour cela que j'avais foncé vers la fac de lettres au lieu de retourner directement à ma cité U.

J'ai supplié Wolff de m'accorder deux minutes de son temps, deux minutes seulement. De bien vouloir me parler dans son bureau, pas dans le couloir. « Je vous en prie », ai-je dit. Quelque chose dans mon ton a touché un repli, au fond de lui-même, au-delà de ces règles universitaires formelles dont il faisait grand cas, je le savais. « Je vous en prie », ai-je répété, et il a répondu – c'était tout de même une concession : « Bien, mais soyez brève. »

Je l'ai suivi dans le petit couloir, j'ai tourné derrière lui et attendu qu'il ouvre la porte. Rétrospectivement, je m'étonne d'être restée aussi calme entre l'instant où j'ai aperçu mon violeur dans la rue et ce moment-là, dans le bureau de Wolff, porte fermée. Je me trouvais à présent avec un homme qui, je le savais, ne me ferait aucun mal. Pour la première fois, je me suis sentie suffisamment en sécurité pour souffler. Il s'est assis en face de moi. Après avoir hésité un instant, j'ai pris la chaise des étudiants.

Je me suis jetée à l'eau.

« Je ne peux pas assister à votre cours. Je viens de voir l'homme qui m'a violée. Il faut que j'appelle la police. »

Je me souviens de son visage, je m'en souviens distinctement. Il avait des enfants. Je le savais vaguement à l'époque. Des petits garçons. Il s'est approché de moi. Il avait envie de me réconforter, mais d'un coup, instinctivement, il a reculé. J'avais été violée ; comment allais-je réagir à son contact ? Ses traits se sont réfugiés dans ces recoins réservés à la pure confusion qui s'exprime quand il n'y a rien sur cette terre que l'on puisse faire pour arranger les choses.

Il m'a demandé s'il pouvait passer un coup de fil pour moi, si je savais comment rentrer chez moi, s'il pouvait faire quelque chose. Je lui ai dit que j'avais appelé un ami qui devait me retrouver à la bibliothèque et me raccompagner chez moi, d'où j'avertirais la police.

Wolff m'a reconduite jusqu'au couloir. Avant de me laisser partir – mon esprit s'employant déjà à mettre un pied devant l'autre, à penser au coup de fil à passer à la police, à répéter inlassablement en pensée *coupe-vent marron, jean à revers roulés, baskets Converse All-Star* –, Wolff m'a arrêtée et a posé les deux mains sur mes épaules.

Il m'a regardée et quand il a été sûr de retenir toute mon attention une seconde durant, il a parlé.

« Alice, a-t-il dit, il va se passer beaucoup de choses et ce que je vais te dire n'aura peut-être pas grand sens pour toi en cet instant précis, mais écoute-moi. Essaye, si tu peux, de tout te rappeler. »

Il faut que je me retienne pour ne pas écrire les trois derniers mots en majuscules. Il les pensait en majuscules. Il voulait qu'ils résonnent et me rejoignent, un jour futur, sur le chemin que j'aurais choisi. Cela faisait quinze jours qu'il me connaissait. J'avais dix-neuf ans. J'étais assise dans sa salle de cours et je dessinais des fleurs sur mon jean. J'avais écrit une histoire de mannequins qui prenaient vie et cherchaient à se venger des couturières.

Il s'agissait donc d'un appel à très longue distance. Il savait, comme je le découvrirais plus tard en entrant chez Doubleday sur la Cinquième Avenue à York et en achetant son autobiographie, que la mémoire peut sauver, qu'elle a du pouvoir, qu'elle est souvent le seul recours des impuissants, des opprimés, des maltraités.

J'ai marché au radar jusqu'à la bibliothèque, à deux cents mètres seulement de l'entrée de la cour, de l'autre côté de la rue qui passe devant l'Institut de langues. Je suis devenue une machine. C'est sûrement comme ça que les hommes patrouillent en temps de guerre, à l'affût du moindre mouvement, de la moindre menace. La cour n'est pas la cour, c'est un champ de bataille où l'ennemi est vivant, où il se cache. Il attend le moment où tu baisseras ta garde pour t'attaquer. Une seule solution : ne la baisse jamais, pas même une seconde.

Quand je suis arrivée à la Bird Library, toutes mes terminaisons nerveuses essayaient de s'arracher à la prison de ma peau. Tout en restant sur le qui-vive, j'ai respiré un peu. J'ai traversé la lumière fluorescente. Le semestre venait de commencer et il n'y avait pas beaucoup de monde à la bibliothèque. J'ai évité de tourner les yeux vers les rares personnes que j'ai rencontrées. Je ne voulais croiser aucun regard.

Je n'ai pas pu attendre Ken ; j'avais trop peur pour m'arrêter. J'ai continué à marcher. Bird était construit de telle manière qu'en traversant le bâtiment, je pouvais ressortir de l'autre côté du bloc, dans le no man's land. C'était une rue de vieilles maisons à charpente de bois dont beaucoup étaient occupées par des associations d'étudiants, mais ce n'était plus le sanctuaire de la cour. Ici, les réverbères étaient moins nombreux et, pendant le temps qu'il m'avait fallu pour venir de Marshall Street avertir Wolff que je ne pourrais pas assister à son cours, la nuit était tombée. Je n'avais qu'une idée en tête : regagner ma chambre saine et sauve, noter les vêtements qu'il portait, passer en revue les traits de son visage.

Je suis arrivée. Je ne me rappelle pas avoir vu qui que ce soit. Le cas échéant, je suis passée à côté sans dire un mot. En sécurité dans ma petite chambre, j'ai appelé la police. J'ai exposé la situation. Je m'étais fait violer en mai, ai-je dit, j'étais de retour sur le campus et j'avais vu mon agresseur. Pouvaient-ils envoyer quelqu'un ?

Puis je me suis assise sur mon lit et j'ai fait un croquis. J'ai consigné tous les détails par écrit. J'ai commencé par ses cheveux, avant de passer à sa taille, à sa stature, son nez, ses yeux, sa bouche. J'ai ajouté des commentaires sur sa physionomie : « Cou ramassé. Tête petite mais compacte. Mâchoire carrée. Cheveux implantés assez bas sur le front. » Et sa peau : « Relativement foncée mais pas noire noire. » En bas de la feuille, dans l'angle gauche, j'ai fait un croquis de lui ; à côté, j'ai indiqué sa tenue vestimentaire : « Veste marron – style coupe-vent mais matelassée. Jean – bleu. Baskets blanches. » Ken est arrivé à ce moment-là. Il était essoufflé et énervé. C'était un petit type fragile – l'année précédente, je l'avais comparé romantiquement à un David minuscule. Jusqu'à présent, il n'avait pas été tout à fait à la hauteur de la situation. Il m'avait écrit une fois pendant l'été. Il m'avait expliqué, et je l'avais admis sur le moment, qu'il avait réinventé ce qui s'était passé pour que ça le fasse moins souffrir. « Je me suis dit que c'est comme une jambe cassée et que, comme une jambe cassée, ça guérira. »

Ken a essayé d'arranger un peu mon dessin, mais il était trop nerveux – il avait les mains qui tremblaient. Il était assis sur mon lit et je l'ai trouvé très petit, effrayé. J'ai essayé de me convaincre que c'était un corps chaud qui me connaissait, qui me voulait du bien. Ça devait suffire. Il a fait plusieurs essais de la tête du violeur.

On a entendu du bruit dans le couloir. Des talkies-walkies dont le niveau sonore ne pouvait qu'attirer l'attention, des pas pesants. Quelqu'un a tambouriné à ma porte et je suis allée ouvrir, pendant que des filles sortaient dans le couloir.

Service de sécurité de l'université de Syracuse. Ils avaient été prévenus par la police. Ils étaient remontés à bloc. La vraie merde. C'étaient deux armoires à glace et, dans mon minuscule studio, ils avaient l'air encore plus baraqués.

La police municipale de Syracuse est arrivée quelques secondes plus tard. Trois hommes. Quelqu'un a fermé la porte. J'ai recommencé mon histoire et une petite querelle de juridiction a éclaté. Les membres du service de sécurité de la fac avaient l'air déçus : l'incident initial ayant eu lieu dans l'enceinte de Thorden Park et l'identification dans Marshall Street, c'était de toute évidence l'affaire de la Ville de Syracuse et pas du campus. C'était tout à leur honneur sur le plan professionnel mais, ce soir-là, ils se considéraient moins comme des représentants de l'université que comme des chasseurs sur une piste toute fraîche.

Les policiers ont examiné mes croquis et ceux de Ken. Ils n'arrêtaient pas de parler de lui comme de mon petit ami, et je les corrigeais chaque fois. Ils le dévisageaient d'un air soupçonneux. Menu et nerveux, il n'avait vraiment pas l'air à sa place dans une chambre peuplée de malabars, armés de pistolets et de matraques.

« Pendant combien de temps avez-vous vu le suspect ? »

J'ai répondu.

Ils se sont dit que, puisque je ne lui avais pas montré que je le reconnaissais, il n'était pas impossible qu'il traîne encore dans le coin de Marshall Street. Ça valait le coup d'aller y faire un saut avec la voiture de patrouille.

Deux des policiers municipaux ont pris mon croquis ; ils ont laissé ceux de Ken.

« On va en faire des copies et envoyer un message à toutes les patrouilles de la ville. Tous les agents garderont ce truc dans leur bagnole jusqu'à ce qu'on l'ait retrouvé », a dit l'un d'eux.

Nous étions prêts à partir quand Ken a demandé : « Il faut que je vienne ? »

Les policiers l'ont fusillé du regard. Il est venu.

Escortés de six hommes en uniforme, nous sommes sortis du bâtiment. Nous sommes montés, Ken et moi, à l'arrière d'une voiture de patrouille. Il n'y avait qu'un policier devant. Je ne me souviens plus de son nom, mais je me souviens de sa colère.

« On va se le faire, le salaud, a-t-il dit. Le viol, c'est dégueulasse. Il va le payer. »

Il a démarré, a mis en marche le gyrophare rouge et bleu de sa voiture de patrouille. Nous avons filé vers Marshall Street, à quelques rues de là seulement.

« Regardez bien », a dit le policier. Il manœuvrait sa voiture de patrouille avec une agilité brutale que je retrouverais plus tard chez les chauffeurs de taxi new-yorkais.

Ken était effondré sur le siège à côté de moi. Il disait que le gyrophare lui faisait mal à la tête. Il se protégeait les yeux. Moi, je regardais dehors. Pendant que nous remontions et descendions Marshall Street à plusieurs reprises, le policier m'a parlé de sa nièce de dix-sept ans, une pauvre gosse innocente. Elle avait été victime d'une tournante. « Foutue, disait-il. Foutue. » Il avait sorti sa matraque. Il a commencé à frapper le siège du passager, à côté de lui. Ken tressaillait chaque fois que la matraque touchait le vinyle. Persuadée d'emblée que cette mission serait probablement inutile, j'ai commencé à me demander avec inquiétude ce que ce policier allait faire.

Je n'ai pas aperçu l'ombre d'un violeur. Je le lui ai dit. J'ai proposé que nous laissions tomber pour aller regarder des photographies d'identité judiciaire au poste. Mais il avait besoin de se défouler. Il a freiné brutalement sur le dernier tronçon, en bas de Marshall Street

« Là, *là*. Et ces trois-là ? » a-t-il demandé.

J'ai regardé. J'ai compris tout de suite. Trois étudiants noirs. Ça se voyait à la manière dont ils étaient habillés. Ils étaient grands, aussi, trop grands pour être mes violeurs.

« Non, ai-je dit. On peut y aller.

— Ce sont des fouteurs de merde. Attendez-moi là. »

Il est sorti en trombe de la voiture de police et les a pris en chasse. Il avait sa matraque à la main.

Ken a été pris d'une crise de panique qui m'a fait penser à celles de ma mère. Il avait du mal à respirer. Il voulait sortir.

« Qu'est-ce qu'il va faire ? » a-t-il demandé. Il a essayé d'ouvrir la porte. Elle avait été verrouillée automatiquement. La voiture servait au transport de criminels aussi bien que de victimes.

« Je n'en sais rien. Ces types ne lui ressemblent absolument pas. »

Le gyrophare marchait toujours au-dessus de nos têtes. Des gens commençaient à s'approcher de la voiture et à regarder à l'intérieur. J'étais furieuse contre ce policier, furieuse qu'il nous ait plantés là. J'étais furieuse contre Ken, qui n'était qu'une mauviette. Je savais qu'avec un type en colère, bourré d'adrénaline et décidé à venger sa nièce violée, il ne pouvait rien arriver de bon. J'étais au centre de tout cela et en même temps, je n'existais pas, je m'en rendais bien compte. Je n'étais qu'un catalyseur qui rendait les gens nerveux, coupables ou furieux. J'avais peur mais, surtout, j'étais écœurée. Je voulais que le policier revienne. J'étais assise dans la voiture avec Ken qui pleurnichait à côté de moi, j'ai enfoncé ma tête entre mes genoux pour que les passants qui regardaient à l'intérieur de la voiture ne voient que « le dos de la victime » et j'écoutais les bruits qui, je le savais, provenaient de la ruelle. Quelqu'un se faisait tabasser, j'en étais sûre et certaine. Ce n'était pas Lui.

Le policier est revenu. Il s'est laissé tomber sur le siège du conducteur et a appuyé sa matraque fermement dans la paume de sa main.

« Ça leur apprendra », a-t-il dit. Il était en nage, euphorique.

« Qu'est-ce qu'ils avaient fait ? » a hasardé Ken. Il était horrifié.

« Ouvert une benne à ordures. Faut jamais parler sur ce ton à un policier. »

Je n'ai pas oublié ce qui s'est passé Marshall Street cette nuit-là. *Tout* était injuste. Il était injuste que je ne puisse pas traverser un parc à pied la nuit. Injuste que je me sois fait violer. Injuste que mon violeur se soit cru intouchable et que mon statut d'étudiante m'ait probablement valu un traitement de faveur de la part des flics. Injuste que la nièce de ce policier se soit fait violer. Injuste qu'il ait dit qu'elle était foutue. Injuste de mettre le gyrophare en marche et de frimer avec cette bagnole dans Marshall Street. Injuste de s'en prendre à trois jeunes Noirs qui n'avaient rien fait, et peut-être même de les agresser physiquement.

Il n'y a pas de *mais*, il n'y a que ceci : ce policier vivait sur ma planète. J'étais à ma place dans son univers comme je ne le serais plus jamais dans celui de Ken. Je ne sais plus si Ken a demandé qu'on le dépose chez lui ou s'il m'a accompagnée au poste. Quoi qu'il en soit, après cette patrouille dans Marshall Street, j'ai rompu toute relation avec lui.

Nous sommes arrivés au Public Safety Building. Il était vingt heures passées. Je n'y étais pas revenue depuis la nuit de l'agression, mais, ce soir-là, je m'y sentais en sécurité. Les ascenseurs conduisaient à une vaste salle d'attente au bout de laquelle se trouvait une immense porte qui se refermait automatiquement derrière nous. J'adorais ça. À travers la vitre blindée, on pouvait voir à l'intérieur du hall tout en restant hors d'atteinte.

Le policier m'a fait entrer et j'ai entendu le doux chuintement hydraulique puis le claquement ferme de la porte derrière nous. À notre gauche, l'opérateur radio était assis devant le standard. Trois ou quatre hommes en uniforme étaient debout près de lui. Certains tenaient des tasses à café. À notre arrivée, ils se sont tus et ont regardé par terre. Il n'existait que deux sortes de civils : des victimes et des criminels.

Mon policier a expliqué au type assis derrière le comptoir que j'étais l'affaire de viol de la zone est. J'étais venue voir des photos d'identité judiciaire.

Il m'a installée dans une petite pièce pleine de fichiers, en face du bureau de l'opérateur radio. Il a laissé la porte ouverte et a commencé à descendre de gros classeurs noirs des étagères. Il y en avait au moins cinq, tous remplis de petits clichés, format 6,5 × 9 cm. Ces cinq recueils ne contenaient que des photos de Noirs de sexe masculin, qui avaient tous plus ou moins l'âge que j'attribuais à mon violeur.

La pièce ressemblait plus à des archives qu'à un lieu destiné à accueillir les victimes pour qu'elles examinent des photos. La seule surface disponible était une vieille table de dactylo en métal et j'avais du mal à tenir les recueils en équilibre entre mes genoux et la table branlante. Le rabat ne cessait de se refermer sous le poids. Mais je pouvais être bonne élève et j'ai étudié ces volumes page après page. J'ai vu six photos qui me rappelaient mon violeur, mais je commençais à me dire que tout cela ne servirait à rien.

Un des policiers m'a apporté du café léger mais encore chaud. Un îlot de réconfort dans un environnement hostile.

« Vous vous en sortez ? Vous avez trouvé quelque chose ? a-t-il demandé.

— Non, ai-je dit. Tous ces visages se mélangent. Je n'ai pas l'impression qu'il y soit.

— Essayez encore. C'est tout frais dans votre esprit. »

J'arrivais au bout du quatrième volume quand l'appel est arrivé.

« L'agent Clapper vient d'appeler, a crié l'opérateur radio à mon policier. Il connaît ton type. »

Le policier m'a laissée pour se diriger vers le comptoir. Les flics en tenue qui attendaient d'être envoyés en mission l'ont entouré. J'ai écouté le dialogue à la Abbot et Costello qui a suivi.

« Il dit que c'est Madison, a dit l'opérateur radio.

— Quel Madison ? a demandé mon policier. Mark ?

— Non, a répondu un autre, il a déjà une autre affaire sur le dos.

— Frank ?

— Non. Hanfy l'a coincé la semaine dernière. C'est probablement Greg.

— Je croyais qu'il était déjà au trou. »

Et ainsi de suite. Je me rappelle qu'un des types a dit quelque chose à propos de ce pauvre vieux Madison – que ce n'était pas facile d'élever des garçons tout seul. Puis mon flic est revenu. « J'ai quelques questions à vous poser, a-t-il dit. Vous êtes prête ?

— Oui.

— Décrivez-moi de nouveau l'agent de police que vous avez vu. »

Je l'ai décrit.

« Et où avez-vous vu sa voiture ? »

J'ai dit qu'il était garé sur le parking de Huntington Hall.

« Bingo, a-t-il lancé. Je crois qu'on a tiré le gros lot. »

Il est reparti et j'ai refermé le volume de clichés qui était resté ouvert sur la table de dactylo. Tout d'un coup, je ne savais plus quoi faire de mes mains. Elles tremblaient. Je les ai glissées sous mes jambes et me suis assise dessus. Je me suis mise à pleurer.

Quelques minutes plus tard, j'ai entendu l'opérateur radio annoncer : « Le voilà ! », et ceux qui étaient de l'autre côté de la porte fermée ont applaudi.

Je me suis levée et, comme une folle, j'ai cherché où me cacher. Je me suis réfugiée dans l'angle du mur où se trouvait la porte, le visage contre les rayonnages où étaient rangés les volumes de clichés des années passées.

« Bon boulot, Clapper ! » a lancé quelqu'un, et j'ai expiré à fond. Ce n'était peut-être que le policier, sans mon violeur.

« Nous allons prendre la déposition de la victime et préparer le mandat d'arrêt », a dit quelqu'un.

Oui, j'étais en sécurité. Mais je ne savais toujours pas quoi faire. Je n'étais pas capable de les rejoindre. J'étais une victime, pas vraiment une personne. Je me suis rassise sur la chaise de dactylo.

Lucky

Dehors, les types étaient tout contents. Ils se tapaient dans le dos et se moquaient de la tignasse rousse de l'agent Clapper. Ils l'appelaient « grande perche », « poil de carotte » et « blanc-bec ».

Il a glissé sa tête par l'embrasure de la porte.

« Salut, Alice, a-t-il lancé. Tu te souviens de moi ? »

J'ai souri jusqu'aux deux oreilles. « Oui. »

Les hommes dehors ont hurlé de joie.

« Si elle se souvient de toi ? Tu crois qu'elle aurait pu t'oublier ? Tu es presque aussi chouette que le Père Noël ! »

L'excitation est retombée. Un appel est arrivé. Deux hommes sont partis pour y répondre. L'agent Clapper avait un rapport à rédiger. Mon flic m'a ramenée dans la pièce où j'avais rencontré l'inspecteur Lorenz exactement six mois plus tôt, moins trois jours. Il a pris ma déposition, en citant abondamment la description détaillée que j'avais notée par écrit.

« Est-ce que vous êtes prête à aller jusqu'au bout ? m'a demandé le policier à la fin de ma déposition. Nous allons l'arrêter. Il faudra que vous acceptiez de témoigner.

— Oui », ai-je dit.

On m'a reconduite à Haven Hall dans une voiture banalisée. J'ai appelé mes parents pour leur dire que tout allait bien. L'agent a joint son rapport final au dossier de l'affaire F-362, avant qu'il ne soit retourné à l'inspecteur Lorenz.

Viol 1er degré.

Abus sexuel 1er degré

Vol 1er degré

Alors que je me trouvais encore au bureau de la police judiciaire avec la victime, le message a été diffusé à toutes les patrouilles et par radio. Nous avons immédiatement eu une réponse de la voiture n° 561, agent

Clapper, qui a affirmé avoir parlé à une personne correspondant au signalement du suspect vers 18h27 dans Marshall St. Il m'a informé que la personne à qui il avait parlé était un certain Gregory Madison. Madison a un casier et a déjà fait de la prison. L'agent Clapper devait organiser une séance d'identification photographique au bureau de la police judiciaire, mais il n'y a pas de cliché de Madison. Il ne fait presque aucun doute que le suspect en question est bien Gregory Madison. Les dépositions de la victime et de l'agent Clapper ont été prises. L'arrestation est imminente.
Signalement diffusé par radio aux équipes 3 et 1 suit. En cas de localisation du suspect, surveillez-le et appelez des renforts. Probablement armé. Considéré comme dangereux.

Cette nuit-là, j'ai rêvé. J'ai rêvé d'Al Tripodi. Ça se passait dans une cellule de prison. Avec deux autres types, il maintenait mon violeur à terre. Je commençais à lui faire subir des sévices, mais il se débattait et arrivait à échapper à Tripodi. Il se dirigeait vers moi. Je voyais ses yeux comme je les avais vus dans le souterrain. De tout près.

Je me suis réveillée en hurlant et je me suis assise dans mes draps humides. J'ai regardé le téléphone. Il était trois heures du matin. Je ne pouvais pas appeler ma mère. J'ai essayé de me rendormir. Je l'avais trouvé. Une fois encore, il n'y aurait que nous deux. J'ai pensé aux derniers vers du poème que j'avais remis à Gallagher.

Viens mourir, allonge-toi, près de moi.

J'avais lancé une invitation. Dans mon esprit, le violeur m'avait assassinée le jour du viol. Maintenant, c'était à mon tour de l'assassiner. Que ma haine soit grande et pleine.

8.

Pendant le premier mois de fac, j'étais restée plus ou moins dans mon coin, absorbée par mes deux ateliers d'écriture. Le lendemain du jour où j'ai croisé mon violeur dans la rue, j'ai appelé Mary Alice pour la prévenir. Elle était aux anges, mais inquiète pour moi. Elle était très occupée, aussi. Avec Tree et Diane, elle essayait de se faire admettre dans des associations. Elle avait des vues sur Alpha Khi Oméga. C'était une association de chic filles, tout à la fois sportives et intellos. Blanches exclusivement. Pour Mary Alice, c'était du tout cuit.

Son goût pour ce genre de choses, au-delà des sarcasmes que lui inspiraient les rituels et les inepties des procédures de recrutement, nous divisait. Je ne la voyais pas tous les jours.

Timidement, je me suis fait une nouvelle amie. Elle s'appelait Lila et venait de Georgie, via le Massachusetts. Contrairement à ma mère qui avait un faible pour tout ce qui venait du Sud, Lila n'avait pas d'accent. On le lui avait fait perdre de force, m'a-t-elle dit, quand elle s'était inscrite au lycée, dans le Massachusetts. À mon oreille, elle avait fait un sacré bon boulot. Ma mère jurait pourtant qu'aucun Sudiste ne s'y laisserait prendre, qu'il percevrait les infimes inflexions chantées et traînantes de ses mots.

Sa chambre était dans le même couloir que la mienne à Haven, six portes plus loin. Elle était blonde et nous portions des lunettes toutes les deux. Nous avions le même gabarit, autrement dit, un léger embonpoint. Elle se considérait comme une bûcheuse, une « attardée sociale ». Je m'étais donné pour but de la faire sortir de sa coquille. Je sentais qu'elle avait un petit côté loufoque. Comme Mary Alice, Lila était encore pucelle. Lila était un public idéal à elle toute seule. À la différence du couple que j'avais formé avec Mary Alice, cette fois, je n'étais pas la copine excentrique d'une fille populaire. J'étais celle qui était un peu plus mince, plus extravertie, plus courageuse.

Un soir, je lui ai dit qu'il fallait absolument qu'elle laisse s'exprimer l'animal en elle : « Regarde-moi », ai-je fait. J'ai pris un paquet de raisins secs et je l'ai poignardé avec un couteau, en faisant des grimaces atroces devant l'objectif de mon appareil photo. Nous avons échangé les rôles et je l'ai obligée à massacrer les raisins. Sur les photos de ce jour-là, je suis sérieuse. J'en veux vraiment à ces raisins. Lila n'a pas tout à fait réussi à entrer dans la peau du personnage. Sa lame est posée délicatement en équilibre sur le paquet déjà perforé. Ses yeux sont pleins de douceur et son visage est celui d'une écolière qui fait de son mieux pour avoir l'air passionnément consternée.

Nous nous sommes spécialisées dans les fous rires. Quand elle travaillait, j'anticipais sur ses pauses et essayais de la convaincre de les prolonger, de les faire durer toute une soirée pendant laquelle, en rigolant avec elle dans ma chambre, je n'aurais pas à penser à ce qu'il pouvait y avoir dehors.

Le 14 octobre, j'étais au campus. En ville, l'inspecteur Lorenz a appelé le procureur adjoint Gail Uebelhoer, qui avait été chargée de préparer le dossier avant de le présenter au juge qui délivrait les mandats d'arrêt. Le procureur adjoint Uebelhoer n'était pas là. L'inspecteur Lorenz a laissé un message.

« Gregory Madison a été arrêté à 14 heures. »

Les journaux ont parlé de moi pour la deuxième fois. LA VICTIME RECONNAÎT SON AGRESSEUR : tel était le titre du petit article de cinq paragraphes du *Syracuse Post-Center* du 15 octobre. Tricia, de SOS Viols, me l'a envoyé, comme tous ceux qui ont suivi.

Une audience préliminaire était prévue le 19 octobre, au tribunal municipal de Syracuse. Le prévenu était Gregory Madison, le plaignant le « peuple de l'État de New York ». Cette audience devait établir si les preuves étaient suffisantes pour justifier la convocation d'un grand jury. On m'a prévenue que les témoins appelés à la barre pourraient être les médecins qui avaient procédé à l'examen sérologique la nuit du viol aussi bien que l'agent Clapper, qui avait vu Madison dans la rue. Je serais appelée à témoigner sous serment. Madison aussi, peut-être.

Il fallait que je trouve quelqu'un pour m'accompagner à l'audience. Mary Alice était occupée et Ken Childs n'était manifestement pas la personne adéquate. Lila était ma nouvelle amie ; je n'avais pas envie de tout gâcher. Je suis allée voir Tess Gallagher et je lui ai demandé si elle accepterait de venir. « C'est un honneur, m'a-t-elle dit. Nous irons déjeuner dans un bon restaurant. C'est moi qui t'invite. »

Je ne me souviens pas des vêtements que je portais, mais je me rappelle que Gallagher, célèbre dans tout le campus pour ses robes extravagantes avec chapeau assorti, avait mis un tailleur strict et des chaussures pratiques. En la voyant ainsi entravée, au sens propre, j'ai compris qu'elle s'était préparée pour la bataille. Elle savait quel regard le monde extérieur porte sur les poètes. Quant à moi, j'avais, j'en suis sûre, choisi une tenue appropriée. Dans les couloirs du tribunal, nous ressemblions à ce que nous étions : une étudiante accompagnée d'une figure maternelle encore jeune.

Ma pire crainte était de me trouver nez à nez avec Gregory Madison. Nous avons parcouru, Tess et moi, les couloirs du tribunal du comté d'Onondaga avec un policier en civil du Public Safety Building. Il devait nous guider jusqu'à la salle d'audience où je rencontrerais le procureur choisi pour représenter l'État. Mais il fallait que j'aille aux toilettes, et il ne savait pas très bien où elles étaient. Nous sommes parties à leur recherche, Tess et moi.

L'ancienne aile du tribunal était pavée de marbre. Les talons bas de Tess claquaient sur le sol à un rythme staccato. Nous avons fini par trouver les toilettes où, tout habillée, je me suis assise dans un des box, les yeux fixés sur la porte en bois, devant moi. J'étais seule, pour quelques instants, et j'ai essayé de me calmer. Le trajet du Public Safety Building au tribunal m'avait soulevé le cœur. C'est une expression que j'avais déjà entendue mais, à ce moment-là, j'avais vraiment l'impression d'avoir un organe épais et vital coincé dans ma gorge, et qui battait à grands coups. Le sang m'est monté à la tête et je me suis penchée en avant, faisant un effort pour ne pas vomir.

Quand je suis sortie, j'étais pâle. Je ne voulais pas me voir dans la glace. J'ai préféré tourner les yeux vers Tess. Je l'ai regardée ajuster ses deux peignes fantaisie, de part et d'autre de son crâne.

« Voilà, a-t-elle dit, satisfaite. Tu es prête ? »

Je l'ai regardée et elle m'a fait un clin d'œil.

Quand nous avons rejoint le policier en civil, Tricia était avec lui. Tess et elle étaient diamétralement opposées. Tricia, qui représentait SOS Viols et signait ses messages « fraternellement », ne m'inspirait pas entièrement confiance. En Tess, j'avais découvert une femme qui avait exploré sa propre étrangeté, qui s'était installée dans sa différence, dans ce qui la distinguait de tous ceux qui l'entouraient, et avait appris à l'afficher fièrement. Tricia tenait trop à ce que je m'extériorise. Elle voulait que je *sente*. Je ne voyais pas en quoi cela pouvait me faire du bien. Le tribunal du comté d'Onondaga n'était pas un endroit idéal pour s'épancher. Il fallait que je me cramponne à ce que je savais être la vérité. Que j'essaie de garder tous les faits vivants, et disponibles. Tess avait du cran, elle. Et j'en avais bien plus besoin que d'une quelconque fraternité anonyme ; j'ai dit à Tricia qu'elle pouvait partir.

Nous étions assises, Tess et moi, sur un banc de bois, devant la salle d'audience. Il me faisait penser aux stalles de St. Peter's. J'ai eu l'impression qu'on nous faisait attendre des heures. Tess m'a parlé de son enfance dans l'État de Washington, de l'industrie du bois, de la pêche, et de son compagnon, Raymond Carver. J'avais les mains moites. J'ai été prise d'une brève crise de tremblements incontrôlables. Je n'entendais pas la moitié de ce que disait Tess. Elle le savait probablement. En réalité, elle ne me parlait pas, elle chantait une sorte de berceuse de mots. Mais la berceuse a fini par s'arrêter.

Elle était agacée. Elle a regardé sa montre. Elle savait qu'elle ne pouvait rien faire. Diva sur le campus et dans le monde de la poésie, elle n'était ici qu'une petite femme impuissante. Il fallait qu'elle attende avec moi jusqu'au bout. Notre somptueux déjeuner s'éloignait à grands pas.

Depuis ce jour-là, chaque fois que je suis obligée d'attendre longtemps quelque chose que je redoute, ma nervosité se dissout dans un ennui stoïque. C'est une attitude mentale que je pourrais résumer ainsi : l'enfer est inévitable, donc je me réfugie dans un « zen traumatique », comme je l'appelle.

C'est ainsi qu'au moment où le procureur adjoint Ryan, désigné d'office ce jour-là parce que le procureur adjoint Uebelhoer était sur une autre affaire, s'est approché de nous pour se présenter, Tess était silencieuse. Quant à moi, j'avais les yeux fixés sur l'ascenseur, à deux mètres de là.

Ryan était jeune, il devait avoir une petite trentaine d'années. Il avait des cheveux brun-roux qui auraient eu grand besoin d'un coup de peigne. Il portait une sorte de manteau de sport en étoffe rugueuse avec des pièces de nubuck aux coudes, plus à sa place sur le campus que je venais de quitter que dans une salle d'audience. Il a appelé Tess « Mrs. Sebold ». Nous l'avons corrigé et informé qu'elle était un de mes professeurs, ce qui l'a troublé. Il était gêné et impressionné. Il lui jetait des petits coups d'œil furtifs, essayant tout à la fois de la cerner et de l'intégrer.

« Qu'est-ce que vous enseignez ? lui a-t-il demandé.

— La poésie, a-t-elle dit.

— Vous êtes poète ?

— Oui, c'est cela, a répondu Tess. Avez-vous des informations pour cette jeune fille ? » a-t-elle demandé.

Je ne le comprendrais que plus tard, mais le procureur adjoint flirtait avec Tess et, promptement, avec une habileté née de l'expérience, elle venait de le remettre à sa place.

« D'abord, Alice, m'a-t-il annoncé, tu seras heureuse d'apprendre que le prévenu a renoncé à son droit à comparaître.

— C'est-à-dire ?

— Son avocat a accepté de ne pas contester l'identification.

— Et c'est bien ?

— Oui. Mais il faudra quand même que tu répondes aux questions de son avocat.

— Je vois, ai-je dit.

— Nous sommes ici pour prouver qu'il s'agit bien d'un viol. Que tu n'as pas consenti à l'acte avec le suspect, qu'il t'a forcée. Tu comprends ?

— Oui. Est-ce que Tess peut venir avec moi ?

— Pas de problème. Mais ne dis plus un mot dès que tu auras franchi cette porte. Ton professeur n'aura qu'à se glisser à une des places du fond, près de l'huissier. Tu t'approcheras de la barre et c'est de là que tu répondras à mes questions. »

Il est entré dans la salle d'audience par les portes qui se trouvaient sur notre droite. En face de nous, un groupe est sorti de l'ascenseur et a fait mine de se diriger vers nous. Un homme, notamment, nous a regardées attentivement, longuement. C'était l'avocat de la défense, maître Meggesto.

Un peu plus tard, un huissier a ouvert la porte de la salle d'audience.

« Nous vous attendons, Miss Sebold. »

Nous avons fait ce que Mr. Ryan nous avait dit. Je me suis dirigée vers l'avant de la salle. J'entendais un bruit de papiers froissés et quelqu'un qui se raclait la gorge. Je me suis approchée de la barre des témoins et je me suis retournée.

Il n'y avait que quelques personnes dans la salle et seulement deux rangées au fond, qui formaient une sorte de tribune. J'ai aperçu Tess sur ma droite. J'ai croisé son regard. Elle m'a adressé un sourire qui voulait dire : « Vas-y, fonce. » Je n'ai plus tourné les yeux vers elle.

Mr. Ryan s'est approché de moi. Il a rappelé mon nom, mon âge, mon adresse et d'autres données essentielles. Cela m'a laissé le temps de m'habituer au bruit de la machine à écrire du greffier et à l'idée que tout ce qui se disait était consigné par écrit. Ce qui m'était arrivé dans le souterrain n'était plus seulement quelque chose que j'aurais à dire tout haut. D'autres seraient appelés à le lire et à le relire.

Après m'avoir demandé quelques précisions sur l'éclairage qu'il y avait ce soir-là, et sur l'endroit où le viol s'était produit, il m'a posé la question à laquelle il m'avait annoncé que j'aurais à répondre.

« Pouvez-vous nous raconter, avec vos propres mots, ce qui s'est passé à ce moment-là ? »

J'ai essayé de prendre mon temps. Ryan interrompait fréquemment mon récit. Il m'a interrogée une nouvelle fois sur la lumière qu'il y avait, m'a demandé si on voyait la lune, si je m'étais débattue. Il voulait savoir si les coups avaient été portés du plat de la main ou avec le poing, il m'a demandé si j'avais eu peur de me faire tuer, il voulait savoir combien d'argent le violeur m'avait pris, et si je le lui avais donné de bon gré.

Après la lutte à l'extérieur du souterrain, ses questions ont porté sur ce qui s'était passé à l'intérieur.

« Décrivez-nous, à partir du moment où il vous a entraînée dans le théâtre, de quelle force il a fait usage et ce que vous avez fait, avant le rapport sexuel.

— Il m'a d'abord hissée jusqu'à son visage en me serrant le cou avec ses mains et il m'a embrassée plusieurs fois, puis il m'a dit de me déshabiller. Il a essayé de me retirer mes vêtements. Il n'est pas arrivé à défaire ma ceinture. Il m'a dit de le faire et je l'ai fait.

— Quand il vous a dit de vous déshabiller, était-ce avant ou après vous avoir avertie qu'il vous tuerait si vous ne faisiez pas ce qu'il vous disait ?

— Après – je saignais à ce moment-là – j'avais le visage abîmé.

— Vous saigniez ?

— Oui.

— Parce que vous étiez tombée ?

— Oui, mais aussi parce qu'il m'avait frappée au visage.

— Il vous a frappée avant le rapport sexuel que vous avez décrit ?

— Hmm.

— Où vous a-t-il frappée ?

— Au visage. Pendant un moment, je n'ai pas pu respirer. Il avait laissé ses mains autour de mon cou, il m'a griffé la figure. En plus, il n'a pas arrêté de me cogner dessus quand j'étais par terre et qu'il était assis sur moi pour m'empêcher de m'enfuir.

— Bien, a dit Ryan, et après cela, vous avez dit qu'il avait eu du mal à avoir une érection pendant un certain temps, c'est bien cela ?

— Hmm. » J'avais oublié les instructions du juge. J'étais censée répondre clairement par oui ou par non.

« Que s'est-il passé ensuite ?

— Il n'arrivait pas à avoir d'érection. Je ne savais pas vraiment s'il en avait une ou pas – je ne m'y connais pas. Mais alors, avant qu'il me pénètre et que nous ayons un rapport, il s'est arrêté et m'a forcée à me mettre à genoux. Il était debout et il m'a dit de lui tailler une pipe.

— Y a-t-il eu un moment ensuite où vous avez finalement pu vous éloigner de lui ?

— Oui.

— Quand cela ?

— Après avoir eu un rapport avec moi, il m'a relevée et a commencé à s'habiller. Il a trouvé certains de mes vêtements et il me les a donnés. Alors je les ai enfilés et il a dit : "Tu vas avoir un bébé, salope – qu'est-ce que tu comptes faire ?" »

J'ai raconté dans le détail comment le violeur m'avait prise dans ses bras, s'était excusé, puis m'avait laissée partir pour me rappeler immédiatement.

Ryan s'est interrompu. Ses questions suivantes m'ont accordé un instant de répit, le seul. Qu'est-ce qui m'avait été dérobé au cours de l'agression ? Quels vêtements le violeur portait-il ? Sa taille ? Son allure ?

« Je n'ai pas le souvenir que vous ayez précisé s'il était blanc ou noir, a dit Ryan avant de conclure.

— Il était noir, ai-je dit.

— Ce sera tout, monsieur le juge. »

Ryan s'est retourné pour aller s'asseoir. Le juge a annoncé : « Contre-interrogatoire. » Me Meggesto s'est levé et s'est approché.

Les deux avocats de la défense qui ont représenté Madison au cours de l'affaire avaient certains points communs. Ils étaient plutôt petits, un peu dégarnis et ils avaient un truc répugnant à la lèvre supérieure. Une moustache négligée dans le cas de Meggesto, ou des gouttes de sueur qui formaient comme des grains – quelque chose de laid, en tout cas, qui m'a obnubilée pendant leurs contre-interrogatoires.

J'avais l'impression que, pour gagner, il fallait que je déteste les avocats qui le défendaient. Ils gagnaient peut-être simplement leur salaire, ou bien ils avaient été commis d'office. Ils avaient des enfants qu'ils adoraient ou une mère atteinte d'un cancer en phase terminale dont ils devaient s'occuper. Ça m'était bien égal. Ils étaient là pour me détruire. J'étais là pour riposter.

« Miss See-bold – c'est bien comme cela que ça se prononce ?

— Oui.

— Miss Sebold, vous nous avez dit que, le soir de l'incident, vous vous trouviez au 321 Westcott Street ?

— Hmm-hmm. »

Sa voix avait un ton réprobateur, comme si j'étais une vilaine petite menteuse.

« Combien de temps êtes-vous restée à cette adresse, ce soir-là ?

— De huit heures à minuit, à peu près.

— Avez-vous bu quelque chose pendant que vous étiez là-bas ?

— Non, rien du tout.

— Avez-vous fumé quelque chose pendant que vous étiez là-bas ?

— Non, rien du tout.

— Aviez-vous des cigarettes ?

— Non.

— Vous n'avez pas fumé ce soir-là ?

— Non.

— Vous n'avez rien bu ce soir-là ?

— Non. »

Cette tactique ayant échoué, il en a essayé une autre.

« Depuis combien de temps portez-vous des lunettes ?

— Depuis le CE2.

— Comment voyez-vous, sans lunettes ?

— Je suis myope, et j'y vois très bien de près. Je ne sais pas trop, mais ma vision n'est pas si mauvaise que ça. Je vois parfaitement les panneaux routiers et tout ça.

— Vous avez le permis de conduire ?

— Oui.

— Vous vous en servez ?

— Oui.

— Il est à jour ?

— Oui. »

Je me demandais où il voulait en venir. J'aurais compris qu'il me demande si mon permis m'obligeait à porter des verres correcteurs. Mais il ne l'a pas fait. Avoir le permis me rendait-il meilleure ou pire ? Faisait-il de moi une adulte à part entière, diminuant ainsi le caractère délictueux du viol que j'avais subi ? Son raisonnement m'a toujours dépassée.

Il a poursuivi.

« Serait-il exact d'affirmer que vous portez vos lunettes tout le temps pour y voir correctement ?

— Non.

— Quand ne les portez-vous pas ?

— Pour lire. En fait pour faire n'importe quoi, ou presque. »

Comment expliquer à la barre la bataille qui m'opposait à mon ophtalmo ? Il prétendait que je portais mes lunettes plus que nécessaire. Que sous prétexte de ne rien manquer, je m'abîmais la vue et je rendais mes yeux dépendants de verres correcteurs, ce qui est d'ailleurs le cas aujourd'hui.

« Pensiez-vous avoir besoin de vos lunettes ce fameux soir d'octobre ? »

Il voulait dire « mai », mais personne ne l'a corrigé.

« Il faisait nuit, oui.

— Vous voyez moins bien de nuit ?

— Non.

— Serait-il exact d'affirmer que vous portez vos lunettes tout le temps, à l'extérieur de votre résidence universitaire ?

— Non.

— Aviez-vous une raison particulière de porter vos lunettes ce soir-là ?

— Je ne les avais que depuis une semaine et je les aimais bien. Elles étaient neuves. »

Il s'est précipité. « Une nouvelle ordonnance ou simplement une nouvelle monture ?

— Une nouvelle monture, c'est tout.

— La même ordonnance ?

— Oui.

— Délivrée par qui ?

— Le Dr Kent de Philadelphie, près de chez moi.

— Vous vous rappelez où – je veux dire quand c'était ?

— Je crois que la dernière ordonnance remonte à décembre 1980.

— Prescrites et faites en 1980, c'est bien cela ? »

Pouvait-il savoir qu'il marquait et perdait un point en même temps ? L'ordonnance avait été réactualisée six mois avant le viol. Je ne voyais pas où il voulait en venir, mais j'étais décidée à ne pas le lâcher d'une semelle. Il voulait me repousser au fond d'un labyrinthe dont je ne pourrais plus ressortir. J'étais déterminée. Je sentais en moi la même chose que chez Gallagher – du cran. Je le sentais dans mes veines.

« Hmm-hmm, ai-je répondu.

— Vous avez bien dit, me semble-t-il, que pendant que vous vous débattiez, vos lunettes ont été projetées loin de vous, c'est bien cela ?

— Oui.

— Cela se passait dans un endroit obscur, c'est bien cela ?

— Oui.

— Comment définiriez-vous cette obscurité ?

— Il ne faisait pas si sombre que cela. Il y avait suffisamment de lumière pour que je distingue certaines caractéristiques physiques – son visage notamment, en plus, ce visage était très proche du mien et comme je suis myope et pas hypermétrope, j'y vois très bien de près. »

Il se tourna de côté et leva les yeux un instant. Pendant une seconde, l'adrénaline inondant mes veines, j'ai observé la cour. Tout le monde était immobile. C'était de la routine pour eux. Une audience préliminaire comme les autres, dans une affaire de viol comme les autres. De la petite bière.

« Vous avez bien dit, me semble-t-il, qu'à un moment cet individu vous a embrassée ? »

Il était parfait, sueur sur la lèvre, affreuse moustache, rien ne manquait. Avec une précision acérée, experte, il me touchait droit au cœur. Ce baiser me fait encore mal. Je ne l'ai rendu que sur l'ordre de mon violeur, d'accord, mais j'ai bien souvent l'impression que ça n'y change rien. C'est son intimité qui me brûle. Depuis ce moment-là, je me suis toujours dit que le dictionnaire devrait dire la vérité. Un viol n'est pas seulement un rapport sexuel imposé de force ; violer, c'est tout habiter et tout détruire.

« Oui, ai-je dit.

— Quand vous dites qu'il vous a "embrassée", vous voulez dire sur la bouche ?

— Oui.

— Vous étiez debout tous les deux ?

— Oui.

— Par rapport à vous, quelle taille avait l'individu ? »

Il avait choisi le baiser pour m'amener à la taille du violeur.

« À peu près la même taille que moi, deux, trois centimètres de plus, peut-être, ai-je dit.

— Combien mesurez-vous, Miss Sebold ?

— Un mètre soixante-sept.

— Vous diriez donc que cet individu avait à peu près la même taille que vous, ou peut-être deux, trois centimètres de plus ?

— Hmm-hmm.

— Quand vous étiez debout, là, à le regarder, il vous a paru à peu près de la même taille que vous, c'est bien cela ?

— Hmm-hmm.

— Approximativement ?

— Oui. »

Depuis qu'il avait mis ma vue en doute, son ton avait changé. Il ne contenait plus la moindre trace de respect. Constatant qu'il n'avait pas encore tiré de moi tout ce qu'il voulait, il avait basculé dans une sorte de précipitation haineuse. Je me sentais menacée. J'étais évidemment en sécurité dans cette salle d'audience, j'étais entourée de professionnels, mais j'avais peur.

« Vous avez bien déclaré sous serment, me semble-t-il, qu'il était musclé ? C'est la description que vous avez donnée cette nuit-là ?

— Oui.

— Petit. Les cheveux noirs, courts ?

— Oui.

— Vous rappelez-vous avoir dit au policier, quand vous avez fait votre déposition, que, selon vous, il devait peser à peu près soixante-dix kilos ?

— Oui.

— Est-ce l'estimation la plus précise du poids de cet individu que vous puissiez donner ?

— Je ne m'y connais pas très bien en poids, ai-je dit. Je ne sais pas quel pourcentage de muscle ou de graisse il y a dans un corps.

— Vous rappelez-vous avoir mentionné ce chiffre de soixante-dix kilos ?

— Les policiers m'ont donné une estimation de ce qu'ils pouvaient peser, du poids d'un homme moyen, et j'ai dit que, oui, ça devait être à peu près ça.

— Est-ce à dire que vous avez été influencée par les paroles du policier ?

— Non. Il n'a fait que me donner un exemple. Cela m'a paru assez proche de la réalité.

— En fonction de ce que le policier vous a dit et de vos propres observations, votre déposition du 8 mai contient-elle l'estimation la plus précise que vous puissiez donner du poids de cet individu, que vous fixez à soixante-dix kilos ?

— Oui.

— Avez-vous appris depuis quoi que ce soit qui puisse vous faire changer d'avis ?

— Non. »

Son énergie montait en flèche. Il avait l'air d'un petit garçon qui déguste sa dernière bouchée de gâteau. Après avoir raté son coup avec les lunettes, Me Meggesto avait mis la main sur autre chose. Mais je ne savais pas quoi.

J'étais fatiguée. Je faisais de mon mieux, mais je me sentais fléchir. Il fallait que je retrouve de l'énergie.

« Vous avez bien affirmé, me semble-t-il, avoir été frappée plusieurs fois au visage ?

— Oui.

— Vous avez saigné ?

— Oui.

— Vous avez bien dit que vos lunettes avaient été projetées loin de vous ? »

Rétrospectivement, je regrette de ne pas avoir eu suffisamment de repartie pour lancer : « Je n'en suis pas devenue aveugle pour autant. »

« Oui, ai-je répondu.

— Vos blessures ont-elles nécessité des soins médicaux ?

— Oui.

— Quand ?

— La nuit même, juste après mon retour à la résidence universitaire, et avant que j'arrive au poste de police – j'ai prévenu la police. Ils m'ont conduite au Crouse Irving Memorial Hospital et je suis allée au labo, où on m'a prescrit des médicaments pour mes coupures au visage. »

J'essaierais de garder mon calme. J'énoncerais les faits.

« Avez-vous retrouvé vos lunettes la nuit de l'incident ?

— La police les a retrouvées... »

Il m'a coupé la parole.

« Vous ne les aviez pas en quittant les lieux ? Vous n'êtes pas repartie avec vos lunettes ?

— Non.

— Vous souvenez-vous d'autre chose ?

— Non. »

J'avais l'impression qu'il cherchait à me réduire au silence. Il ne prenait plus de gants.

« Pouvez-vous me décrire en quelques mots les vêtements que vous portiez le 5 octobre au soir ? »

Mr. Ryan s'est levé et a rectifié la date : « Le 8 mai. »

« Le 8 mai, a repris Me Meggesto, pouvez-vous me dire ce que vous portiez ?

— Un jean Calvin Klein, un chemisier bleu, un gros gilet beige à torsades, des mocassins, et des sous-vêtements. » Cette question m'a hérissée. Je savais parfaitement, même à la barre, de quoi il retournait.

« Était-ce un gilet qu'on enfile, ou qui se boutonne devant ?

— Qui se boutonne.

— Vous n'avez pas eu à le faire passer par-dessus votre tête pour l'enlever ? C'est bien cela ?

— En effet. »

J'étais furieuse. J'avais repris du ressort parce que je savais qu'il n'y avait strictement aucun rapport entre les vêtements que je portais et la raison pour laquelle je m'étais fait violer ou la manière dont ça s'était passé.

« Vous avez bien déclaré sous serment, me semble-t-il, que cet individu a essayé de vous dévêtir et que, n'y arrivant pas, il vous a donné l'ordre de le faire ?

— C'est cela, j'avais une ceinture. Il n'est pas arrivé à la défaire parce qu'il était en face de moi. Il a dit "Fais-le", alors je l'ai fait.

— C'était la ceinture qui tenait votre jean Calvin Klein ? »

Il a insisté sur « Calvin Klein » avec un rictus de mépris auquel je ne m'attendais pas. On en était là.

« Oui.

— Il se tenait en face de vous ?

— Oui.

— Vous avez déclaré qu'il n'avait pas réussi à défaire la boucle, ou je ne sais quoi, enfin ce qui fermait la ceinture ?

— Hmm-hmm.

— Vous l'avez fait sur son ordre ?

— Oui. »

À son tour, il a marqué un point. Il m'a interrogée sur le couteau du violeur. Je ne l'avais vu que sur les photos du lieu du crime et en esprit. J'ai admis devant Meggesto que bien que le violeur m'ait menacée et ait fait mine de le sortir de sa poche arrière, je me débattais trop pour le voir.

« Peut-on dire que tout cela vous a effrayée ? a ensuite demandé Meggesto.

— Oui.

— Quand avez-vous commencé à avoir peur ?

— Dès que j'ai entendu des pas derrière moi.

— Votre pouls s'est-il accéléré ?

— Un peu, sans doute, oui », ai-je dit. Je ne comprenais pas pourquoi il me demandait cela.

« Vous en souvenez-vous ?

— Non, pas vraiment.

— Vous rappelez-vous avoir eu peur, avoir eu le souffle court et précipité ?

— Je me souviens que j'ai eu peur, et si cela s'accompagne de manifestations physiques, je les ai probablement

177

eues, mais je n'étais pas en état d'hyperventilation, ni rien de tel.

— Avez-vous un autre souvenir que celui d'avoir eu peur ?

— Vous voulez parler de mon état mental ? » J'avais décidé de poser la question parce que j'avais l'impression que c'était à cela qu'il voulait en venir.

« Non, a-t-il répondu. Je veux dire physiquement. Vous rappelez-vous les réactions de votre corps quand vous avez eu peur ? Est-ce que vous avez tremblé, est-ce que votre pouls s'est accéléré, est-ce que votre rythme respiratoire s'est modifié ?

— Non, je ne me rappelle pas de modifications précises, à part le fait que j'ai crié. J'ai dit plusieurs fois au violeur que j'allais vomir, parce que, dans des articles que ma mère m'avait donnés, on disait qu'en général on ne se fait pas violer si on dit qu'on va vomir.

— C'était une ruse que vous avez employée pour essayer de faire renoncer cet individu à ses intentions ?

— Oui.

— Avez-vous appris l'identité de cet individu ?

— De quel moment voulez-vous…

— Avez-vous appris l'identité de cet individu ?

— Par moi-même, non. » Je ne comprenais pas très bien sa question. J'ai cru qu'il me demandait si je connaissais le nom de Madison dès le mois de mai.

« Aviez-vous vu cet individu avant le mois de mai 1981 ?

— Non.

— L'avez-vous vu après le mois de mai 1981 ?

— Oui. Je l'ai revu en octobre.

— Avez-vous vu cet individu entre mai et octobre 1981 ?

— Non.

— Jamais ?

— Non.

— Quand l'avez-vous vu, après le mois de mai 1981 ? »

Je lui ai raconté ce qui s'était passé le 5 octobre. J'ai précisé l'heure, le lieu et le fait que j'avais aperçu, au même moment, le policier roux, l'agent Clapper. Je lui ai dit que j'avais téléphoné à la police et que j'étais revenue au Public Safety Building pour faire la description du violeur.

« À qui avez-vous fait cette description ? »

Mr. Ryan a élevé une objection. « Il me semble que nous sortons du cadre de l'interrogatoire principal, dit-il. Le reste relève d'une audience Wade[1]. »

Je n'avais pas la moindre idée de ce que ça pouvait bien être. Les trois hommes, Mr. Ryan, Me Meggesto et le juge Anderson, ont discuté de ce qui avait été précisé avant l'audience préliminaire. Ils se sont mis d'accord. Me Meggesto pourrait poursuivre son interrogatoire à propos de l'arrestation de l'individu. Mais le juge l'a averti que lui-même allait « l'aborder » – la question de l'identification. Les dernières paroles du juge qui figurent au procès-verbal sont : « Allons-y. » Aujourd'hui encore, j'éprouve toute la lassitude qu'elles contenaient. Sa motivation majeure, j'en suis certaine, était de boucler l'affaire et d'aller déjeuner.

Affolée, parce que je n'avais pas compris ce qu'ils avaient décidé ni même, pour être honnête, de quoi diable ils avaient bien pu parler, j'ai essayé de consacrer à nouveau toute mon attention à Me Meggesto. Quelle qu'ait été la teneur de leurs propos, elle l'autorisait à repartir à l'attaque.

« Après avoir traversé la rue et être allée à Huntington Hall, avez-vous revu cet individu ?

— Non.

— Vous a-t-on montré des photographies de lui ?

---

1. Procédure lors de laquelle le juge cherche à établir la légitimité des méthodes policières utilisées lors de l'identification d'un suspect par des témoins (*N.d.T.*).

— Non. » À ce moment-là, je ne savais pas qu'il n'y aurait pas de séance d'identification aux sommiers parce qu'il n'existait pas de photographie d'identité judiciaire de Gregory Madison.

« Vous avez déjà assisté à une séance d'identification d'un suspect ?

— Non.

— Vous vous êtes donc rendue là-bas et vous avez donné son signalement au poste de police ?

— Oui.

— Était-ce après avoir téléphoné à votre mère ?

— Oui.

— Ensuite, vous avez appris qu'une arrestation avait eu lieu ?

— Je ne l'ai pas appris cette nuit-là. J'en ai été informée, je crois que c'était le jeudi matin, par l'inspecteur Lorenz.

— Si bien que vous ne pouviez pas être sûre que l'individu arrêté était bien celui que vous aviez vu le 5 octobre ?

— Je n'avais aucun moyen de le savoir, à moins que le policier qui avait procédé à l'arrestation...

— La question est, oui ou non, êtes-vous sûre que l'individu... »

Cette interruption m'a mise hors de moi.

« D'après la description qu'ils en ont donnée, il s'agissait bien de l'homme qu'ils ont arrêté...

— La question est : en êtes-vous sûre ?

— Je ne l'ai pas vu depuis son arrestation.

— Vous ne l'avez pas vu.

— L'homme qui m'a violée est celui que j'ai décrit le 8 mai et c'est aussi celui que j'ai vu le 5 octobre.

— C'est votre témoignage : vous pensez que l'homme vous avez vu le 5 octobre...

— Je *sais* que l'homme que j'ai vu le 5 octobre est celui qui m'a violée.

— L'homme dont vous dites qu'il vous a violée est le même que celui que vous avez vu le 5 octobre ?

— C'est cela.

— Mais vous ne savez pas si cet homme a été arrêté ?

— Ce n'est pas moi qui l'ai arrêté, alors comment voulez-vous que je le sache ?

— Voici ma question : vous ne le savez pas ?

— Très bien, je ne le sais pas, alors. » Que pouvais-je dire d'autre ? Il avait prouvé, très spectaculairement, que je ne faisais pas partie des services de police de Syracuse.

Me Meggesto s'est tourné vers le juge. « Je crois que ce sera tout », a-t-il dit.

Mais il n'en avait pas fini. Je suis restée à la barre des témoins pendant que le juge l'écoutait, puis discutait avec lui de la question de l'identification. J'ai fini par comprendre que Ryan avait initialement cherché à obtenir la présence de Madison au tribunal. Madison ayant renoncé à son droit de comparaître, il ne lui restait qu'à prouver qu'un viol avait eu lieu le 8 mai et que j'avais identifié l'homme que je pensais être mon agresseur. Les choses n'étaient pas claires. Dans l'esprit de Ryan, comme Madison avait renoncé à son droit de comparaître, Meggesto n'avait pas le droit d'aborder la question de l'identification. Meggesto ne voyait pas cela du même œil.

« Transmis au grand jury pour instruction », a finalement annoncé le juge. Il était fatigué. D'après l'attitude de Ryan et de Meggesto – ils refermaient leurs porte-documents –, j'en ai conclu que c'était terminé.

Nous sommes allées déjeuner, Tess et moi. Un repas typique du nord de l'État de New York – frites à la sauce au fromage, ce genre de trucs. Nous étions dans un box de restaurant, au milieu des odeurs de graillon. Elle parlait. Elle parlait pour remplir le vide. J'observais les philodendrons luxuriants du restaurant, qui ornaient et adoucissaient les hautes étagères séparant chaque box. J'étais épuisée. Je me demande aujourd'hui si Tess se posait la question que je me pose en relisant les transcriptions de cette journée. Où étaient mes parents ?

Je tiens à leur accorder des circonstances atténuantes. Peut-être n'en ont-ils pas besoin. Il me semblait à l'époque que, dans la mesure où c'était moi qui avais décidé de retourner à Syracuse, la conséquence – le fait que je sois effectivement retombée sur mon violeur – ne regardait que moi. Maintenant, je suis tentée de leur trouver toutes les excuses possibles. Ma mère ne prenait pas l'avion. Mon père avait ses cours. *Et cetera.* Pourtant, rien ne pressait. Ma mère aurait pu venir en voiture. Mon père aurait pu annuler ses cours de la journée. Mais j'avais dix-neuf ans et j'avais un foutu caractère. Leur tendresse me faisait peur, je craignais qu'éprouver des sentiments ne soit synonyme de faiblesse.

J'ai téléphoné du restaurant pour annoncer à ma mère la décision du juge. Elle était heureuse que Tess m'ait accompagnée, elle m'a interrogée sur la date de convocation du grand jury ; la séance d'identification – toute proximité avec lui – la tracassait. Elle avait été anxieuse toute la journée, elle attendait la sonnerie du téléphone. J'étais contente d'avoir de bonnes nouvelles à lui donner – c'était presque comme si j'avais obtenu toute une flopée de A.

À la fac, je travaillais normalement. Sur les cinq cours que je suivais, deux étaient des ateliers d'écriture, mais les trois autres des cours obligatoires. Littérature générale, avec Tess. Langue étrangère. Littérature latine et grecque en traduction.

Ce cours-là m'ennuyait à périr. Le professeur psalmodiait plus qu'il ne parlait et son ton, associé au manuel miteux et dépenaillé, me donnait l'impression d'assister à une heure de mort, un jour sur deux. Mais pendant que le prof bourdonnait, je me suis mise à lire. Catulle. Sappho. Apollonius. Et *Lysistrata*, une pièce d'Aristophane dans laquelle les femmes d'Athènes et de Sparte se révoltent –

tant que les hommes de ces deux cités-États n'acceptent pas de faire la paix, les femmes se mettent d'accord pour refuser toutes relations conjugales. Aristophane a écrit ça en 411 avant J.-C., mais son texte se traduit superbement. Notre professeur ne manquait pas de nous rappeler que c'était de la comédie de bas étage, mais le message codé de cette pièce – le pouvoir des femmes unies – a eu une grande importance pour moi.

Dix jours après l'audience préliminaire, je suis rentrée à la cité U. Le cours d'italien 101 venait de se terminer. Une catastrophe. Je n'arrivais pas à prononcer les mots à voix haute comme nous étions censés le faire. J'étais assise au fond de la classe, incapable me concentrer sur les conjugaisons. Quand je devais répondre, je massacrais une forme ou une autre de ce qui devait, j'en étais convaincue, être un mot, mais que le professeur avait du mal à reconnaître. Sous ma porte, à Haven, quelqu'un avait glissé une enveloppe. Elle provenait du parquet. J'étais appelée à témoigner devant le grand jury le 4 novembre à quatorze heures.

Je devais aller faire un tour dans Marshall Street avec Lila quand elle serait rentrée de cours. En attendant, j'ai appelé le bureau du procureur. Gail Uebelhoer, qui devait me représenter, n'était pas là. J'ai demandé à la secrétaire de me répéter son nom lentement plusieurs fois. Je voulais pouvoir le dire correctement. J'ai conservé le bout de papier sur lequel j'ai noté, phonétiquement, la bonne prononciation. « You-bel-air ou E-belle-air ». Je me suis exercée à l'articuler devant la glace, en essayant d'avoir l'air aussi naturelle que possible. « Bonjour, Ms. You-bel-air, ici Alice Sebold, de l'affaire État contre Gregory Madison. » « Bonjour, Ms. E-belle-air... » J'ai bossé dur. J'ai laissé l'italien en plan.

9.

Le 4 novembre au matin, une voiture de la police du comté est venue me chercher devant Haven Hall. Je guettais son arrivée à travers les baies vitrées du hall d'entrée de la résidence. Les étudiantes avaient déjà pris leur petit déjeuner à la cafétéria de l'étage, et rassemblé leurs livres pour partir en cours.

J'étais debout depuis cinq heures. J'avais essayé de faire traîner les rituels de la toilette. J'avais pris une longue douche dans la salle de bains, au fond du couloir. Je m'étais hydraté le visage comme Mary Alice m'avait appris à le faire l'année précédente. J'avais choisi et repassé mes vêtements. Mon corps était parcouru de frissons glacés qui alternaient avec des bouffées de chaleur nerveuses dont le centre était situé au niveau de ma poitrine. Je me rendais parfaitement compte qu'il s'agissait probablement du genre de panique qui s'emparait de ma mère. Je me suis juré d'y résister.

Quittant le vestibule vitré, je me suis dirigée vers le policier en civil qui approchait. J'ai cherché son regard. Je lui ai serré la main.

« Je suis Alice Sebold, ai-je dit.

— Vous êtes à l'heure.

— Ce n'est pas le genre de jour où on a envie de faire la grasse matinée. » J'étais radieuse, enjouée, le genre de fille sur qui on peut compter. Je portais une chemise en oxford et une jupe. J'avais mes Pappagallo aux pieds. Je m'étais tracassée ce matin-là parce que je n'arrivais pas à trouver de collants chair. J'en avais des noirs et des rouges, qui convenaient aussi mal les uns que les autres à l'étudiante vierge que le grand jury s'attendait à trouver en face de lui. J'en ai emprunté une paire à ma *resident advisor*.

Je me suis assise à côté du policier dans la voiture, dont les portières avant portaient l'emblème d'Onondaga. Nous avons bavardé de choses et d'autres, de la fac. Il m'a parlé d'équipes sportives dont j'ignorais tout, et a prédit que le Carrier Dome, un complexe sportif construit depuis moins d'un an, allait rapporter des revenus appréciables à la région. Je hochais la tête, essayant d'avoir l'air intéressé, mais j'étais obsédée par l'image que je donnais de moi. Par la manière dont je parlais. La manière dont je bougeais.

Tricia, de SOS Viols, m'accompagnerait toute la journée. Nous avions près d'une heure à attendre avant la séance d'identification qui devait avoir lieu à la prison du Public Safety Building. Cette fois, l'ascenseur ne s'est pas arrêté à l'étage que je connaissais bien, celui où vous étiez accueilli par la vision rassurante d'une porte blindée et de policiers prenant leur café. Les couloirs que nous longions, le policier, Tricia et moi, étaient pleins de monde. Policiers et victimes, avocats et délinquants. Un policier est passé devant nous, suivi d'un homme menotté, et il a lancé une blague sympa à propos de je ne sais quelle fête récente à un de ses collègues qui se trouvait dans le couloir. Une Latina était assise sur une chaise en plastique. Les yeux fixés au sol, elle avait la main serrée sur son sac et sur un Kleenex roulé en boule.

Le policier nous a conduites dans une grande pièce où quatre cloisons de fortune séparaient plusieurs bureaux, dont la plupart étaient occupés par des hommes – des policiers. Ils avaient une posture tendue, transitoire ; ils étaient là pour remplir un rapport, interroger rapidement un témoin ou passer un coup de fil avant de repartir en patrouille ou de rentrer enfin chez eux.

On nous a demandé de nous asseoir et d'attendre. Une difficulté venait de surgir à propos de la séance d'identification. Et cette difficulté, nous a-t-on laissé entendre, venait de l'avocat de Madison. Je n'avais pas encore vu le procureur adjoint Uebelhoer. J'avais très envie de la rencontrer. C'était une femme et, dans cette atmosphère exclusivement masculine, ça comptait beaucoup pour moi. Mais elle était en train d'essayer de régler ce qui retardait l'identification.

J'avais peur que Madison ne me voie.

« Aucun risque, m'a rassurée le policier. Nous le ferons entrer et il se trouvera derrière un miroir sans tain. Il ne verra rien du tout. »

Nous étions assises, Tricia et moi. Elle ne parlait pas comme l'avait fait Tess, mais elle était attentionnée. Elle m'a posé des questions sur ma famille et sur mes cours, elle m'a prévenue que l'identification était « une procédure particulièrement stressante pour les victimes de viol », et m'a demandé plusieurs fois si je voulais boire quelque chose.

Il me semble aujourd'hui que la réserve que m'inspiraient Tricia et SOS Viols était due à leur goût pour les généralisations. Je n'avais pas envie de faire partie d'un groupe, ni d'être comparée à d'autres. Leur attitude avait tendance à ébranler la conviction que j'allais m'en tirer. Tricia me préparait à l'échec en me disant que ça ne serait pas si grave. Elle me montrait que tout était contre moi. Moi, je ne voulais pas l'entendre. Devant les statistiques pessimistes concernant les chances d'arrestation, de succès des procédures judiciaires et même de guérison complète de la victime, je n'avais pas le choix ; il fallait les ignorer. Ce dont j'avais besoin, c'était de ce qui pouvait m'inspirer quelque espoir, comme le fait que le procureur soit une femme. Je n'avais aucune envie de savoir qu'à Syracuse le nombre d'actions en justice pour viol était de zéro pour l'année en cours.

Soudain, Tricia a crié : « Oh mon Dieu !

— Qu'y a-t-il ? ai-je demandé, sans me retourner.

— Cache-toi. »

C'était impossible. Je me suis penchée en avant, et j'ai enfoui mon visage dans ma jupe. J'ai gardé les yeux grands ouverts contre le tissu.

Tricia s'était levée et protestait. « Qu'ils foutent le camp, disait-elle. Qu'ils foutent le camp tout de suite. »

Un « désolé » précipité est sorti de la bouche d'un policier.

Quelques instants plus tard, j'ai relevé la tête. Ils étaient partis. Il y avait eu un problème de communication. Les hommes à identifier n'auraient jamais dû passer par là. J'avais le souffle coupé. Et s'il m'avait vue ? J'étais persuadée que, le cas échéant, il me retrouverait et me tuerait. La perfidie de mes mensonges la nuit du viol – je n'en parlerais à personne, j'avais bien trop honte – le rendrait implacable.

J'ai levé les yeux.

Gail Uebelhoer se tenait devant moi. Elle m'a tendu la main. Je lui ai tendu la mienne. Elle l'a serrée énergiquement.

« Eh bien, quelle émotion ! a-t-elle dit. Mais je crois qu'ils les ont éloignés juste à temps. »

Elle avait les cheveux courts, noirs, un sourire craquant. Elle était grande, un bon mètre soixante-quinze, et possédait un vrai corps. Ce n'était pas une gamine maigrichonne, elle était massive et féminine. Et elle avait des yeux intelligents, pétillants. De mon côté, la sympathie a été immédiate. Gail était ce que je voulais être quand je serais grande. Elle était là pour faire son boulot. Son objectif était le même que le mien : gagner.

Elle m'a expliqué que j'assisterais à la séance d'identification et qu'ensuite nous discuterions du grand jury : elle me dirait exactement ce qui m'attendait, comment se présenterait la salle à mon arrivée, combien de jurés s'y trouveraient, et quel genre de questions ils risquaient de me poser – des questions, m'a-t-elle avertie, auxquelles il ne serait peut-être pas facile de répondre. Mais il fallait que je le fasse.

« Vous êtes prête ? m'a-t-elle demandé.

— Oui », ai-je répondu.

Sous la houlette de Gail, nous nous sommes approchées, Tricia et moi, de la porte ouverte qui donnait sur la partie de la salle d'où l'on pouvait distinguer l'autre moitié. Il faisait noir à l'intérieur. J'ai aperçu plusieurs hommes. Dont un que j'ai reconnu : l'inspecteur Lorenz. Je ne l'avais pas vu depuis la nuit du viol. Il m'a fait un petit signe de tête. Il y avait deux hommes en uniforme et un autre, l'avocat du prévenu, Me Paquette.

« Je ne comprends pas ce qu'elle vient faire ici, a-t-il lancé en désignant Tricia.

— Je représente l'association SOS Viols, a dit Tricia.

— Je sais qui vous êtes, mais je trouve que nous sommes déjà trop nombreux », a-t-il rétorqué. Il était petit et pâle, dégarni. Il resterait avec moi pendant tout le reste du procès.

« Ça se fait couramment, a remarqué l'inspecteur Lorenz.

— À ma connaissance, elle n'exerce aucune fonction officielle. Officiellement, elle n'a rien à voir avec cette affaire. »

La discussion s'est poursuivie. Gail est intervenue. L'inspecteur Lorenz a répété que, dans les affaires de viol, il était devenu de plus en plus fréquent de faire venir un représentant de SOS Viols.

« Le procureur est une femme, a dit Paquette. Ça suffit. Je refuse que mon client se soumette à cette séance d'identification tant qu'elle sera présente. »

Gail a discuté avec Lorenz devant la porte de la pièce obscure. Puis elle nous a rejointes.

« Il refuse de céder, a-t-elle déclaré. Nous sommes déjà en retard et je dois être au palais à une heure.

— Ça ira. Tout va bien. »

Je mentais. J'avais l'impression de ne plus pouvoir respirer.

« Vous êtes sûre, Alice ? a-t-elle demandé. Je veux que vous en soyez tout à fait sûre. Nous pouvons parfaitement remettre la séance.

— Non. Tout va bien. J'y tiens. »

Tricia a été expulsée.

On m'a expliqué comment les choses allaient se passer. On introduirait cinq hommes dans la partie de la pièce située derrière le miroir, qu'on éclairerait avant de les faire entrer.

« Comme il fera clair de leur côté et noir du nôtre, ils ne pourront pas vous voir », a ajouté Lorenz.

Il m'a rappelé que j'avais tout mon temps. Que je pouvais lui demander de les faire se tourner à gauche ou à droite, parler même. Il a répété qu'il fallait que je prenne mon temps. « Quand vous serez sûre de vous, a-t-il dit, vous irez inscrire un X bien lisible dans la case correspondante de l'ardoise que j'ai accrochée là-haut. C'est compris ?

— Oui, ai-je répondu.

— Vous avez des questions ? a demandé Gail.

— Elle a dit qu'elle avait compris », a objecté Paquette.

C'était comme quand j'étais petite. Les adultes ne s'en sortaient pas, et il fallait que je sois gentille pour apaiser les tensions. Elles me coupaient le souffle et accéléraient mes battements de cœur. Maintenant, j'aurais pu décrire à Meggesto mes symptômes de panique. J'étais affreusement intimidée. Mais j'avais dit que j'étais prête. Je n'avais pas le droit de reculer.

La pièce elle-même me faisait peur. J'étais incapable de détourner mes yeux du miroir sans tain. Dans les émissions de télé, il y a toujours une surface de plancher assez vaste de l'autre côté du miroir sans tain, et une estrade avec une porte latérale par laquelle les suspects entrent dans la pièce, se disposent à la queue leu leu sur deux ou trois marches, prennent place. Une distance rassurante sépare les victimes des suspects.

La pièce où je me trouvais ne ressemblait pas du tout aux locaux des séries policières. Le miroir occupait tout un mur. De l'autre côté de celui-ci, il y avait un espace à peine plus large que les épaules d'un homme, si bien que, quand les suspects entraient et se retournaient, la partie antérieure de leur corps frôlait presque le miroir. Je partagerais le même mètre carré de sol qu'eux ; mon violeur se tiendrait juste devant moi.

Lorenz a lancé un ordre dans un micro et les lampes se sont allumées, de l'autre côté du miroir. Cinq Noirs en chemise bleu clair et pantalon bleu foncé presque identiques sont entrés et se sont installés.

« Vous pouvez vous approcher, Alice, a annoncé Lorenz.

— Ce n'est pas le numéro un, ni le deux, ni le trois, ai-je dit.

— Inutile de vous dépêcher, est intervenue Uebelhoer – Approchez-vous et regardez-les attentivement, un par un.

— Je peux leur dire de se tourner vers la gauche ou vers la droite », a rappelé Lorenz. Paquette était silencieux.

« Est-ce qu'ils pourraient se mettre de profil ? » ai-je demandé.

On leur a ordonné de faire un quart de tour à gauche. Chacun d'eux, un par un. Quand ils sont revenus de face, j'ai reculé.

« Est-ce qu'ils peuvent me voir ? me suis-je demandé.

— Ils peuvent distinguer un mouvement dans la vitre, a répondu Lorenz, mais ils ne peuvent pas vous voir, non. Ils savent qu'il y a quelqu'un en face d'eux, mais ils ne peuvent pas savoir qui c'est. »

J'ai pris ça au pied de la lettre. Je n'ai pas demandé :
« Qui voulez-vous que ce soit ? » Il n'y avait personne
d'autre que nous dans ce souterrain. Je me suis plantée
devant le numéro un. Il avait l'air trop jeune. Je suis
passée au deux. Il ne ressemblait pas du tout au suspect.
Du coin de l'œil, j'avais déjà vu que le problème se
poserait deux hommes plus loin, mais je suis restée
devant le numéro trois assez longtemps pour confirmer
mon jugement précédent. Il était trop grand ; la stature
n'était pas la bonne. Je me suis retrouvée devant le
numéro quatre. Il ne me regardait pas. Il avait les yeux
fixés au sol, et j'ai remarqué ses épaules. Larges, comme
celles de mon violeur, et puissantes. La forme de la tête
et du cou – exactement celle de mon violeur. Sa stature,
son nez, ses lèvres. J'ai serré mes bras autour de ma poitrine et je l'ai dévisagé.

« Ça va, Alice ? » a demandé quelqu'un.

Paquette a protesté.

J'ai eu l'impression d'avoir fait quelque chose de mal.

Je suis passée au numéro cinq. La stature correspondait, la taille aussi. Et il avait le regard posé sur moi, il
me dévisageait comme s'il savait que j'étais là. Comme
s'il savait qui j'étais. L'expression de ses yeux me
disait que, si nous étions seuls, s'il n'y avait pas de
cloison entre nous, il m'appellerait par mon nom et me
tuerait. Ses yeux s'emparaient de moi, ils me maîtri-
saient. Il m'a fallu toute mon énergie pour arriver à
me retourner.

« Je suis prête, ai-je dit.

— Vous êtes sûre ? a demandé Lorenz.

— Elle vient de vous dire qu'elle était prête », a lancé
Paquette.

Je me suis approchée de l'ardoise que me tendait
Lorenz. Tout le monde regardait – Gail, Paquette et
Lorenz. J'ai dessiné une croix dans la case numéro cinq.
J'avais choisi la mauvaise.

On m'a laissée sortir. J'ai vu Tricia dans le couloir.

« Comment ça s'est passé ?

— Les numéros quatre et cinq se ressemblaient comme deux gouttes d'eau », ai-je dit avant que le policier en uniforme ne me conduise dans la salle de réunion, à côté.

« Surtout, qu'elle ne parle à personne », a lancé Lorenz en passant la tête à l'intérieur. C'était un peu tard et il y avait du reproche dans sa voix.

Dans la salle de réunion, j'ai cherché à lire dans le regard du policier si j'avais choisi le bon. Mais son expression était indéchiffrable. J'ai senti monter une vague de nausée et j'ai fait les cent pas entre la table de conférence et une série de chaises rangées contre le mur. J'avais la gorge sèche, serrée. Au cours de ces quelques instants, j'ai acquis la conviction d'avoir choisi le mauvais. Je me suis dit que j'avais agi impulsivement, que je n'avais pas observé assez attentivement les deux hommes et leurs attitudes. J'étais tellement impatiente d'en finir que je n'avais pas fait les choses consciencieusement. C'était un défaut que mes parents me reprochaient depuis que j'étais petite : de ne pas prendre mon temps, d'agir sans réfléchir, de partir avant le signal de départ.

La porte s'est ouverte et Lorenz est entré, l'air découragé. J'ai aperçu Gail dans le couloir. Il a refermé la porte.

« C'était le quatre, c'est ça ? » ai-je demandé.

Lorenz était un grand costaud, le type même du père de série télévisée, avec un petit côté plus solide, plus Nord-Est. J'ai immédiatement compris que je l'avais déçu. Il n'avait pas besoin de parler. J'avais choisi le mauvais. C'était le numéro quatre.

« Vous étiez pressée de sortir d'ici, a-t-il remarqué.

— C'était le quatre.

— Je ne peux rien vous dire. Uebelhoer veut une déposition écrite. Elle voudrait que vous lui décriviez en détail la séance d'identification. Que vous nous disiez exactement pourquoi vous avez choisi le cinq.

— Où est-elle ? » Tout d'un coup, je me suis affolée. J'ai eu l'impression de m'effondrer intérieurement. Je les avais déçus, c'était fini. Uebelhoer passerait à d'autres affaires, à de meilleures victimes. Elle n'avait pas de temps à perdre avec une nullité comme moi.

« Le suspect a accepté de fournir un échantillon de poils pubiens, a dit Lorenz sans pouvoir réprimer un sourire. Son avocat exige de se trouver dans les toilettes lors du prélèvement.

— À quoi est-ce que ça rime ?

— Il a des raisons de croire que le poil que l'on a trouvé sur vous la nuit de l'agression pourrait ne pas correspondre aux siens.

— Il correspondra forcément, il le sait parfaitement.

— Son avocat a pesé le pour et le contre et a décidé de tenter le coup. Si la proposition vient d'eux, ça fait bon effet. Il nous faut une déposition. Restez assise tranquillement. »

Il est allé chercher du papier et faire je ne sais quoi. Le policier en uniforme m'a laissée seule dans la pièce. « Vous serez tout à fait en sécurité ici », a-t-il dit.

J'ai mis ce temps à profit pour essayer de comprendre ce qui se passait. J'avais identifié le mauvais type. Juste après, Paquette avait accepté le prélèvement volontaire d'un poil pubien sur la personne de son client. Uebelhoer m'avait expliqué que la défense essayait de monter un dossier fondé sur une erreur d'identification. Une jeune Blanche paniquée aperçoit un Noir dans la rue. Il la hèle familièrement et, dans son esprit, elle rattache cet incident au viol qu'elle a subi. L'accusé n'était pas le bon. La séance d'identification l'avait bien montré.

Je me suis assise à la table de conférence. J'ai tout passé en revue. J'ai réfléchi à ce qui venait de m'arriver. J'avais eu tellement peur que j'avais choisi l'homme qui m'effrayait le plus, celui qui m'avait regardée. Je venais

– trop tard – de comprendre que j'étais tombée dans un piège.

Lorenz allait revenir d'un instant à l'autre. Il fallait que je reconstruise mon argumentation.

Quand Lorenz est revenu, il m'a raconté en souriant qu'il avait fallu arracher et non pas couper le poil pubien de Madison. Il essayait de détendre l'atmosphère.

Il a pris ma déposition. Elle précisait que j'étais entrée dans la pièce à 11 h 05 et que j'en étais ressortie à 11 h 11. J'ai rapidement exposé les raisons pour lesquelles j'avais écarté les numéros un, deux et trois. J'ai comparé le quatre et le cinq et noté qu'ils se ressemblaient, les traits du quatre étant un peu « plus plats et plus larges » que ceux du suspect. J'ai précisé que le quatre n'avait pas relevé les yeux un seul instant, et que j'avais choisi le cinq parce qu'il me regardait en face. J'ai ajouté que je m'étais sentie un peu débordée par les événements et que le refus de l'avocat de la défense d'autoriser la présence d'un membre de SOS Viols avait achevé de m'intimider. J'ai dit qu'à aucun moment je n'avais pu voir correctement les yeux du quatre et j'ai répété que j'avais choisi le cinq parce qu'il me regardait.

Pendant quelques instants, la pièce a été totalement silencieuse, à l'exception du bruit que faisait Lorenz en tapant avec deux doigts sur son clavier.

« Alice, a-t-il dit, j'ai le devoir de vous informer que l'homme que vous avez désigné n'est pas le suspect. » Il ne m'a pas dit quel était le bon numéro. Il ne pouvait pas le faire. Mais je le savais.

Il a noté qu'il m'avait informée de mon échec pour le procès-verbal et j'ai rappelé que, selon moi, les hommes qui occupaient les positions quatre et cinq étaient presque identiques.

Uebelhoer est entrée, accompagnée d'autres personnes. Des policiers et Tricia, maintenant. Uebelhoer était contrariée, mais elle souriait tout de même.

« Bon, nous avons un poil de ce salopard, a-t-elle annoncé.

— L'inspecteur Lorenz m'a dit que j'avais choisi le mauvais, ai-je fait.

— Elle pense que c'était le quatre », a ajouté Lorenz. Ils se sont regardés un moment. Gail s'est tournée vers moi.

« Bien sûr que vous avez choisi le mauvais, a-t-elle lancé. Son avocat et lui se sont débrouillés pour que vous n'ayez pas la moindre chance de vous en sortir.

— Gail, l'a reprise Lorenz.

— Elle a le droit de savoir. Elle le sait, de toute façon », a-t-elle dit en le regardant. Il pensait qu'il fallait me protéger. Elle savait que je ne voulais qu'une chose : la vérité.

« Si les choses ont pris aussi longtemps, Alice, c'est parce que Madison a demandé à avoir un de ses amis à côté de lui. Il a fallu qu'on envoie une voiture à la prison pour le chercher. Ils ont refusé de poursuivre tant qu'il ne serait pas là.

— Je ne comprends pas, ai-je dit. On lui permet d'avoir son copain à côté de lui ?

— C'est le droit du prévenu, a-t-elle dit. Cela peut se comprendre. Si le suspect estime que les hommes retenus pour la séance d'identification ne lui ressemblent pas assez, il est libre de choisir quelqu'un d'autre.

— Est-ce que nous pouvons faire valoir cela ? » Je commençais à y voir un peu plus clair. Peut-être me restait-il encore une chance.

« Non, a-t-elle dit. Ce serait contraire aux droits du prévenu. Ils ont vraiment monté un numéro pour vous piéger. Il se sert de cet ami, et inversement, lors de toutes leurs séances d'identification. Ce sont de vrais sosies. »

Je l'écoutais parler. Toutes ces combines n'avaient plus aucun secret pour Uebelhoer, mais elle était encore assez passionnée pour se mettre en colère.

« Et le coup des yeux ?

— Son ami vous jette un regard terrifiant. Il sait à quel moment vous vous trouvez devant le miroir et il vous intimide. Pendant ce temps, le suspect baisse les yeux, comme s'il ne savait même pas où il est ni pourquoi. Comme s'il s'était perdu en allant au cirque.

— Et nous pouvons utiliser cet argument au tribunal ?

— Non. J'ai exprimé une objection formelle avant l'identification, pour qu'elle figure au procès-verbal, mais ce n'est qu'une formalité. Elle n'est pas recevable à moins qu'il n'admette avoir agi délibérément. »

Cette injustice me paraissait inadmissible.

« Le droit privilégie le prévenu », m'a expliqué Gail. Je voulais absolument en savoir plus long. Dans des moments pareils, où j'aurais facilement pu laisser tomber, je me cramponnais aux faits comme à la vie même. « Voilà pourquoi la loi emploie des termes tels que "doute raisonnable". Le boulot de l'avocat consiste à relever tout ce qui peut être mis en doute. La séance d'identification était risquée. Nous savions que ça pouvait arriver, mais les archives judiciaires ne contenaient pas de photo de lui, et il avait renoncé à assister à l'audience préliminaire. Nous n'avions pas le choix. Nous ne pouvons pas refuser la séance d'identification.

— Et le poil ?

— Avec un peu de chance, il correspondra à l'intégralité des dix-sept points de comparaison définis. Mais même des poils prélevés sur la même personne peuvent présenter certaines variations. Paquette a estimé que le jeu en valait la chandelle. Il va probablement sortir que c'est volontairement que vous avez perdu votre virginité cette nuit-là, que vous l'avez regretté ensuite et que, pour finir, vous étiez prête à accuser le premier Noir qui vous aurait croisée dans la rue. Il fera tout qu'il peut pour donner une mauvaise image de vous. Mais nous ne le laisserons pas faire.

— Et maintenant ?

— C'est le grand jury. »

J'étais démoralisée. La deuxième grande étape de ce voyage allait commencer à deux heures, il fallait que je sois prête. Je suis sûre que j'ai employé ce temps à m'efforcer de chasser de mon esprit l'échec du matin, à essayer de ne pas me laisser envahir par le portrait de moi que l'avocat de Madison était en train de tracer. Je n'ai pas téléphoné à ma mère. Je n'avais pas de bonnes nouvelles à lui annoncer, mais j'avais Uebelhoer. Je me suis concentrée sur le fait qu'elle avait assisté à l'extraction du poil.

À quatorze heures, on m'a conduite dans la salle d'attente, à côté de la salle du grand jury où Gail se trouvait déjà. Nous n'avions pas eu le temps d'en discuter avant comme elle l'avait souhaité. Elle avait préparé des questions pendant l'heure du déjeuner, et, bien que ma comparution ait été prévue pour deux heures de l'après-midi, je n'étais pas la première à venir déposer. Munie de toutes les assurances nécessaires, Tricia était repartie après la séance d'identification.

Pour tuer le temps, j'ai essayé de penser à un contrôle d'italien que je devais passer le lendemain. J'ai sorti de mon sac à dos une fiche d'exercices avec des exemples de phrases et je les ai regardées fixement. J'avais dit quelques mots à propos de ce cours au policier qui était venu me chercher ce matin-là. Je regrettais que Tess ne m'ait pas accompagnée. J'avais très peur de me les mettre à dos, Toby et elle, de leur casser les pieds avec mon viol, et j'essayais donc d'être aussi assidue à leur cours que je l'étais à toutes les procédures concernant mon affaire.

Il y a eu de l'agitation dans le couloir. Gail s'est approchée de moi. Rapidement, elle m'a annoncé qu'elle allait me poser des questions sur ce qui s'était passé cette nuit-là, avant d'en venir à ma capacité de reconnaître le coupable et à identifier l'agent Clapper. Elle voulait que je précise que j'avais hésité entre le quatre et le cinq, et que j'explique pourquoi. Elle m'a conseillé de prendre autant de temps qu'il m'en fallait pour chaque réponse et de ne pas me presser. « Ce sera plus facile que l'audience préliminaire, Alice, restez avec moi, c'est tout. Je vous paraîtrai sans doute plus froide que je ne le suis en ce moment, mais rappelez-vous que, ce que nous voulons, c'est une mise en accusation et qu'en un sens – le grand jury rassemble tout de même vingt-cinq personnes – nous sommes sur scène. »

Elle m'a laissée. Quelques minutes plus tard, j'ai été introduite dans la salle. Cette fois encore, je ne m'attendais pas à quelque chose d'aussi impressionnant. La barre des témoins était tout en bas. De là, s'élevaient des gradins, sur lesquels étaient fixés des fauteuils pivotants orange. Ils s'écartaient en arc de cercle, au fur et à mesure que l'on montait. Il y avait suffisamment de sièges pour les vingt-cinq membres du jury et leurs suppléants, qui assistaient à l'ensemble des procédures mais pouvaient très bien ne jamais être appelés à voter.

La salle était conçue pour que tous les regards se dirigent vers la personne assise à la barre des témoins. Il n'y avait pas de table pour la défense, ni pour le ministère public.

Comme elle me l'avait annoncé, Gail a adopté une attitude professionnelle. Elle cherchait fréquemment le regard des jurés, gesticulait beaucoup et prenait le temps d'insister sur les mots ou les phrases clés qu'elle souhaitait qu'ils notent et retiennent. La manière dont elle formulait ses questions avait également pour objectif de nous calmer, les jurés et moi. Elle m'avait dit que les affaires de viol étaient pénibles pour eux. J'en ai rapidement eu la preuve.

Quand elle m'a demandé où il m'avait touchée et que, dans ma réponse, j'ai dû préciser qu'il avait enfoncé le poing dans mon vagin, de nombreux jurés ont baissé les yeux ou ont immédiatement détourné le regard. Mais le détail qui les a le plus troublés est venu plus tard. Uebelhoer m'a interrogée sur mes saignements : quelle quantité de sang avais-je perdu, pourquoi y en avait-il eu autant ? Elle m'a demandé si j'étais vierge. J'ai répondu : « Oui. »

Ils ont tressailli. Ils ont eu pitié. Pendant tout le reste de l'interrogatoire, certains jurés, et pas seulement des femmes, ont eu du mal à retenir leurs larmes. J'étais consciente que la perte que j'avais subie cette nuit-là s'était transformée en atout. Ma virginité donnait de moi l'image d'une bonne fille, et le crime n'en paraissait que plus affreux.

Je ne voulais pas de leur pitié. Je voulais gagner. Mais leurs réactions m'ont fait réfléchir à ce que je disais, au lieu de ne considérer chaque fait qu'en fonction des chances de condamnation qu'il impliquait. Les larmes d'un homme en particulier, au second rang, m'ont fait craquer. J'ai pleuré un peu, à ce moment-là. Il faut dire que ça me donnait encore plus l'air d'une bonne fille.

Le croquis que j'avais dessiné le 5 octobre au soir figurait parmi les pièces du dossier et devait servir à l'identification. Uebelhoer m'a posé des questions précises à son sujet, me demandant si on m'avait aidée à le faire, si l'écriture était bien la mienne, si quelqu'un m'avait influencée.

Elle en est venue à la séance d'identification. L'interrogatoire s'est fait plus passionné. Comme un chirurgien armé d'une sonde, elle a prélevé et présenté aux jurés le moindre détail des cinq minutes que j'avais passées dans cette salle. Enfin, elle m'a demandé si j'étais certaine d'avoir identifié le bon suspect.

J'ai répondu : Non.

Elle m'a alors demandé pourquoi j'avais choisi le numéro cinq. Je me suis étendue sur les questions de taille et de stature. J'ai parlé des yeux.

C'était enfin au tour des jurés de poser des questions.

Juré : « Quand vous avez vu l'agent de police dans Marshall Street, pourquoi ne pas vous être adressée à lui tout de suite ? »

Juré : « Vous l'avez choisi lors de la séance d'identification ; êtes-vous absolument sûre que c'était le bon ? »

Juré : « Alice, pourquoi avoir traversé le parc seule, de nuit ? Faites-vous souvent cela ? »

Juré : « Personne ne vous avait donc déconseillé de traverser le parc de nuit ? »

Juré : « Vous ne saviez pas que vous n'êtes pas censée traverser le parc après vingt et une heures trente ? Vous ne saviez pas ça ? »

Juré : « Auriez-vous pu éliminer pour de bon le numéro quatre ? Vous a-t-il regardée à un moment ou à un autre ? »

J'ai répondu patiemment à toutes les questions. À celles qui portaient sur la séance d'identification, j'ai répondu directement et sincèrement. Mais les questions sur ce que je pouvais bien faire dans le parc à une heure pareille ou sur les raisons pour lesquelles je n'avais pas abordé l'agent Clapper m'ont laissée bouche bée. Manifestement, ils ne pigeaient pas. Mais après tout, comme Gail me l'avait dit, nous étions sur scène.

À la télé et au cinéma, l'avocat prévient souvent la victime avant qu'elle ne soit appelée à déposer : « Dites la vérité, un point c'est tout. » Mais il m'a bien fallu me rendre à l'évidence : faire cela, et rien que cela, c'est être assuré de perdre. Je leur ai donc répondu que j'avais été sotte, que je n'aurais pas dû traverser le parc. J'ai dit que j'avais l'intention de faire quelque chose pour mettre en garde les autres étudiantes. Je me suis montrée si bonne fille, si disposée à accepter tous les reproches qu'ils devaient, je l'espérais, me juger innocente.

Ce jour-là, je n'ai pas fait dans la dentelle. Si Madison s'était collé à côté de son copain et avait joué à leur petit jeu de regards pour m'impressionner, j'allais lui rendre la monnaie de sa pièce. Je n'ai pas triché. J'étais vierge lors du viol. Il avait déchiré mon hymen en deux points. La gynéco pouvait en témoigner. Mais en plus, j'étais une bonne fille, je savais comment m'habiller et ce qu'il fallait dire pour que ce soit parfaitement clair. Le soir qui a suivi ma déposition devant le grand jury, dans l'intimité de ma chambre de cité U, j'ai traité Madison de « fils de pute » tout en bourrant mon oreiller et mon lit de coups de poing. J'ai juré de me venger avec une cruauté que personne n'aurait imaginée de la part d'une étudiante de dix-neuf ans. Mais, dans la salle du tribunal, j'ai remercié le jury. J'ai puisé dans mes ressources : faire du théâtre, apaiser, arracher un sourire à ma famille. En quittant la salle d'audience, j'avais l'impression d'avoir donné le meilleur spectacle de ma carrière. Ce n'était plus du corps à corps et, cette fois, j'avais une chance.

Je suis allée m'asseoir dans la salle d'attente. L'inspecteur Lorenz s'y trouvait. Il avait un cache noir sur un œil.

« Qu'est-ce qui vous est arrivé ? » ai-je demandé. J'étais horrifiée.

« On a pris un type en chasse et il s'est tiré. Il m'a balancé du gaz dans l'œil. Comment vous vous en êtes sortie, là-dedans ?

— Pas trop mal, je crois.

— Écoutez », a-t-il dit. Il a commencé à bégayer des excuses. Il était désolé de n'avoir pas été très aimable en mai. « Il y a tellement d'affaires de viol, a-t-il expliqué. La plupart ne vont pas jusque-là. Je suis avec vous. »

J'ai protesté : il avait toujours été formidable, la police tout entière avait été formidable. J'étais parfaitement sincère.

Quinze ans plus tard, en faisant des recherches pour ce livre, j'allais trouver des phrases qu'il avait notées dans le dossier initial.

8 mai 1981 : « Après interrogatoire de la victime, le soussigné estime que la présentation que la victime donne de cette affaire n'est pas entièrement conforme à la réalité. »

Après avoir interrogé Ken Childs plus tard, au cours de la même journée, il écrivait : « Childs présente leurs relations comme "superficielles". Le soussigné estime qu'il y a eu des circonstances atténuantes à l'incident, tel que le rapporte la victime, et suggère que cette affaire soit classée parmi les dossiers en sommeil. »

Mais après avoir rencontré Uebelhoer, le 13 octobre 1981 : « Il convient de noter qu'au moment où le soussigné a interrogé la victime vers 8 h 00 le 8 mai 1981, elle semblait déconcertée et désorientée à propos des faits survenus, car elle ne cessait de s'assoupir. Le soussigné réalise aujourd'hui que la victime avait subi une terrible épreuve et n'avait pas dormi depuis près de vingt-quatre heures, ce qui expliquerait son comportement d'alors... »

Les pucelles ne faisaient pas partie de l'univers de Lorenz. Il avait accueilli avec scepticisme un grand nombre de mes propos. Plus tard, quand les résultats des analyses sérologiques ont prouvé que je n'avais pas menti, que j'étais effectivement vierge au moment du viol et que je disais la vérité, il a éprouvé pour moi un respect infini. Je crois qu'en un sens il se jugeait responsable. Après tout, c'était dans son monde que cette chose abominable m'était arrivée. Un monde de violence et de crimes.

10.

Maria Flores, une étudiante de l'atelier de Tess, est tombée par la fenêtre. C'était dans le *Daily Orange*, le journal du campus de Syracuse. Son nom était cité, et l'article présentait cette chute comme un accident.

Quand nous sommes entrés dans la salle de cours de l'Institut d'anglais pour l'atelier, nous n'étions qu'un ou deux à avoir lu le journal. Bien que grièvement blessée, Maria Flores s'en était, disait l'article, miraculeusement tirée. Elle était à l'hôpital.

Tess était en retard. Quand elle est arrivée, tout le monde s'est tu. Elle s'est assise au bout de la table et a essayé de commencer son cours. Elle était manifestement bouleversée.

« Vous avez appris ce qui est arrivé à Maria ? » a demandé un étudiant.

Tess a baissé la tête. « Oui, a-t-elle dit. C'est épouvantable.

— Comment va-t-elle ?

— Je viens de lui parler, a-t-elle répondu. Je vais passer la voir à l'hôpital. C'est toujours un problème. Ces histoires de poésie. »

Nous n'avons pas bien compris. Qu'est-ce que la poésie avait à voir avec l'accident de Maria ?

« C'était dans le journal », a lancé un étudiant.

Tess lui a jeté un regard acéré. « Ils ont donné son nom ?

— Que se passe-t-il, Tess ? » a demandé quelqu'un.

Nos interrogations ont trouvé une réponse le lendemain, quand un nouvel article presque identique au premier a fait état d'une tentative de suicide. Cette fois, et c'était la seconde différence, le journal n'indiquait pas de nom. Il ne fallait pas être bien malin pour établir le lien.

Tess m'a dit que Maria aimerait que j'aille la voir à l'hôpital. « Le poème que tu as écrit était vraiment fort », a-t-elle ajouté, sans préciser ce qu'elle savait d'autre.

J'y suis allée. Mais, avant ma visite, Maria a fait une nouvelle tentative, manquée elle aussi. Elle a essayé de se tuer en sectionnant un câble électrique qui passait près de son lit. Elle avait dénudé les fils qui se trouvaient à l'intérieur et s'en était servie pour essayer de s'entailler les veines du poignet. Elle avait fait cela alors qu'elle était partiellement paralysée du côté gauche. Mais une infirmière était arrivée à temps. Maintenant, elle avait les bras attachés à son lit.

Elle était au Crouse Irving Memorial Hospital. Une infirmière m'a fait entrer dans sa chambre. Son père et ses frères étaient là, debout à côté du lit de Maria. J'ai fait un petit signe à Maria et j'ai serré la main aux hommes. Je leur ai dit qui j'étais, j'ai indiqué que je suivais le cours de poésie avec elle. Ça n'a pas eu l'air de beaucoup les émouvoir. J'ai attribué cette attitude au choc, et me suis dit qu'ils devaient être un peu déroutés par la présence d'une jeune fille qui entretenait avec Maria une relation dont ils étaient exclus, eux, son père et ses frères. Ils sont sortis.

« Merci d'être venue », a-t-elle murmuré. Elle voulait me prendre la main.

Nous ne nous connaissions pas très bien, nous suivions simplement le cours de Tess ensemble et, jusqu'à une date récente, je lui en avais un peu voulu d'être partie quand j'avais présenté mon poème à l'atelier.

« Tu peux t'asseoir ? a-t-elle demandé.

— Oui. »

Je me suis assise.

« C'est ton poème, a-t-elle dit alors. Il a tout fait remonter. »

Je suis restée assise là, à l'écouter chuchoter son histoire. L'homme et les garçons qui venaient de quitter la chambre l'avaient violée pendant des années, quand elle était plus jeune.

« Ça a fini par s'arrêter, a-t-elle conclu, quand mes frères ont été assez grands pour comprendre que ce n'était pas bien.

— Oh, Maria, je n'aurais jamais pensé…

— Non. C'est bien. Il fallait que j'affronte ça.

— Tu en as parlé à ta mère ?

— Elle ne veut rien savoir. Elle m'a promis de ne rien dire à mon père à condition que je ne reparle plus jamais de ça. Elle ne m'adresse plus la parole. »

J'ai regardé les cartes de vœux de bon rétablissement accrochées au-dessus de son lit. Elle était *resident advisor*, et toutes les étudiantes de son couloir, ainsi que ses amis, lui avaient envoyé des cartes. Une évidence douloureuse m'a frappée. En survivant à sa chute, elle s'était placée sous la dépendance totale de sa famille. De son père. « Tu l'as dit à Tess ? »

Son visage s'est éclairé. « Elle a été formidable.

— Je sais.

— Dans ton poème, il y avait tout ce que j'ai éprouvé au fond de moi pendant des années. Tout ce que j'ai tellement peur d'éprouver.

— Et tu crois que c'est bien ? ai-je demandé.

— On verra. »

Maria se remettrait de sa chute et retournerait à la fac. Pendant un temps, elle a rompu toute relation avec sa famille.

Mais, ce jour-là, nous avons rigolé ensemble, nous avons dit qu'en sautant par la fenêtre, elle avait enfin donné son commentaire sur mon poème et qu'il faudrait que Tess en convienne. Puis j'ai parlé. J'ai parlé parce qu'elle le voulait et que je pouvais le faire, assise là, à côté d'elle. Je lui ai parlé du grand jury, de la séance d'identification, de Gail.

« Tu as vraiment du bol, m'a-t-elle dit. Je ne pourrai jamais faire tout ça. Il faut que tu ailles jusqu'au bout. »

Nous nous tenions toujours par la main. Chaque instant passé dans cette chambre était précieux pour chacune de nous.

J'ai fini par lever les yeux et j'ai aperçu son père, debout sur le seuil. Maria ne pouvait pas le voir. Mais elle a vu mes yeux.

Il n'est pas parti, il ne s'est pas avancé. Il attendait que je me lève et que je m'en aille. Je sentais cette attente irradier du point où il se tenait. Il ne savait pas exactement ce qui se passait entre nous, mais ça ne lui inspirait manifestement pas confiance.

Les conclusions de la comparaison entre l'« échantillon de poil pubien appartenant à Gregory Madison » et le « poil pubien négroïde provenant du prélèvement effectué sur Alice Sebold en mai 1981 » ont été rendues le 16 novembre. La comparaison microscopique portait sur dix-sept points. Le laboratoire a établi que les deux poils étaient identiques sur les dix-sept.

Le 18 novembre, Gail a rédigé une note de service pour le dossier. Elle l'a postée le 23.

Il ne fait pas de doute qu'il s'agit d'un viol. La victime était vierge et l'hymen a été déchiré en deux endroits. Les rapports de laboratoire révèlent la présence de sperme, et les examens médicaux ont mis en évidence des contusions et des coupures.

La controverse porte sur l'identification du coupable. Le viol a eu lieu le 8 mai 1981 et la victime a donné une description détaillée à la police, qui n'a procédé à aucune arrestation. La victime est retournée en Pennsylvanie le 9 mai 1981. À son retour à l'université de Syracuse à l'automne, elle aperçoit le prévenu dans la rue. Il l'aborde et lui dit : « Hé, toi, on ne s'est pas déjà vus quelque part ? » Elle court avertir la police. J'ai organisé une séance d'identification. Elle identifie le mauvais suspect (sosie du prévenu, celui-ci se tenait juste à côté de lui et était présent à la demande du prévenu). Plus tard, elle dit aux agents qu'elle pense que c'était soit le prévenu soit l'autre type. Il a été établi que le poil pubien du prévenu correspond à celui qui a été trouvé dans les prélèvements pubiens opérés sur la victime. On a relevé une empreinte digitale partielle sur l'arme (couteau) retrouvée sur le lieu du crime, mais les stries ne sont pas assez détaillées pour permettre une comparaison (je l'ai fait envoyer au FBI pour de nouvelles analyses). Le laboratoire affirme ne pas pouvoir déterminer le groupe sanguin à partir du sperme, parce que celui-ci est trop pollué par le sang de la victime.

Bonne chance. La victime est un excellent témoin.

Je suis rentrée chez moi, en Pennsylvanie, pour Thanksgiving. Le lendemain de mon retour à Syracuse en Greyhound, une lettre m'attendait à ma résidence.

« À la suite de votre requête, disait-elle notamment, nous avons l'honneur de vous informer que le prévenu ci-dessus mentionné a été mis en examen par le grand jury. »

J'étais tétanisée. Je me trouvais dans ma chambre de Haven et je tremblais de tous mes membres. J'ai appelé ma mère pour la prévenir. Les choses avançaient. Le procès paraissait imminent. Il pouvait avoir lieu du jour au lendemain.

J'étais en cours le 4 décembre, quand Madison a présenté sa ligne de défense au juge Walter T. Gorman. Il a plaidé non coupable sur huit chefs d'accusation. Une audience préalable au procès était prévue pour le 9 décembre. Paquette, qui représentait Madison, a admis que son client avait déjà été condamné pour larcin « il y a bien longtemps ». L'État n'en savait pas suffisamment pour le contredire, et le dossier des actes de délinquance juvénile commis par Madison ne pouvait être pris en considération. Quand Gorman a demandé au procureur adjoint Plochocki, qui représentait l'État parce que Gail avait été appelée dans un autre tribunal, s'il souhaitait intervenir sur la question de la caution, Plochocki a répondu : « Monsieur le juge, je n'ai pas le dossier. » La caution a donc été fixée à 5 000 dollars. À tort, pendant toute la période de Noël et du nouvel an, je me suis imaginée avec joie que mon agresseur était sous les verrous.

Avant de rentrer chez moi pour les vacances de Noël, j'avais obtenu un « incomplet » à l'élément d'italien 101, un C– en lettres classiques, un B au cours de littérature générale de Tess – ma dissertation n'était pas tout à fait à la hauteur – et deux A : le premier à l'atelier de Wolff, l'autre à celui de Gallagher.

J'ai revu Steve Carbonaro. Il avait laissé tomber Don Quichotte et pris l'habitude de garder une bouteille de Chivas Regal dans son appartement, près de Penn. Il écumait les marchés aux puces à la recherche de vieux tapis d'Orient élimés, portait une veste de smoking en satin, fumait la pipe et écrivait des sonnets pour une nouvelle petite amie dont le nom lui plaisait – Juliet. Toutes lumières éteintes, il observait par la fenêtre deux amants extravertis qui occupaient un appartement situé en face du sien. Je n'aimais pas le goût du whisky et je trouvais que fumer la pipe était complètement idiot.

À vingt-deux ans, ma sœur était encore pucelle. Il m'arrivait bien souvent de souhaiter qu'elle soit moins virginale. Et je sais que, bien souvent, elle faisait le même vœu. Mais nos motivations n'étaient pas les mêmes. J'avais envie qu'elle faute – puisque c'est ainsi qu'on voyait les choses chez nous – pour me sentir moins seule. Quant à elle, si elle n'attendait que ça, c'était pour avoir plus de points communs avec la plupart de ses amies.

Nous vivions, malheureuses, de part et d'autre de ce mot. Elle était entière, pas moi. Au début, ma mère avait dit pour rire que le viol que j'avais subi avait de bonnes chances de mettre fin à ses grands discours sur les vertus de la virginité ; elle allait donc aborder désormais les vertus de la chasteté. Mais quelque chose clochait. Ma mère pouvait difficilement exiger de ma sœur le respect des règles de toujours et en établir de nouvelles pour moi. En me faisant violer, j'étais entrée dans une catégorie qui lui échappait.

Il ne me restait donc qu'à employer ma méthode habituelle face aux problèmes insolubles : adopter la position de repli des Sebold et entreprendre une analyse approfondie de la sémantique en jeu. J'ai recherché tous les mots et leurs dérivés – *vierge, virginité, virginal, chaste, chasteté*. Quand les définitions ne me satisfaisaient pas, je manipulais la langue et redéfinissais les termes. Résultat final, j'ai affirmé que j'étais encore vierge. Je n'avais pas perdu ma virginité, on me l'avait prise. C'était donc à moi de choisir le moment, et de définir ce qu'était la virginité. Ce que j'avais encore à perdre, je l'appelais ma « vraie virginité ». Ce raisonnement, tout comme les motifs pour lesquels j'avais refusé de coucher avec Steve ou décidé de retourner à Syracuse, me paraissait d'une solidité à toute épreuve.

Il ne l'était pas. Une large part de ce que j'avais inventé ou transformé était loin de tenir la route, mais je n'étais pas encore prête à l'admettre. J'ai donc élaboré une argumentation laborieuse destinée à expliquer pourquoi il valait mieux que j'aie été pucelle au moment du viol.

« Je crois que c'est mieux que je me sois fait violer alors que j'étais vierge, disais-je à qui voulait m'entendre. Ça m'évite toutes les associations avec la sexualité qui peuvent perturber d'autres femmes. C'était de la violence pure. Comme ça, quand j'aurai des relations sexuelles normales, la différence entre le sexe et la violence sera parfaitement claire pour moi. »

Je me demande aujourd'hui qui a bien pu avaler ça.

Malgré les cours et les multiples convocations au tribunal, j'avais eu le temps de tomber amoureuse. Jamie Waller participait à l'atelier de Wolff. Il était plus âgé – vingt-six ans – et il était copain avec un autre étudiant du cours, Chris Davis. Chris était gay. Dans mon esprit, ça prouvait que Jamie – qui était hétéro – était un type remarquablement évolué. S'il pouvait être aussi à l'aise en compagnie d'un homo, me disais-je, fréquenter une victime de viol ne lui poserait peut-être pas de problème.

Je me suis débrouillée pour faire tout ce que font les filles amoureuses. J'ai demandé à Lila de venir me chercher à la fin du cours pour qu'elle le voie. De retour à la cité U, nous avons disserté sur ses charmes. Chaque fois que je le rencontrais, je racontais dans le détail à Lila comment il était habillé. C'était un champion de ce que j'appelais le look miteux. Il portait des pulls en laine déguenillés avec des taches d'œuf, et ses caleçons Brooks Brothers dépassaient souvent de ses pantalons de velours trop larges à la taille. Il vivait à l'extérieur du campus, dans un appartement, et il avait une voiture. Le weekend, il allait faire du ski. Il avait ce que je voulais – une vie bien à lui. Dans l'intimité, je soupirais en pensant à lui. En public, je jouais les dures.

Je détestais mon physique. Je me trouvais grosse, moche et bizarre. Je savais bien qu'il ne pourrait jamais me trouver séduisante, mais il aimait les bonnes histoires et il aimait se bourrer la gueule. Et moi, je savais raconter des histoires et je savais me soûler.

Après l'atelier de Wolff, Chris, Jamie et moi allions généralement prendre quelques verres avant que Jamie ne lance : «Bon, il est temps que je me tire. Qu'est-ce que vous faites tous les deux, ce week-end ?» Nos réponses étaient toujours au-dessous de tout. Nous nous sentions minables, Chris et moi. Mes week-ends consistaient à attendre le grand jury puis la suite des procédures. Chris a admis plus tard qu'il passait les siens à écumer les bars homos du centre de Syracuse pour essayer, sans succès, de se trouver un petit copain. Nous nous empiffrions, et nous buvions trop de café en lisant de la bonne poésie. Quand il nous arrivait d'écrire nous-mêmes un poème qui ne nous inspirait pas un franc mépris, nous nous téléphonions pour nous le lire à haute voix. Nous étions solitaires et n'éprouvions que haine pour nous-mêmes. Nous nous faisions rire mutuellement, amèrement, et nous attendions que Jamie, revigoré par un week-end à Stowe ou à Hunter Mountain, vienne remplir nos existences moroses.

Il y a eu cette nuit d'automne où je leur ai parlé du viol. Nous étions bourrés tous les trois. C'était après une séance de lecture ou un atelier, et nous étions allés dans un bar de Marshall Street. Il était un peu plus chic que la plupart des bistrots d'étudiants qui ressemblaient plutôt à des cavernes.

Je ne sais plus comment j'en suis venue à parler de ça. C'était un ou deux jours avant la séance d'identification, et je n'avais rien d'autre en tête. Chris a été assommé et la nouvelle a eu pour effet d'aggraver son ivresse. Son frère, Ben, avait été assassiné deux ans plus tôt, mais je ne le savais pas à l'époque. C'était Jamie qui m'intéressait. Jamie dont j'imaginais être amoureuse et que j'espérais épouser.

Quelle qu'ait été sa réaction, elle n'aurait jamais pu être à la hauteur du fantasme de délivrance que je m'étais fabriqué. Rien n'aurait pu l'être. Il n'y avait pas de délivrance. Il y a eu un instant de malaise, puis Jamie a trouvé la réponse. Il a commandé une nouvelle tournée.

Jamie est rentré seul en voiture chez lui, en ville. Chris, qui habitait dans la direction opposée, m'a raccompagnée à pied. Je me suis allongée sur mon lit, la pièce tournait autour de moi. Je n'aimais pas cette sensation d'ivresse mais j'aimais la désinhibition qui l'accompagnait. Les mots sortaient tout seuls, le monde n'explosait pas et, pour finir, je pouvais espérer tomber ivre morte. Le lendemain matin, j'avais mal à la tête et je vomissais, mais Jamie, et tous les autres apparemment, m'aimaient bien quand j'étais ivre. Bonus supplémentaire : souvent, je ne me souvenais pas de grand-chose.

Après Noël, nous nous sommes bourrés plus fréquemment, souvent sans Chris. Jamie m'a dit qu'il était revenu finir son diplôme après avoir soigné son père, qui avait longtemps traîné en phase terminale. Il m'a confié qu'il était propriétaire d'un magasin de confection féminine à Utica, et qu'il devait souvent y faire un saut pour voir comment les choses se passaient. Tout cela ne faisait qu'accroître son prestige, mais ce qui me plaisait le plus chez Jamie, c'était son côté cool. Il mangeait et rotait. Il couchait à droite à gauche. Il avait été dépucelé des siècles avant moi – il devait avoir quelque chose comme quatorze ans –, par une femme plus âgée que lui. « Je n'avais pas l'ombre d'une chance », disait-il, et puis il buvait une gorgée de bière à la bouteille, ou du vin dans un verre, et s'étranglait de rire, hilare. Il plaisantait à propos du nombre de femmes qu'il avait eues, et racontait des histoires où il se faisait surprendre par les maris de ses maîtresses.

J'étais un peu mal à l'aise, en écoutant tout ça. Son immoralité m'effarait ; en même temps, ça voulait dire qu'il avait tout vu et tout fait. Rien ne pouvait plus l'étonner. À ses yeux, je ne serais pas un monstre. Jamie n'était pas un gentil garçon. Mais ce que je voulais le moins au monde, c'était qu'un gentil garçon me trouve « bizarre ».

Je lui racontais tout ce qui m'arrivait et il m'écoutait patiemment : Gail, la séance d'identification, mon appréhension à l'idée du procès. Au cours des semaines, puis des mois, qui ont suivi les congés de Noël, j'ai vécu dans l'attente constante du procès. Celui-ci n'a cessé d'être reporté. Une audience préalable a été fixée au 22 janvier, et je m'y suis rendue. Elle a été annulée, mais il a quand même fallu que je vienne, que je me prépare avec le procureur adjoint Bill Mastine, et avec Gail, qui, enceinte, confiait de plus en plus les rênes à son collègue.

Jamie me confirmait que nous étions tous les deux des excentriques. Il en avait bavé avec son père et pensait qu'à dix-neuf ans, le viol que j'avais subi me distinguait de la plupart des filles de mon âge. Mais au lieu de m'inciter à me laisser aller à mes sentiments, comme Tricia de SOS Viols, il m'a appris à boire. J'étais une bonne élève.

Nous avons parlé sexe, Jamie et moi, et je lui ai menti.

Au bar, un soir, il m'a demandé – de but en blanc – si j'avais couché avec quelqu'un depuis le viol. J'ai répondu que non, mais, à la seconde même, sa mimique m'a fait comprendre que ce n'était pas la bonne réponse. Je l'ai reformulée : « Non, ne sois pas bête, bien sûr que oui.

— Ouais », a-t-il repris, en traçant des cercles sur la table avec son verre de bière. « Je n'aurais pas aimé être à la place du mec.

— Pourquoi ça ?

— Tu parles d'une responsabilité. Tu dois avoir une sacrée trouille de tout foutre en l'air. En plus, tu ne peux absolument pas prévoir ce qui va se passer. »

Je lui ai dit que ça n'avait pas été si terrible. Il m'a demandé avec combien de types j'avais couché. J'ai inventé un nombre. Trois.

« C'est un bon chiffre. Juste assez pour être sûre que tu es normale. »

Je l'ai approuvé.

On a continué à boire. J'étais seule, maintenant, je le savais. Si je lui avais dit la vérité, il m'aurait rejetée. Je n'avais qu'une envie, « en finir avec ça » – comme je le répétais à Lila. Je me disais que, si j'attendais trop longtemps, j'aurais de plus en plus peur de coucher avec quelqu'un. Je n'avais pas envie de devenir une vieille toute desséchée, ni de me faire bonne sœur, ni de vivre chez mes parents à passer mes journées à regarder le mur. Ces destins me paraissaient tout à fait possibles.

La nuit est arrivée juste avant les vacances de Pâques.

Nous sommes allés au cinéma, Jamie et moi. Après, on s'est bourrés au bar. « Il faut que j'ailler pisser », a-t-il dit pour la je ne sais combientième fois de la soirée.

Pendant qu'il était aux toilettes, j'ai réfléchi. Cela faisait un moment que les choses avaient commencé à se préciser. Il avait posé la seule question qui pouvait faire obstacle. J'avais menti, avec succès, semblait-il. Le lendemain, il allait partir au ski pour le week-end et je resterais seule avec Lila pour quelques jours.

Il est revenu à notre table. « Si je continue à boire, je ne pourrai pas prendre le volant, a-t-il dit. Tu viens ? »

Je me suis levée et nous sommes sortis. Il neigeait. La morsure fraîche des flocons picotait notre peau chauffée par l'alcool. Nous sommes restés là, à respirer l'air froid. Des flocons se sont amassés sur les cils de Jamie et sur le revers de son bonnet de ski.

Nous nous sommes embrassés. C'était mouillé, pas comme avec Steve, plutôt comme avec Madison. Mais j'en avais envie. Je voulais en avoir envie. C'est Jamie, me répétais-je dans ma tête, c'est Jamie.

« Alors, tu rentres avec moi ? a-t-il demandé.

— Je ne sais pas.

— Écoute, ça caille comme dans un cul de sorcière ici. Je rentre. Fais ce que tu veux.

— J'ai mes lentilles », ai-je dit.

Il était serein et bourré, et il avait déjà fait ça des milliers de fois. « C'est à toi de voir. Tu peux rentrer chez toi et dormir toute seule dans ton lit, ou on peut passer chez toi. Je t'attendrai en bas pendant que tu retires tes lentilles.

— Tu ferais ça ? »

Il est resté dehors dans sa voiture, devant Haven. J'ai couru jusqu'à l'ascenseur, je suis allée dans ma chambre, j'ai retiré mes lentilles. Il était tard, mais j'ai quand même réveillé Lila. J'ai frappé à sa porte. Elle m'a ouvert, dans sa chemise de nuit Lanz. Il faisait noir dans sa chambre. Je l'avais réveillée. « Qu'est-ce que tu veux ? » a-t-elle demandé, agacée.

« Ça y est. Je passe la nuit chez Jamie. Je serai là demain matin. Promets-moi de m'attendre pour le petit déjeuner.

— D'accord », a-t-elle dit et elle a refermé sa porte.

J'aurais voulu que quelqu'un soit avec moi pour le faire.

Il neigeait fort, maintenant. Nous nous taisions pour qu'il puisse se concentrer sur la route. Je sentais la soufflerie du chauffage dans mes jambes. Jamie était mon guide dans une expédition vers un lieu où je n'étais jamais allée. C'était ma dernière chance de le faire avant que les murs ne se referment sur moi. Sa sexualité débridée me paraissait à présent formidable. À la manière dont il en parlait, j'avais bien compris qu'il y avait là autant de bravade que de vraie joie. Je savais, même en cet instant, qu'il avait été bourré pendant un grand nombre de ces rencontres. Il était bourré en ce moment. Mais, pour moi, tout cela n'était qu'un détail. Se bourrer. Coucher à droite à gauche. Une vie sans contraintes. C'était son choix, voilà ce que je pensais. Personne ne l'avait obligé à boire, à baiser ou à courir les filles. Aujourd'hui, je me rends compte que ce n'était peut-être pas si simple. À l'époque, j'avais les yeux fixés sur la route. Les essuie-glaces marchaient. La neige s'amoncelait de part et d'autre du pare-brise, formant comme un V incurvé au centre. J'étais avec un homme normal – séduisant selon la plupart des critères –, et il m'emmenait chez lui pour faire l'amour avec moi.

J'avais si souvent imaginé son appartement. Je ne l'ai pas trouvé franchement fabuleux quand nous sommes arrivés. C'était un deux pièces. Il n'y avait pas de meubles dans le coin séjour, juste des caisses de lait bourrées de disques et de bandes magnétiques, et une stéréo posée sur la moquette. Il est entré, a retiré son sac de cours, a pissé en laissant la porte de la salle de bains ouverte pendant que je détournais les yeux, et est revenu à la cuisine. Maintenant que nous étions chez lui, il avait l'air pressé de conclure. J'étais dans l'entrée entre le coin cuisine plongé dans l'obscurité et le coin séjour sans meubles. Sa chambre était à côté de la salle de bains. Je savais que c'était là que nous devions aller, je savais que c'était pour ça que j'étais venue, mais j'hésitais. J'avais peur.

Jamie a dit que j'étais sans doute encore assez novice pour qu'un petit verre s'impose. Il avait une bouteille de vin blanc ouverte au frigo et deux verres sales. Il les a passés sous le robinet puis les a remplis. J'ai pris mon verre tout dégoulinant et j'ai siroté mon vin.

« Tu peux poser ton sac, a-t-il dit. On pourrait mettre un peu de musique pour détendre l'atmosphère, tu veux ? »

Il s'est dirigé vers le coin séjour et s'est accroupi au-dessus d'une caisse à lait pleine de cassettes. Il en a pris quelques-unes, les a passées en revue, en a remis en place deux ou trois. J'ai posé mon sac de livres près de la porte d'entrée. Il a choisi Bob Dylan, le genre de mélodies lentes, trébuchantes, qui me donnaient toujours l'impression d'entendre les morts agiter leurs chaînes. Je n'étais pas une fan de Dylan, mais j'étais assez fine pour me taire.

« Ne reste pas plantée là comme un piquet, m'a-t-il dit en se retournant et en s'approchant de moi. Embrasse-moi. »

Quelque chose dans mon baiser ne lui a pas plu.

« C'est toi qui as voulu venir, a-t-il rappelé. Alors, ne te crispe pas comme ça. »

Il m'a proposé d'aller me brosser les dents. J'ai dit que ce serait volontiers, mais que je n'avais pas de brosse à dents.

« Tu n'as encore jamais passé la nuit chez un mec ?

— Si, ai-je menti, l'air penaud.

— Et comment tu as fait, alors ?

— Je me suis servie de mon doigt, ai-je répondu précipitamment. Je me suis brossé les dents comme ça. »

Jamie est passé devant moi, il est entré dans la salle de bains et a trouvé une brosse à dents. « Prends ça. Si tu baises avec quelqu'un, tu dois pouvoir te servir de sa brosse à dents ! »

Effrayée, bourrée et titubante, j'ai admis cette logique. Je suis allée à la salle de bains et je me suis brossé les dents. Je me suis éclaboussé le visage avec de l'eau et me suis demandé, une seconde seulement, si j'étais jolie. Mais dès que j'ai posé les yeux sur le miroir, j'ai détourné le regard. Je ne pouvais pas voir ce que j'étais en train de faire. J'ai dégluti péniblement, j'ai pris une profonde inspiration et suis sortie de la salle de bains.

Jamie était en train de retirer du linge sale du matelas posé par terre dans sa chambre. Ses draps étaient crasseux et plusieurs couvertures étaient roulées en boule, là où elles avaient atterri quand il les avait rejetées. Il avait monté le son de Dylan. Ses chaussures de ski gisaient sur le côté, près de la porte, à l'extérieur de la chambre. Il avait apporté mon verre de vin et l'a posé près de son radio-réveil, sur la caisse de lait à côté du matelas.

Il a retiré sa chemise en la faisant passer au-dessus de sa tête. Je n'avais pas vu beaucoup de corps d'hommes jusque-là. Le sien était plus maigre que je ne l'avais imaginé, et couvert de taches de rousseur. L'élastique de son caleçon long était détendu et rebiquait au-dessus de son pantalon.

« Tu as l'intention de rester habillée ? a-t-il demandé.

— Je suis un peu gênée.

— On n'a pas le temps. Il faut que je me lève de bonne heure pour le cours d'espagnol et ensuite j'ai une longue route jusqu'au Vermont. Que le spectacle commence. »

Il a commencé. Je ne sais pas comment je me suis retrouvée sous lui, pendant qu'il me baisait. Il m'a baisée dur. C'était ce que j'ai entendu plus tard des filles appeler du « sexe athlétique ». J'ai tenu le coup. À la fin, il a joui bruyamment, il a grogné et beuglé. Je ne m'attendais pas à ça. J'ai pleuré. J'ai pleuré plus fort que je n'aurais pu le croire. J'en tremblais. Il a cessé de faire du bruit et il m'a serrée contre lui. J'avais honte, mais je n'arrivais pas à m'arrêter. Je ne pense pas qu'il ait compris qu'il était ce que je considérais comme mon premier mec, mais il était assez intelligent pour saisir l'origine de ces larmes.

« Pauvre lapin, a-t-il dit. Pauvre petit lapin. »

Peu après, il s'est endormi sur moi comme une masse. Je suis restée éveillée toute la nuit.

De bonne heure le matin, il a voulu remettre ça. Mais d'abord, après m'avoir embrassée, il m'a poussée vers le bas, vers son pénis. Arrivée là, je n'ai pas su quoi faire.

« Tu n'as encore jamais fait ça ? » a-t-il demandé.

J'ai essayé, mais j'ai eu des haut-le-cœur.

« Viens là » a-t-il dit en me lâchant. Nous nous sommes encore embrassés et, préoccupé par une expression qu'il lisait dans mes yeux, il m'a attrapée par les cheveux et a écarté ma tête de la sienne. « Écoute. Je ne veux pas de ça. Je ne veux pas que tu tombes amoureuse de moi. » Je ne comprenais pas ce qu'il voulait dire, je ne savais pas comment réagir à cette réprimande. J'ai répondu que bien sûr que non, mais je ne voyais pas comment l'éviter. Il m'a raccompagnée en voiture à Haven. « Salut ! Fais gaffe à toi », a-t-il lancé. Il ne voulait surtout pas de responsabilité. Soigner son père lui avait suffi. Il est parti en cours, puis au ski.

« Ça y est, je l'ai fait », ai-je écrit sur le bloc-notes que Lila avait accroché à l'extérieur de sa porte. Je savais qu'elle dormait, et je préférais ça. Je n'avais pas dormi depuis plus de vingt-quatre heures. Je suis retournée dans ma chambre. Il allait me falloir un peu de temps pour arriver à présenter les choses de façon sympa. Quand je me suis réveillée, en fin d'après-midi, c'était fini. J'avais perdu ma vraie virginité. Tout avait marché, peut-être pas à la perfection mais, en tout cas, un homme m'avait acceptée.

Évidemment, j'ai fait ce qu'il m'avait dit de ne pas faire. Je suis tombée amoureuse de lui.

Je suis arrivée à inventer une bonne histoire. Je me moquais de moi-même, de mes tâtonnements. Je me suis bourrée. J'ai appelé Chris pour tout lui raconter. Ça lui a follement plu. Il a crié : « Tu as remporté le gros lot ! » J'ai fait la fille pleine de sagesse et d'expérience en présence de Lila, pendant que nous nous empiffrions de Häagen-Daz vanille amande.

Jamie ne m'a pas appelée. Je me suis dit que je le reverrais après Pâques, que des gens cool comme nous n'avaient pas besoin de tous ces machins comme des bagues, des fleurs ou des coups de fil. J'ai fait mes bagages pour rentrer en Pennsylvanie. J'ai planqué une bouteille de vodka Absolut dans ma Samsonite rouge bas de gamme. J'allais bien.

11.

Fin avril, un mois après les vacances de Pâques, j'étais dans Marshall Street. C'était le milieu de l'après-midi. Le printemps avait fini par faire son apparition dans le nord de l'État de New York, en jouant à cache-cache, comme d'habitude. Il restait encore un peu de neige par terre. Tous les hivers, elle embellissait Syracuse, recouvrant les bruns et les gris grumeleux des bâtiments et des routes du Nord-Est. Mais en avril, tout le monde en avait plus qu'assez, et les étudiants célébraient l'arrivée des beaux jours. Ils se mettaient en short, en dépit de la chair de poule qui hérissait leurs bras et leurs jambes, et les filles exhibaient leur bronzage made in Floride. Il y avait un monde fou dans les rues. Anticipant la fin des cours et le début du bon temps, les étudiants souriaient, riaient et achetaient des souvenirs de l'université de Syracuse dans les magasins de Marshall Street.

J'étais allée faire des courses pour ma sœur. Elle était sur le point d'obtenir son diplôme de Penn avec félicitations du jury. En remontant Marshall Street, j'ai vu un groupe de membres d'une association d'étudiants venir à ma rencontre accompagnés de leurs copines. Ils arboraient tous de grands sourires printaniers. Deux des garçons jouaient aux durs, en shorts blancs amidonnés avec des Docksiders aux pieds, sans chaussettes, bien sûr. Je les ai regardés parce que je ne pouvais pas faire autrement ;

ils occupaient toute la largeur du trottoir et se faisaient remarquer. Mais quelqu'un essayait de les dépasser.

Quand j'étais petite, je regardais souvent *Ma sorcière bien-aimée*. D'un claquement de doigts, le personnage joué par Elizabeth Montgomery était capable de paralyser tout le monde sauf son mari, Darrin, et elle. Ils continuaient à parler pendant que les autres restaient figés dans les poses bizarres qu'ils avaient prises juste avant d'être pétrifiés. C'est exactement l'impression que j'ai eue, ce jour-là. J'ai vu Gregory Madison, bloqué par cette foule, puis il m'a vue. Tout le reste s'est arrêté.

Je ne sais pas pourquoi, mais je n'avais jamais imaginé qu'une chose pareille puisse arriver. Je le croyais encore en prison ou, au moins, je ne le pensais pas assez bête pour traîner dans le coin de la fac avant le procès. Mais il était là. En octobre, il avait fait le malin quand il m'avait aperçue. Cette fois, nous nous sommes vus, reconnus, et nous avons incliné la tête. Sans un mot. Une fraction de seconde. Les joyeux drilles de l'association nous séparaient. Nous nous sommes croisés, de part et d'autre du groupe. Ses yeux m'ont dit ce que je voulais savoir. Je n'étais plus seulement sa victime, j'étais devenue son adversaire. Il l'admettait.

Cet hiver-là, nous avions commencé, Lila et moi, à jouer aux clones. Nous avions tout à y gagner, l'une comme l'autre. En étant mon clone, elle pouvait prétendre être un peu plus audacieuse, un peu plus fofolle qu'elle n'était vraiment ; moi, je pouvais faire comme si j'étais une étudiante normale dont la vie tournait autant autour des cours et des provisions à faire dans Marshall Street que d'un procès pour viol. Puisque nous étions des clones, nous avons décidé de partager un appartement à l'extérieur du campus avec une amie de Lila qui s'appelait Sue. Nous avons trouvé un trois pièces dans un quartier où logeaient beaucoup d'étudiants. On était enchantées à l'idée de vivre dans une vraie maison et, persuadée qu'à ce moment-là le procès serait *forcément* terminé, j'y voyais un nouveau départ. Nous devions nous installer à l'automne.

Quand la première semaine de mai est arrivée, j'ai commencé à faire mes bagages pour aller passer l'été chez moi. J'avais eu un B au cours sur Shakespeare et j'avais dit au revoir à Jamie. Je ne me faisais pas d'illusions ; il ne me donnerait pas de nouvelles.

J'avais suivi un cours intitulé « Cervantès en anglais », qui m'a permis, pour la dissertation finale, de prendre ma revanche sur le mythe de la Manche. J'ai transformé Don Quichotte en parabole urbaine moderne et j'ai fait de Sancho le héros. C'était un futé, contrairement à Don Quichotte. Dans ma version, ce dernier se noie au bord du trottoir, dans une flaque d'eau qu'il prend pour un lac.

Avant de partir, j'ai téléphoné à Gail pour lui annoncer mon programme. Tout au long du printemps, le parquet m'avait seriné « ça ne va plus tarder maintenant », et le refrain a été le même ce jour-là. Elle m'a remerciée et m'a interrogée sur mes projets.

« Je pense que je vais prendre un petit boulot d'été.

— J'espère que nous pourrons passer bientôt au tribunal, a-t-elle dit. Vous serez disponible, n'est-ce pas ?

— C'est ma priorité absolue », ai-je répondu. J'ai mis plusieurs années à comprendre ce qu'elle voulait dire : dans les affaires de viol, tout le monde s'attend plus ou moins à ce que la victime renonce à aller en justice, même si c'est elle qui a engagé les procédures.

« Alice, je voudrais vous demander quelque chose, a-t-elle repris sur un ton un peu différent.

— Oui ?

— Est-ce que quelqu'un de votre famille pourra vous accompagner ?

— Je ne sais pas. »

J'en avais parlé à mes parents pendant les vacances de Noël, et j'avais remis ça sur le tapis à Pâques. Ma mère en avait discuté avec sa psychiatre, le Dr Graham, et mon père se tracassait à l'idée que plus le procès serait retardé, plus il risquait d'interférer avec son voyage annuel en Europe.

Jusqu'à une date récente, j'ai cru que leur décision finale – ce serait lui qui m'accompagnerait – était due à l'incapacité de ma mère d'affronter cette épreuve, au risque imprévisible qu'elle soit prise d'une crise d'angoisse. En réalité, le Dr Graham lui avait conseillé d'y aller, malgré sa panique.

Quand, au cours d'une conversation téléphonique, ma mère m'a confié comment ils avaient tranché la question, je suis restée de marbre. J'ai posé les questions qu'un journaliste aurait posées. Hébétée, j'ai rassemblé des informations. Ma mère était en rogne contre Graham, m'a-t-elle dit, parce que, bien sûr, celle-ci « avait pris le parti de celui qui travaillait, autrement dit ton père.

— Alors papa ne voulait pas m'accompagner non plus ? ai-je demandé, tirant les conséquences de ses propos.

— Tu penses bien que non, sa précieuse Espagne l'attendait. »

Ce que j'en ai conclu, c'est que ni l'un ni l'autre n'avaient eu envie de m'accompagner au procès. Ils avaient leurs raisons ; je les admets.

Finalement, il a été décidé que ce serait mon père qui viendrait. Jusqu'au moment où nous sommes montés dans l'avion, lui et moi, je me suis cramponnée à une minuscule bribe d'espoir. J'espérais que ma mère irait ranger sa voiture au parking longue durée et nous rejoindrait en courant. J'avais beau jouer les coriaces, je voulais qu'elle soit là, j'avais besoin d'elle.

À la fin de son année de licence, Mary maîtrisait quinze dialectes arabes et avait obtenu une bourse Fullbright pour poursuivre ses études à l'université de Damas, en Syrie. J'étais à la fois jalouse et admirative. Je lui ai lancé

ma première blague – mais pas la dernière – sur nos spé-
cialités respectives. « Chacun son truc : tu es forte en
arabe, moi, je suis forte en viol. »

Mary accumulait des lauriers universitaires qui
m'étaient inaccessibles, que j'étais peut-être même trop
égarée pour briguer. À dire vrai, cela faisait longtemps
que Mary s'évadait dans ses études. Élevée dans une maison où les difficultés de ma mère fournissaient le ciment
familial, elle prenait modèle sur mon père. Apprends une
langue étrangère et tu pourras partir pour un autre pays,
pour un endroit où les problèmes familiaux ne te suivront
pas. Une langue qu'ils ne parlent pas.

Je n'avais pas entièrement renoncé au rêve de la
relation idéale entre sœurs que ma mère aurait voulu
nous voir entretenir, mais les événements conspiraient
toujours, semble-t-il, à la rendre impossible. La Ville
de Syracuse a fixé le début des dépositions au 17 mai,
le jour même de la cérémonie de remise des diplômes
de ma sœur, à Penn. Bon gré mal gré, je n'arrêtais pas
de lui voler la vedette.

J'ai parlé à Gail. Ils ne pouvaient pas retarder le procès, mais ils commenceraient par les autres témoins et
repousseraient ma déposition au deuxième jour. Nous
avons réservé un vol, mon père et moi, pour le 17 au
soir. Juste après la cérémonie de Mary, ma mère nous
déposerait à l'aéroport de Philadelphie. Jusque-là, nous
étions bien d'accord tous les trois pour nous consacrer
entièrement à ce grand jour pour Mary.

Nous sommes allées faire des courses, ma mère, Mary
et moi – Mary pour acheter la robe qu'elle porterait à la
cérémonie, moi pour me trouver une tenue convenable
pour le procès.

Ma sœur et moi avions depuis longtemps pris nos dis-
tances avec la manière dont nous étions habillées quand
nous étions petites, ma mère ayant un penchant prononcé pour les couleurs du drapeau. Mary avait adopté
des verts foncés et des tons crème, moi du noir et du

bleu. Pour le procès, j'ai accepté de renoncer à mes tendances gothiques et de suivre les conseils de ma mère. Je lui ai confié la direction des opérations. Je porterais donc une veste rouge, un chemisier blanc et une jupe bleue.

Le 16 au soir, nous avons fait nos bagages, mon père et moi. Le 17, nous nous sommes tous habillés, chacun dans sa chambre, avant de prendre la route de Penn. J'ai jeté un dernier coup d'œil dans la glace. Quelle que soit l'issue du procès, j'aurais fini d'y jouer un rôle la prochaine fois que ce miroir me renverrait mon image. J'allais à Syracuse, je rencontrerais et je verrais beaucoup de gens, mais la seule chose qui occupait mes pensées était *le* rendez-vous que je ne voulais pas manquer. J'avais rancard avec Gregory Madison. En ouvrant la porte de ma chambre, j'ai respiré profondément. J'ai fermé une case. J'en ai ouvert une autre. J'étais la petite sœur de Mary – excitée, exubérante, vivante.

À la cérémonie, mon père devait porter les couleurs de Princeton. Mary et lui sont restés un moment avec nous dans le hall bondé de la salle des fêtes, où des mères et des pères s'affairaient autour du dernier lot de toques, tandis qu'une femme, mécontente du maquillage de sa fille, nettoyait à grand renfort de salive les coulures de mascara qu'elle avait sous les yeux. Des familles élargies entouraient les heureux diplômés, les flashes crépitaient pendant que des garçons et des filles embarrassés essayaient de donner à leurs toques un air un peu moins ringard en les inclinant de côté.

Nous avons trouvé nos places dans la grande salle, ma grand-mère, ma mère et moi, juste à côté de la foule de nouveaux diplômés. Je me suis mise debout sur ma chaise pour essayer de repérer Mary. Je l'ai aperçue, souriante, à côté d'une autre fille, une amie à elle que je ne connaissais pas.

Après la cérémonie, nous sommes allés déjeuner au Club universitaire pour fêter son diplôme. Ma mère a pris trop de photos de nous, dehors, sur les bancs de béton. Elle a encore un agrandissement monté sur toile et encadré de ce jour-là. J'ai longtemps eu envie qu'elle le retire du mur. Mais il commémore une grande date dans l'histoire de notre famille : le diplôme de ma sœur, mon procès pour viol.

Je n'ai aucun souvenir de l'aéroport. Je me rappelle le départ précipité d'un jour de fête vers le prélude de l'effroi. John Murphy, un inspecteur en civil du parquet aux cheveux prématurément grisonnants et au sourire amical, nous attendait à notre arrivée à Syracuse. Il nous a abordés alors que nous consultions les panneaux à la recherche du terminal principal.

« Vous êtes certainement Alice, m'a-t-il dit en me tendant la main.

— Oui. » Comment l'avait-il su ?

Il s'est présenté, il nous a exposé son rôle – nous servir d'escorte au cours des vingt-quatre heures à venir – et a proposé de porter mon sac. Pendant que nous nous dirigions d'un pas rapide vers la sortie, il a expliqué les dispositions qui avaient été prises pour notre logement et nous a annoncé que Gail nous retrouverait au café, dans le hall de l'hôtel.

« Elle voudrait revoir la déposition », a-t-il expliqué.

J'ai tout de même fini par lui demander : « Comment m'avez-vous reconnue ? »

Il m'a regardée d'un air ébahi : « J'ai vu des photos.

— Si ce sont celles auxquelles je pense, je n'y suis pas vraiment à mon avantage. »

Mon père était tendu ; il marchait à quelques pas de nous.

« Vous êtes très jolie, ça se voit même sur ces photos-là », a dit Murphy. Il était galant. Il savait ce qu'il fallait répondre et ce qu'il fallait dire.

Dans la voiture du comté qui nous conduisait à l'hôtel, Murphy a discuté avec mon père par-dessus son épaule, cherchant son regard dans le rétroviseur chaque fois qu'il s'arrêtait à un feu rouge ou à un carrefour.

« Vous aimez le sport, Mr. Sebold ? » a-t-il demandé.

La réponse était non.

Murphy a essayé avec la pêche.

Mon père a fait un gros effort, mais il n'avait pas grand-chose à dire sur le sujet. Si Murphy s'était levé à cinq heures du matin pour potasser Cicéron, ils auraient peut-être pu trouver un terrain d'entente.

Nous avons fini par parler de Madison.

« Même si un type est en détention, a dit Murphy, je peux très bien aller le trouver et lui dire "merci", me montrer tout à fait sympa avec lui. Puis je m'en vais. Après ça, les autres détenus lui en font baver, ils le prennent pour un mouchard. Si vous voulez, je peux faire ça avec ce salaud. »

Je ne me souviens pas de ma réponse. Je ne sais même plus si j'ai répondu. Je sentais que mon père était gêné et, en même temps, j'avais conscience d'être de plus en plus à l'aise avec ce genre de propos. J'aimais bien les types comme Murphy. Leur manière rapide, précise, de s'exprimer. Ils n'y allaient pas par quatre chemins.

« Ils n'aiment pas les violeurs, a expliqué Murphy à mon père. Ils peuvent leur faire passer un sale quart d'heure. Ceux qu'ils détestent le plus, ce sont les pédophiles, mais les violeurs ne sont pas beaucoup plus appréciés. »

Mon père a fait semblant d'être captivé, mais je crois qu'il était terrifié. Ce genre de conversation lui répugnait. Il aimait être maître du débat et, s'il ne l'était pas, il préférait d'ordinaire se retirer du jeu. Arriver à retenir son attention représentait déjà un exploit en soi.

« Vous savez, mon amie s'appelle Alice, a dit Murphy.

— Vraiment ? a demandé mon père, l'air intéressé.

— Ouais. Ça fait un moment qu'on est ensemble maintenant. Quand j'ai appris que c'était le nom de votre fille, j'ai eu un bon pressentiment.

— Nous aimons beaucoup ce nom, nous aussi », a dit mon père.

J'ai raconté à Murphy que mon père voulait m'appeler Hepzibah. Il avait fallu l'opposition véhémente de ma mère pour l'y faire renoncer.

L'histoire lui a plu. Elle l'a fait rire et j'ai répété le nom jusqu'à ce qu'il arrive à le prononcer correctement. « La vache ! a-t-il commenté. Vous l'avez échappé belle. »

Nous avons tourné dans la grande rue du centre de Syracuse. En mai, il faisait encore jour à sept heures et demie du soir, mais les boutiques étaient fermées. Nous sommes passés devant le grand magasin Foley. L'inscription en cursive et les vieilles grilles de sécurité en cuivre m'ont réconfortée.

Un peu plus haut à gauche, j'ai aperçu la marquise de l'hôtel Syracuse. Il appartenait, lui aussi, à un passé plus prospère. Le vieux hall grouillait de monde. John Murphy est passé à la réception annoncer notre arrivée, et nous a montré où se trouvait le restaurant. Il reviendrait nous chercher à neuf heures, le lendemain matin.

« Allez dîner. Gail m'a dit qu'elle passerait vers huit heures, ce soir. » Il m'a tendu une chemise bleue. « Ce sont des documents que vous feriez bien de parcourir, selon elle. »

Mon père l'a sincèrement remercié pour son aide.

« C'était avec plaisir, Mr. Sebold, a dit Murphy. Maintenant, je vais aller retrouver mon Alice à moi. »

Nous avons déposé nos bagages dans notre chambre, à l'étage, et sommes retournés dans le hall. Je n'avais pas faim, mais j'avais envie de prendre un verre. Nous nous sommes assis, mon père et moi, à une petite table ronde, au bar du restaurant. Nous avons commandé des gins-tonics. « Pas la peine de le dire à ta mère », a dit

mon père. Le gin-tonic était la boisson préférée de mon
père. Quand j'avais onze ans, je l'avais vu en descendre
un plein pichet le jour de la démission de Nixon. Mon
père est allé téléphoner. Ma mère, ma grand-mère
maternelle et ma sœur devaient être impatientes d'avoir
des nouvelles, a-t-il dit.

Pendant son absence, j'ai ouvert la chemise bleue. Sur
le dessus, il y avait une copie de la déposition que j'avais
faite à l'audience préliminaire. Je ne l'avais encore jamais
vue. Je l'ai parcourue, recouvrant la page avec la chemise
au fur et à mesure que je lisais. Je ne voulais pas que les
autres clients – les jeunes cadres supérieurs, les vieux
représentants de commerce et l'unique femme venue là
en voyage d'affaires – voient ce que je tenais en main.

Mon père est revenu, il a fait ce qu'il pouvait pour éviter de me déranger pendant que je relisais mes déclarations. Il a sorti un petit livre en latin qu'il avait apporté
de la maison.

« Voilà un menu bien peu appétissant ! »

J'ai levé les yeux. C'était Gail. Elle désignait la chemise bleue. Elle devait accoucher trois semaines plus
tard ; elle portait un tee-shirt de grossesse bleu, un pantalon de velours brun clair et des tennis. Elle avait sur le
nez des lunettes que je ne lui connaissais pas, et tenait
un porte-documents.

« Vous devez être le docteur Sebold. »

Un point pour Gail, ai-je pensé. Je lui avais dit un jour
que mon père avait passé sa thèse et détestait qu'on
l'appelle Monsieur.

Mon père s'est levé pour lui serrer la main. « Vous
pouvez m'appeler Bud », a-t-il dit.

Il lui a proposé d'aller lui chercher un verre. Elle a
répondu que de l'eau lui irait très bien et, pendant qu'il
se dirigeait vers le bar, elle s'est installée à côté de moi,
prenant appui sur le dossier de la chaise pour s'asseoir.

« Bon sang, vous êtes *vraiment* enceinte ! ai-je
remarqué.

— C'est le moins qu'on puisse dire. Je suis fin prête pour l'arrivée. Billy Mastine, a-t-elle ajouté, faisant allusion au procureur, va se charger de l'affaire. Je crois que le spectacle d'une femme enceinte intimide le juge.» Elle riait, mais je n'étais pas contente. Dans mon esprit, elle était la seule à pouvoir assurer ma défense. C'était elle, et pas le procureur, qui avait fait la route jusqu'ici, alors qu'elle était en congé, pour revoir le dossier. Sa présence était vitale pour moi, et l'idée qu'on la punissait parce qu'elle était enceinte représentait à mes yeux un nouvel exemple de misogynie.

« Vous savez quoi ? Husa, votre gynéco, est enceinte, elle aussi. De huit mois. Paquette va craquer. Toutes ces femmes enceintes autour de lui. Ça ferait mauvais effet qu'il cherche à nous imposer un contre-interrogatoire. »

Mon père est revenu et nous nous sommes mis au travail. Elle s'est excusée auprès de mon père : elle ne voulait surtout pas avoir l'air impolie.

« Nous pensons, Billy et moi, que son avocat va peut-être plaider l'impuissance. »

Mon père écoutait attentivement. Il jouait avec les deux oignons au fond de son deuxième verre, un Gibson.

« Comment est-ce qu'ils peuvent prouver ça ? » ai-je demandé, et nous avons ri, Gail et moi. Nous les imaginions faisant venir un médecin à la barre pour en témoigner.

Gail a défini les trois catégories de violeurs.

« D'après les études qui ont été réalisées, il semblerait que Gregory fasse partie de la variété la plus commune. Le violeur qui cherche à se prouver sa puissance. Les autres types sont ceux qui agissent sous l'emprise de la colère et les pires, les sadiques.

— C'est-à-dire ? ai-je demandé.

— Les violeurs qui se sentent obligés de prouver leur puissance sont souvent incapables de maintenir une érection et n'y parviennent que lorsqu'ils ont le sentiment de dominer complètement leur victime, physiquement et mentalement. Il peut s'y ajouter un peu de sadisme. Ce qui nous a paru intéressant, c'est qu'il a fini par réussir à bander quand il vous a obligée à vous agenouiller devant lui et à lui faire une pipe. »

Si tant est que j'aie prêté attention à mon père, c'était uniquement pour me convaincre de ne pas m'en faire pour lui.

« Je n'ai pas arrêté de le baratiner, ai-je dit, de lui raconter qu'il était très fort et au moment où son érection n'a pas tenu, je lui ai dit que ce n'était pas sa faute, que c'était moi qui étais nulle.

— C'est bien, a observé Gail. Il aura eu l'impression de vous dominer. »

Avec Gail, je pouvais être totalement moi-même – dire tout ce que je voulais. Mon père était assis à côté de nous pendant que nous parlions. De temps en temps, quand Gail le sentait intéressé ou gêné, elle faisait un geste pour l'inclure dans la conversation. Je lui ai demandé combien d'années Madison prendrait s'il était condamné.

« Vous savez que nous avons essayé de négocier un accord avec lui ?

— Non…

— Six ans, avec une peine incompressible de deux ans, mais il n'a pas marché. Franchement, son avocat n'est pas raisonnable. Les peines sont bien plus sévères quand ils refusent la négociation et que c'est le tribunal qui les condamne.

— Quelle est la peine maximale ?

— Pour viol, vingt-cinq ans, avec une peine incompressible de huit ans et quatre mois.

— Vingt-cinq ans ?

— Oui, mais il peut bénéficier de la liberté conditionnelle au bout de huit ans et quatre mois.

— Dans les pays arabes, on leur coupe les mains et les pieds », a dit mon père.

Gail, qui était d'origine libanaise, a souri. « Œil pour œil, dent pour dent, c'est ça, Bud ? a-t-elle demandé.

— Exactement, a répondu mon père.

— Il y a des cas où ça peut paraître plus juste, mais, ici, nous devons appliquer la loi.

— Alice m'a raconté, pour la séance d'identification, qu'il avait pu faire venir un de ses amis à côté de lui. C'est quand même incroyable !

— Oh ! Pour ça, vous pouvez être tranquille, a expliqué Gail en souriant. De toute façon, Gregory se serait débrouillé pour la foutre dedans.

— Il viendra déposer ? ai-je demandé.

— Ça va dépendre de vous. Si vous tenez aussi bien le coup qu'à l'audience préliminaire et devant le grand jury, Paquette sera obligé de l'appeler à la barre.

— Qu'est-ce qu'il peut dire ?

— Il niera, il dira qu'il n'était pas là le 8 mai, qu'il ne se rappelle pas où il était. Ils inventeront quelque chose pour octobre. Clapper l'a vu, et Paquette n'est quand même pas assez idiot pour inciter son client à nier qu'il a parlé à un flic.

— Si je comprends bien, je dirai que ça s'est passé et il dira que ce n'est pas vrai.

— Exactement. Ce sera votre parole contre la sienne. En plus, c'est un procès sans jury.

— C'est-à-dire ?

— Le juge Gorman fera fonction à la fois de juge et de jury. C'est Gregory qui l'a demandé. Ils avaient peur que les détails n'influencent les jurés. »

Je savais maintenant ce qu'étaient ces détails, et je savais qu'ils plaidaient en ma faveur. J'étais vierge. Je ne le connaissais pas. Ça s'était passé dehors. Il faisait nuit. Je portais des vêtements amples et rien ne laissait présumer que j'avais pu avoir une attitude provocante. Je n'avais consommé ni drogue ni alcool. Je n'avais jamais eu affaire à la police, même pas pour une contravention. Il était noir et j'étais blanche. Je m'étais manifestement débattue. J'avais subi des blessures internes – il avait fallu me faire des points de suture. J'étais jeune, et j'étudiais dans une université privée qui assurait des revenus à la Ville. Il avait un casier judiciaire et avait déjà fait de la prison.

Elle a regardé sa montre puis, soudain, elle a tendu le bras et m'a pris la main.

« Vous sentez ? » a-t-elle demandé en posant ma main sur son ventre. J'ai senti son bébé donner un coup de pied. « Un joueur de foot », a-t-elle dit en souriant.

Elle m'a appris que Gregory avait d'autres affaires sur le dos. Il était accusé de coups et blessures sur la personne d'un agent de police. Et depuis Noël, alors qu'il était en liberté sous caution, il avait été arrêté pour cambriolage.

Nous avons revu le procès-verbal de l'audience préliminaire et certaines de mes déclarations remontant à la nuit du viol. Elle m'a dit que la police avait déjà témoigné.

« Clapper est venu à la barre : il a dit que, dans son quartier, il connaissait bien Gregory et qu'il avait déjà eu affaire à lui. Si Madison vient déposer, Billy essaiera d'exploiter ça. »

Mon père était très attentif.

« On pourrait donc utiliser son casier ? a-t-il demandé.

— Pas pour ce qui relève de la délinquance juvénile, a-t-elle expliqué. Ce n'est pas recevable. Mais nous essaierons de rappeler que Greg est bien connu des services de police. S'il le mentionne lui-même par inadvertance, nous pourrons poser la question. »

J'ai décrit la tenue que j'avais achetée avec ma mère. Gail a approuvé. « Bravo pour la jupe. Je ne mets jamais les pieds dans une salle d'audience en pantalon. Gorman est très chatouilleux sur ce point. Un jour, Billy s'est fait jeter parce qu'il portait un tissu écossais ! » Elle s'est levée. « Il faut que j'aille le coucher, a-t-elle dit en montrant son ventre. Soyez franche, m'a-t-elle rappelé. Soyez claire, et si vous vous embrouillez, regardez vers la table de l'accusation. Je serai là.»

La nuit qui a suivi a été l'une des pires dont je me souvienne. Je n'ai jamais autant souffert. J'avais commencé, cette année-là, à souffrir de migraines, sans savoir ce que c'était. Je n'en avais pas parlé à mes parents. Je me rappelle que j'étais debout, dans la salle de bains de l'hôtel, quand j'ai compris que ça recommençait. En me brossant les dents et en faisant ma toilette du soir, j'ai senti comme un martèlement à l'arrière de mon crâne. Au-dessus du bruit de l'eau qui coulait, j'ai entendu mon père appeler ma mère pour lui parler de Gail. Il éprouvait un immense soulagement depuis qu'il l'avait rencontrée.

Mais cette nuit-là, quand ma migraine a empiré, mon père s'est affolé. C'étaient mes yeux qui me faisaient le plus mal. Je n'arrivais ni à les ouvrir ni à les fermer. Je transpirais abondamment. Quand je ne faisais pas les cent pas entre la fenêtre du balcon et un des lits, j'étais assise, pliée en deux, au bord du matelas.

Mon père ne me lâchait pas un instant. Il me bombardait de questions. « Qu'est-ce que tu as ? Où est-ce que tu as mal ? Tu veux que je fasse venir un médecin ? Il faudrait peut-être appeler ta mère. »

Je ne voulais pas parler, c'était trop douloureux. Je gémissais : « Mes yeux, mes yeux, je ne vois plus rien, j'ai tellement mal, papa. »

Mon père a décrété que j'avais besoin de pleurer.

« Pleure, a-t-il dit. Pleure. »

Je l'ai supplié de me laisser tranquille. Mais il était convaincu d'avoir trouvé la clé.

« Pleure, disait-il. Il faut que tu pleures. Vas-y, pleure.

— Ce n'est pas ça, papa.

— Mais si, bien sûr que si. Tu refuses de pleurer et tu en as besoin. Pleure maintenant !

— Tu ne peux quand même pas me forcer à pleurer. Ce n'est pas en pleurant qu'on gagne un procès. »

Je suis allée vomir à la salle de bains et j'ai fermé la porte pour l'empêcher de me suivre.

Finalement, il s'est endormi dans la chambre. Je suis restée dans la salle de bains, allumant et éteignant les lampes, avec l'espoir que cette douche écossaise de lumière obligerait mes yeux à retrouver leur état normal. Aux petites heures du jour, je me suis assise au bord du lit. La migraine commençait à céder. J'ai lu la Bible qui se trouvait dans le tiroir de la table de chevet pour m'assurer que je n'étais pas en train de devenir aveugle.

La nausée persistait. Gail est venue nous chercher au café de l'hôtel à huit heures. John Murphy est arrivé et s'est assis avec mon père. Gail et Murphy revendiquaient mon attention à tour de rôle. J'ai pris un café et grignoté quelques miettes de croissant.

« Quoi qu'il advienne, a dit Murphy, ne le regardez pas dans les yeux. Pas vrai, Gail ? »

J'ai senti qu'elle n'avait pas envie d'être aussi agressive d'emblée.

« Il va vous regarder méchamment, essayer de vous déstabiliser, m'a averti Murphy. Quand on vous demandera de le désigner du doigt, regardez en direction de la table.

— Bonne idée, a approuvé Gail.

— Vous serez là ? ai-je demandé à Murphy.

— Je serai à la tribune, avec votre père, a-t-il répondu. Ça marche, Bud ? »

Il était temps de partir pour le palais de justice d'Onondaga. Gail a pris sa voiture personnelle. Nous la retrouverions sur place. Nous sommes montés, Murphy, mon père et moi dans le véhicule officiel du comté.

À l'intérieur du bâtiment, Murphy nous a conduits vers la salle d'audience, mais il nous a arrêtés à mi-chemin.

« Nous attendrons ici qu'on nous appelle. Ça va, Bud ?

— Très bien, merci, a répondu mon père.

— Et vous, Alice ?

— Aussi bien que possible. » Mais je ne pensais qu'à une chose : « Où est-il ?

— C'est pour ça que je vous ai arrêtés ici, a avoué Murphy. Pour vous éviter toute rencontre déplaisante. » Gail est sortie de la salle d'audience et s'est avancée vers nous.

« Ah ! Voilà Gail, a dit Murphy.

— L'audience se tiendra à huis clos.

— Qu'est-ce que c'est ?

— Ça veut dire que Paquette essaie de nous refaire le coup de la séance d'identification. Il réclame le huis clos pour que votre famille ne puisse pas être présente.

— Je ne comprends pas, a dit mon père.

— Il a refusé que Tricia assiste à la séance d'identification, ai-je expliqué à mon père. Je le déteste. C'est un sale con. »

Murphy a souri.

« C'est normal, ça ? a demandé mon père.

— Le prévenu a le droit de demander le huis clos pour priver le témoin d'un soutien, a expliqué Gail. Essayez de voir le bon côté des choses. Le père de Gregory est venu, lui aussi. En réclamant le huis clos, il l'empêche d'assister au procès.

— De toute façon, comment est-ce qu'il pourrait soutenir un violeur ?

— C'est son fils », a répondu Murphy calmement.

Gail a regagné la salle d'audience.

« Ce sera peut-être plus facile pour vous sans votre père, a suggéré Murphy. Il y a des choses qui ne sont pas tellement faciles à dire devant des membres de sa famille. »

J'ai failli lui demander pourquoi, mais je savais à quoi il faisait allusion. Aucun père n'a envie d'entendre raconter qu'un étranger a enfoncé toute sa main dans le vagin de sa fille.

Le policier et mon père étaient en face de moi.
Murphy a exprimé ses regrets à mon père. Il lui a indiqué un banc, tout près, et lui a dit qu'il pouvait s'installer là pour attendre. Mon père avait emporté un petit livre à reliure de cuir.

De loin, j'ai vu Gregory Madison se diriger vers la salle d'audience. Il sortait du couloir perpendiculaire à celui où je me trouvais. Je l'ai regardé pendant une seconde. Il ne m'a pas vue. Il marchait lentement. Il portait un costume gris clair. Paquette et un autre Blanc l'accompagnaient.

J'ai attendu un instant, puis j'ai interrompu mon père et Murphy.

« Tu veux le voir ? ai-je lancé à mon père. Je l'ai tiré par le bras pour qu'il se retourne. C'est lui, papa. »

Mais on ne distinguait plus que le dos de Madison, qui entrait dans la salle d'audience, un éclair de costume en polyester gris.

« Il est plus petit que je ne l'aurais cru », a dit mon père.

Un temps. Un silence. Murphy s'est précipité.

« Mais il est drôlement costaud. Croyez-moi, c'est tout du muscle.

— Tu as vu ses épaules ? » ai-je demandé à mon père. Je suis sûr qu'il imaginait une armoire à glace.

Puis j'ai vu un autre homme. Une version adoucie du physique de son fils, des cheveux blancs aux tempes. Il a hésité, un instant, près de la porte de la salle d'audience, puis il a repéré notre petit groupe au bout du couloir. Je ne l'ai pas montré à mon père. Depuis le commentaire que Murphy avait fait un peu plus tôt, je le voyais sous un autre jour. Au bout d'une seconde, et après m'avoir jeté un coup d'œil, il a disparu dans l'autre couloir. Il avait dû comprendre qui j'étais. Je ne l'ai pas revu, mais je ne l'ai pas oublié. Gregory Madison avait un père. C'était un simple fait, mais il m'a marquée. Deux pères, aussi impuissants l'un que l'autre à peser sur la destinée

de leurs enfants, resteraient assis, chacun dans son couloir, pendant toute la durée du procès.

La porte de la salle d'audience s'est ouverte. Un huissier se tenait dans l'embrasure, cherchant Murphy du
regard.

« C'est à vous, Alice, a dit ce dernier. Surtout, rappelez-vous bien, ne le regardez pas. Il sera assis à la table
de la défense. Quand vous vous retournerez, essayez de
trouver Bill Mastine. »

L'huissier est venu me chercher. On aurait dit un
hybride d'ouvreuse et de militaire. Ils ont échangé un
signe de tête, Murphy et lui. Passation de pouvoirs.

J'ai pris la main de mon père.

« Bonne chance », m'a-t-il dit.

Je me suis retournée. J'étais contente que Murphy
reste avec lui. Et puis j'ai pensé que si mon père allait
aux toilettes, il risquait de tomber sur Mr. Madison.
Murphy saurait lui éviter ça. Alors, j'ai laissé monter
cette chose qui avait brûlé aux coins de mes tempes la
nuit précédente et bouillonné sous la surface pendant
toute l'année : la rage.

J'avais peur et je tremblais en traversant la salle
d'audience, en passant devant la table de la défense, le
juge sur son estrade, la table de l'accusation, pour aller à
la barre. J'étais heureuse de penser que j'étais ce que
Madison pouvait redouter de pire, et qu'il l'ignorait
encore. J'étais une étudiante vierge de dix-huit ans. J'étais
habillée en rouge, blanc, bleu.

Un autre huissier, une femme d'âge moyen et portant
des lunettes à monture métallique, m'a aidée à prendre
place à la barre. Je me suis retournée. Gail était assise à
la table de l'accusation. Mastine était debout. J'étais
consciente de la présence d'autres personnes, mais je ne
les ai pas regardées.

L'huissier a tenu une bible devant moi.

« Posez la main sur la Bible », a-t-elle dit. Et j'ai répété ce que j'avais vu une centaine de fois à la télé.

« Je jure de dire la vérité... que Dieu me vienne en aide.

— Asseyez-vous », a conclu le juge.

Ma mère nous avait appris à faire bien attention, quand nous étions en jupe, à la lisser avant de nous asseoir. C'est ce que j'ai fait et j'ai pensé alors à ce qui apparaîtrait si je relevais l'ourlet, encore visible à travers les collants chair, sous ma jupe et ma combinaison. Ce matin-là, en m'habillant, je m'étais écrit une note à même la peau, deux mots au stylo à bille bleu foncé, à l'intérieur de mes cuisses. « Tu vas mourir. » Et ce n'était pas de moi qu'il s'agissait.

Mastine a pris la parole. Il m'a demandé mon nom et mon adresse. D'où je venais. C'est à peine si je me rappelle lui avoir répondu. Je tâtais le terrain. Je savais exactement où Madison était assis, mais je ne l'ai pas regardé. Paquette se raclait la gorge, il remuait des papiers. Mastine m'a demandé à quelle fac j'allais. En quelle année j'étais. Il a pris un moment pour aller fermer la fenêtre, après avoir demandé son accord au juge Gorman. Puis il m'a fait remonter dans le temps. Où habitais-je en mai 1981 ? Il m'a demandé de me souvenir de ce qui s'était passé le 7 mai 1981 et dans les premières heures du 8 mai 1981.

Je suis entrée jusque dans le moindre détail et, cette fois, j'ai suivi les conseils de Gail : j'ai analysé lentement chaque question.

« Vous a-t-il tenu des propos de nature menaçante pendant que vous criiez et que vous vous débattiez ?

— Il a dit qu'il me tuerait si je ne faisais pas ce qu'il disait. »

Paquette s'est levé. « Excusez-moi. Je ne vous entends pas. »

J'ai répété : « Il a dit qu'il me tuerait si je ne faisais pas ce qu'il disait. »

Quelques minutes plus tard, je me suis mise à trébucher. Mastine m'avait conduite jusqu'au souterrain de l'amphithéâtre.

« Que s'est-il passé, à cet endroit-là ?

— Il m'a dit de – qu'il était – c'est-à-dire que j'avais compris à ce moment-là – que ce n'était pas mon argent qu'il voulait. »

Un début bien hésitant pour l'histoire la plus importante que j'aie jamais eu à raconter. Je ne commençais une phrase que pour la laisser en suspens et reprendre. Non que je n'aie pas su exactement ce qui s'était passé dans le tunnel. Mais c'était de prononcer les mots tout haut, en ayant conscience que la *manière* dont je les disais pouvait me faire perdre ou gagner le procès.

« … Puis il m'a obligée à me coucher par terre et il a retiré son pantalon en gardant son sweat-shirt et il a commencé à me caresser les seins, à les embrasser et à faire des choses comme ça, et le fait que je sois vierge avait l'air de beaucoup l'intéresser. Il n'arrêtait pas de me poser des questions à ce sujet. Et puis, il s'est servi de ses mains, dans mon vagin… »

J'avais le souffle court à présent. L'huissier, à côté de moi, était de plus en plus attentive.

Mastine tenait à insister sur ma virginité.

« Attendez un instant. Aviez-vous déjà eu des relations sexuelles avec quelqu'un à cette époque de votre vie ? »

J'ai eu honte. « Non, ai-je répondu. Non.

— Poursuivez », a repris Mastine en reculant d'un pas.

J'ai parlé sans interruption pendant près de cinq minutes. J'ai décrit l'agression, la pipe, j'ai dit que j'avais très froid, j'ai expliqué qu'il m'avait pris les huit dollars que j'avais dans ma poche arrière, j'ai parlé de son baiser d'adieu, de ses excuses. De nos derniers échanges. « … et il a dit : "Hé, toi !" Je me suis retournée. Il a dit : "Comment tu t'appelles ?" J'ai dit : "Alice." »

Mastine voulait des détails. Il m'a interrogée sur la pénétration. Il m'a demandé combien de fois ça s'était passé, plus d'une ?

« Je dirais une dizaine de fois parce que – ou quelque chose comme ça, parce qu'il le remettait toujours dedans, et il retombait tout le temps dehors. Alors ça compte quand même, n'est-ce pas ? Je suis désolée. C'est une pénétration, n'est-ce pas ? »

Mon innocence semblait les embarrasser. Mastine, le juge, l'huissier à côté de moi.

« Quoi qu'il en soit, il y a eu pénétration ?

— Oui. »

Puis de nouvelles questions sur l'éclairage. Puis les pièces à conviction photographiques. Les photos de la scène.

« Avez-vous subi des blessures à la suite de cette agression ? »

Je les ai décrites dans le détail.

« Est-ce que vous saigniez au moment où vous avez quitté les lieux ?

— Oui.

— Je vais vous montrer quelques photos. Elles portent des numéros à des fins d'identification : treize, quatorze, quinze, seize. Regardez-les bien, s'il vous plaît. »

Il m'a tendu les photos. Je n'y ai jeté qu'un bref coup d'œil.

« Connaissez-vous la personne représentée sur ces photographies ?

— Oui », ai-je dit. Je les ai reposées au bord de la tribune, loin de moi.

« Qui est... »

Je ne l'ai pas laissé finir. « Moi. » Je me suis mise à pleurer. En essayant de retenir mes larmes, je n'ai fait qu'aggraver les choses. Je bredouillais.

« Ces photographies sont-elles des images fidèles et exactes de l'aspect que vous présentiez après l'agression que vous avez subie dans la soirée du 8 mai 1981 ?

— J'étais encore plus laide, oui, mais ce sont des images fidèles. » L'huissier m'a tendu un verre d'eau. J'ai essayé de le prendre, mais il m'a glissé des doigts et il est tombé par terre.

« Je suis désolée », ai-je dit à l'huissier, en pleurant de plus belle. J'ai essayé de tamponner ses revers de veste mouillés avec un Kleenex que j'ai pris dans la boîte qu'elle tenait.

« Vous vous débrouillez très bien. Respirez à fond », a dit cette femme inébranlable. Elle m'a fait penser à l'infirmière du service des urgences, la nuit du viol. « *C'est bien, tu en as un bout.* » J'avais de la veine ; les gens prenaient mon parti.

« Voulez-vous poursuivre ? m'a demandé le juge. Nous pouvons nous interrompre quelques instants.

— J'aimerais mieux continuer. » Je me suis raclé la gorge, je me suis essuyé les yeux. J'avais maintenant un Kleenex roulé en boule sur mes genoux – j'aurais préféré ne pas en être réduite à cela.

« Pouvez-vous nous dire quels vêtements vous portiez ce soir-là ?

— Un jean, un chemisier en tissu de type oxford et un gilet à torsades brun clair, des mocassins et des sous-vêtements. »

Mastine se tenait près de la table de l'accusation. Il a fait un pas en avant, en tenant un sac en plastique transparent.

« Je vais vous montrer un grand sac qui porte l'inscription pièce à conviction 18. Pourriez-vous jeter un coup d'œil à son contenu et nous dire si vous le reconnaissez ? »

Il m'a tendu le sac. Je n'avais pas revu ces vêtements depuis la nuit du viol. Le gilet de ma mère, son chemisier et le jean que je lui avais empruntés cet après-midi étaient soigneusement pliés à l'intérieur. Je lui ai pris le sac des mains et je l'ai tenu de côté.

« Oui.

— Que contient ce sac ?

— On dirait le chemisier, le jean et le gilet que je portais. Je ne vois pas les sous-vêtements, mais...

— Et à l'endroit de votre main gauche ? »

J'ai retiré ma main. J'avais emprunté une culotte de ma mère. Les siennes étaient couleur chair, j'en portais des blanches. Cette culotte était tellement tachée de sang que je ne m'en suis souvenue qu'en distinguant un petit coin propre.

« C'est bien cela. Ce sont mes sous-vêtements. »

Le contenu du sac a été admis comme preuve.

Mastine avait fini de passer en revue les événements de la journée. Il a ajouté que j'étais retournée en Pennsylvanie après avoir été incapable de reconnaître le moindre cliché dans les fichiers du Public Safety Building. Nous en sommes arrivés à l'automne. Il a noté le jour où j'étais revenue à Syracuse, en septembre, pour commencer ma deuxième année.

« Je souhaite à présent attirer votre attention sur le 5 octobre 1981, dans l'après-midi. Vous rappelez-vous les événements survenus ce jour-là, cet après-midi ?

— Je me souviens d'un événement particulier, oui.

— La personne qui vous a agressée dans Thorden Park se trouve-t-elle dans cette salle aujourd'hui ?

— Oui. »

J'ai fait ce qu'on m'avait recommandé de ne pas faire. J'ai concentré toute mon attention sur le visage de Madison. Je l'ai fixé des yeux. Pendant quelques secondes, j'ai perdu toute conscience de la présence de Mastine ou de Gail, je ne voyais même plus la salle d'audience.

« Pourriez-vous nous dire où il est assis et quels vêtements il porte ? » ai-je entendu.

Madison a baissé les yeux avant que je ne réponde.

« Il est assis à côté de l'homme à la cravate brune et il porte un costume trois pièces gris. » J'avais pris un malin plaisir à mentionner l'affreuse cravate marron de Paquette et à identifier Madison, non par sa couleur de peau comme on s'y attendait, mais par ses vêtements.

« Veuillez consigner au procès-verbal que le témoin a identifié le prévenu », a dit Mastine.

Pendant le reste de l'interrogatoire principal, je n'ai pas quitté Madison des yeux plus d'une ou deux secondes. Je voulais qu'il me rende ma vie.

Mastine s'est attardé sur les événements du 5 octobre. J'ai dû décrire Madison, tel que je l'avais vu ce jour-là. Quelle allure il avait, ce qu'il avait dit. Madison n'a relevé la tête qu'une fois. En constatant que je le regardais toujours, il a tourné les yeux vers la ville de Syracuse que l'on voyait par la fenêtre.

Mastine m'a interrogée en détail sur l'apparence de l'agent Clapper, sur l'endroit où il se trouvait. Avais-je vu Madison l'aborder ? D'où venait-il ? Où étais-je allée ? À qui avais-je téléphoné ? Pourquoi ce laps de temps entre le moment où je l'avais aperçu et celui où j'avais averti la police ? Tenait-il au fait, insista-t-il, que j'étais allée prévenir mon professeur que je ne pourrais pas assister à son cours ? Que j'avais évidemment appelé mes parents pour leur dire ce qui s'était passé ? Que j'avais voulu attendre qu'un ami puisse me raccompagner chez moi ? Autant de choses, laissait-il entendre, qu'une bonne fille pouvait avoir envie de faire après avoir croisé dans la rue l'homme qui l'avait violée.

Son objectif était de parer toutes les attaques que Paquette pourrait lancer contre moi au cours de son contre-interrogatoire. D'où l'importance de Clapper. Si j'avais identifié Clapper et qu'à son tour, celui-ci avait identifié Madison, mon histoire tenait la route. C'était le point fort de l'identification, a souligné Mastine. Quant à notre point faible, nous le connaissions tous, aussi bien Mastine et Uebelhoer, Paquette et Madison que moi : c'était la séance d'identification.

J'avais longuement réfléchi à ce que j'allais dire. À ce moment-là, je n'avais pas l'intention de feindre une assurance que je ne possédais pas.

Mastine m'a fait exposer dans le détail les raisons pour lesquelles j'avais exclu dès le départ les premiers numéros. J'ai pris mon temps pour expliquer les similitudes entre le quatre et le cinq. J'ai précisé que je n'étais pas sûre de moi au moment où j'avais coché la case, mais que j'avais choisi le numéro cinq parce que nos regards s'étaient croisés.

« Au moment où vous avez désigné le numéro cinq, étiez-vous certaine que c'était bien lui ?

— Non.

— Dans ce cas, pourquoi l'avoir coché ? »

C'était *la* question majeure de mon affaire.

« Je l'ai coché parce que j'avais horriblement peur, et qu'il me regardait. J'ai vu ses yeux, vous savez, une séance d'identification, ce n'est pas comme à la télévision, vous êtes juste à côté de la personne en question, on a l'impression qu'elle est à cinquante centimètres de vous. Il m'a regardée. Je l'ai choisi. »

J'ai senti l'attention du juge Gorman se faire plus vive. Je regardais Gail en répondant aux questions que Mastine me posait, j'essayais de penser à des choses sympas, au bébé qui flottait dans son ventre.

« Savez-vous aujourd'hui qui c'était ?

— Le numéro cinq ?

— Oui.

— Non, ai-je répondu.

— Savez-vous où se trouvait le prévenu lors de la séance d'identification ? »

Si je disais la vérité, je pourrais ajouter qu'à l'instant même où je choisissais le numéro cinq, j'avais eu conscience de me tromper et que je l'avais regretté. Qu'après cela, tout, du climat qui régnait dans la salle d'identification au soulagement qui s'était peint sur le visage de Paquette sans oublier le poids sinistre que j'avais senti s'abattre sur Lorenz dans la salle de réunion, n'avait fait que me confirmer mon erreur.

Si je mentais, si je disais « Non, je ne sais pas », je donnerais l'impression de dire vrai en affirmant avoir confondu le quatre et le cinq. « Ils se ressemblent comme deux gouttes d'eau », avais-je dit à Tricia dans le couloir. « C'était le quatre, n'est-ce pas ? » avaient été les premiers mots que j'avais adressés à Lorenz.

Je savais que l'homme qui m'avait violée était assis en face de moi dans la salle d'audience. C'était ma parole contre la sienne.

« Savez-vous quelle place occupait le prévenu lors de la séance d'identification ?

— Non, je ne sais pas. »

Le juge Gorman a levé la main. Il a demandé au greffier de relire la dernière question de Mastine et ma réponse.

Mastine m'a demandé si autre chose avait pu m'intimider ou m'inciter à me dépêcher pendant la séance d'identification.

« L'avocat du prévenu a refusé que ma conseillère – il n'a pas voulu que ma conseillère de SOS Viols m'accompagne. »

Paquette a formulé une objection. Il jugeait cette observation hors de propos.

Mastine a poursuivi. Il m'a interrogée sur SOS Viols, sur Tricia. Je l'avais rencontrée le jour du viol. Il a insisté sur cette relation. Tout cela pouvait expliquer, selon lui, que j'aie commis ma seule et unique erreur. Cette erreur, il tenait à s'en assurer, ne devait pas invalider ce qui s'était passé le 5 octobre ni le témoignage de l'agent Clapper confirmant les faits.

« Subsiste-t-il le moindre doute dans votre esprit, Miss Sebold, sur le fait que l'individu que vous avez vu Marshall Street et celui qui vous a agressée le 8 mai dans Thorden Park ne sont qu'une seule et même personne ?

— Pas l'ombre d'un doute », ai-je répondu. Et c'était vrai.

« Ce sera tout pour l'instant, monsieur le juge », a dit Mastine en se tournant vers le juge Gorman.

Gail m'a fait un clin d'œil.

« Cinq minutes de suspension, a déclaré le juge Gorman. Je vous mets en garde, Miss Sebold, vous n'êtes pas autorisée à discuter de votre déposition avec qui que ce soit. »

C'était ce qu'on m'avait promis – une pause entre l'interrogatoire principal et le contre-interrogatoire. On m'a confiée à l'huissier. Elle m'a conduite vers la droite, en me faisant franchir une porte et un petit couloir, jusqu'à une salle de réunion.

Elle était aussi chaleureuse qu'elle pouvait l'être.

« J'étais comment ? ai-je demandé.

— Asseyez-vous donc », a-t-elle dit.

Je me suis assise devant la table.

« Peut-être pourriez-vous simplement me faire un signe ? » ai-je demandé. Je m'étais soudain mis en tête qu'il pouvait y avoir des micros dans la pièce – pour s'assurer que les règles étaient bien respectées. « Pouce en l'air ou pouce en bas ?

— Je ne suis pas autorisée à parler de l'affaire. Ce sera bientôt fini. »

Nous sommes restées silencieuses. Le bruit de la circulation, dehors, parvenait désormais à mes oreilles. Pendant que je témoignais, je n'avais rien entendu d'autre que les questions de Mastine.

L'huissier m'a proposé du café éventé dans une tasse en polystyrène expansé. Je l'ai pris, entourant le récipient chaud de mes mains.

Le juge Gorman est entré.

« Bonjour, Alice. » Il est resté debout à l'autre extrémité de la table. « Comment va-t-elle ? a-t-il demandé à l'huissier.

— Ça va.

— Elle n'a pas parlé de l'affaire ?

— Non, a répondu l'huissier. Elle n'a presque rien dit.

— Que fait votre père, Alice ? » m'a-t-il demandé. Son ton était plus amical que dans la salle d'audience. Sa voix plus légère, plus circonspecte.

« Il est professeur d'espagnol à Penn.

— Vous devez être contente qu'il soit là aujourd'hui.

— Oui.

— Vous avez des frères et sœurs ?

— Une grande sœur, Mary », ai-je dit, anticipant la question suivante.

Il a fait quelques pas vers la fenêtre.

« J'ai toujours aimé cette pièce, a-t-il remarqué. Que fait Mary ?

— Des études d'arabe à Penn », ai-je répondu, soulagée d'avoir à répondre sur des faits aussi simples.« Elle ne paye pas les droits d'inscription, mais moi, je n'y suis pas allée. Je peux vous dire que mes parents le regrettent aujourd'hui, ai-je plaisanté.

— Je m'en doute. » Il avait posé une fesse sur le radiateur. Il s'est relevé et a remis sa toge en place. « Bien, vous allez rester encore un petit moment ici. Nous vous appellerons. »

Il est parti.

« C'est un bon juge », a commenté l'huissier.

La porte s'est ouverte et un autre huissier, un homme, a passé la tête à l'intérieur. « Nous pouvons y aller », a-t-il dit.

Mon huissier a écrasé sa cigarette. Nous n'avons pas parlé. J'étais prête, maintenant. Ça y était.

Je suis revenue dans la salle d'audience et me suis dirigée vers la barre. J'ai pris une profonde inspiration et j'ai levé les yeux. Mon ennemi était en face de moi. Il allait tout faire pour donner une mauvaise image de moi – pour me faire passer pour une fille stupide, confuse, hystérique. Madison pouvait me regarder maintenant. Son champion était dans l'arène. J'ai vu Paquette s'approcher de moi. Je l'ai fixé droit dans les yeux, je l'ai enregistré tout entier : sa petite stature, son affreux costume, la sueur sur sa lèvre supérieure. Peut-être avait-il été, à un moment de sa vie, un chic type mais ce qui me submergeait à présent, c'était le mépris qu'il m'inspirait. Madison était coupable ; Paquette, en le défendant, fermait les yeux sur son crime. Je voyais en lui la force de la nature que j'avais à combattre. Je n'avais aucun mal à le haïr.

« Miss Sebold, il me semble que vous avez affirmé être entrée dans Thorden Park le 8 mai vers minuit. Est-ce exact ?

— Oui.

— Vous veniez de Westcott Street ?

— Oui.

— Avez-vous dû passer par une entrée pour pénétrer dans le parc, une grille par exemple ?

— Il y a les vestiaires de la piscine et une route qui passe devant le bâtiment. J'étais sur la route. Elle se poursuit par une allée de briques qui passe à côté de la piscine, alors j'ai pris cette allée.

— Les vestiaires se trouvent donc à l'extérieur de la piscine, du côté de Westcott Street ?

— Oui.

— L'allée dont vous parlez traverse tout le parc et débouche de l'autre côté, c'est bien ça ?

— Oui.

— Vous vous êtes donc engagée dans cette allée ?

— Oui.

— Vous avez affirmé tout à l'heure que ce secteur était entouré de lumières, et que l'éclairage était largement suffisant ?

— En effet.

— Vous rappelez-vous avoir fait des déclarations sur ce point lors d'une précédente audition ?

— Oui. » J'avais horreur de ses questions. Comment aurais-je pu l'oublier ? Mais j'ai ravalé mes sarcasmes.

« Vous rappelez-vous avoir affirmé qu'il y avait des lampadaires allumés dans le coin des vestiaires mais...

— Quelle page ? a demandé Mastine.

— Page 4, audience préliminaire.

— Est-ce l'audience préliminaire ? est intervenu Gorman, brandissant une liasse de documents.

— Oui, a dit Paquette.

— Ligne 14. "Il me semble que je pouvais voir des lumières derrière moi, sur le chemin qui conduisait aux vestiaires. Il faisait sombre, mais pas noir derrière moi." »

Je me rappelais parfaitement cette expression : « sombre mais pas noir. »

« Oui, c'est bien ce que j'ai dit.

— N'est-ce pas un peu différent des lumières dont vous venez de prétendre avoir été entourée, de l'éclairage suffisant dont vous venez de parler ? »

Je comprenais son manège.

« Il serait sans doute un peu exagéré de dire que j'étais entourée de lumières. Quoi qu'il en soit, il y avait de la lumière, et j'ai vu ce que j'ai vu.

— Voici ma question : faisait-il sombre mais pas noir comme vous l'avez déclaré à l'audience préliminaire, ou l'éclairage était-il suffisant ? Étiez-vous entourée de lumières comme vous l'avez dit aujourd'hui ?

— Quand je dis que l'éclairage était suffisant, je veux dire que c'était relativement bien éclairé, bien qu'il ait fait nuit.

— Très bien. Quelle distance approximative aviez-vous parcourue à l'intérieur du parc avant de vous faire aborder ?

— Je suis passée devant les vestiaires, devant la grille et la clôture qui longent la piscine. Cet individu m'a agressée à trois mètres environ de la clôture.

— Combien de mètres y a-t-il approximativement entre l'entrée du parc et le lieu que vous situez à trois mètres de la clôture ?

— Une bonne cinquantaine de mètres.

— Une cinquantaine de mètres ? Vous aviez parcouru une cinquantaine de mètres dans le parc quand vous vous êtes fait aborder ?

— Oui.

— L'individu en question est-il arrivé derrière vous ?

— Oui.

— Il vous a attrapée par-derrière ?

— Oui.

— Vous vous êtes débattue ?

— Oui.

— Est-ce que la lutte a duré longtemps ?

— Oui.

— Combien de temps, selon vous ?

— Dix minutes, un quart d'heure.

— À un moment, cet individu vous a entraînée depuis le lieu où il vous avait abordée vers un autre coin du parc. Est-ce exact ?

— Ce n'était pas un autre coin. C'était juste un peu plus loin à l'intérieur.

— À l'intérieur du parc ?

— Non, pas plus loin à l'intérieur du parc mais – c'était à l'extérieur… – nous nous sommes battus à l'extérieur du souterrain, puis il m'a entraînée à l'intérieur du souterrain.

— Pourriez-vous me décrire ce souterrain ? »

Les questions arrivaient au lance-pierres. Il fallait que je respire vite pour garder le rythme. La seule chose que je voyais, c'étaient les lèvres de Paquette qui bougeaient et les perles de sueur au-dessus.

« Si j'appelle ça un souterrain, c'est parce qu'on m'a dit que c'était un souterrain qui conduisait à l'amphithéâtre. À ma connaissance, il n'a pas – on ne peut pas y pénétrer sur plus de trois mètres environ. Ça ressemble plutôt à une grotte avec une voûte. Le plafond est maçonné, et il y a une grille devant.

— Quelle profondeur y a-t-il entre la grille et le mur du fond ?

— Je dirais trois, quatre mètres, pas plus.

— Pas plus ? » a-t-il lancé. C'était comme une parade d'escrime brutale, inattendue. « Je vous demanderai de jeter un coup d'œil à la pièce à conviction numéro quatre, qui fait partie des preuves. Reconnaissez-vous ceci ?

— Oui.

— Que voit-on ?

— Le chemin sur lequel il m'a entraînée en direction du souterrain et la grille qui se trouve devant le souterrain, l'entrée de la grille.

— Bien. Si on regarde cette photo, peut-on dire qu'il vous a entraînée plus loin sur ce chemin, à l'intérieur de la photo en quelque sorte, ou est-ce que j'ai mal...

— Le souterrain se trouve derrière la grille, la grotte est derrière la grille. »

D'un coup, j'ai compris sa manœuvre. Toutes ces questions sur la grille et sur le souterrain, l'insistance avec laquelle il voulait absolument savoir d'où je venais, où j'allais, quelle profondeur avait ou n'avait pas le souterrain : il cherchait à m'avoir à l'usure.

« Pourriez-vous me préciser les lumières ou les lampadaires que vous distinguez sur cette photo ? »

Je me suis avancée sur mon siège et j'ai examiné de près la pièce à conviction numéro quatre. J'étais très attentive. Je prenais le temps de formuler des réponses qui lui rendraient coup pour coup.

« Je ne vois pas de lampadaires, sauf tout en haut, là, à cet endroit, il y a une lumière.

— Tout en haut de la photo ?

— Oui.

— Y aurait-il eu des lumières qui n'apparaissent pas sur cette photo ?

— Oui.

— Vraiment ? » a-t-il demandé, toujours sur le même ton incrédule, destiné à faire entendre que je n'avais pas

toute ma raison. « Elles sont absentes de cette photo ? »
Il a adressé au juge un petit sourire perplexe.

« Elles ne sont pas sur la photo, non, ai-je répondu.
Parce que la photo ne montre pas tout le secteur où
nous nous trouvions. »

J'essayais de répondre à tous ses non-dits – à ses insi-
nuations, ses sous-entendus – en me montrant aussi précise et aussi calme que possible.

Prestement, il a avancé une autre photo. « Voici la
pièce à conviction numéro cinq, la reconnaissez-vous ?

— Oui.

— C'est le coin où vous avez été agressée, est-ce exact ?

— Oui.

— Voyez-vous des sources de lumière sur cette photo,
un éclairage artificiel ?

— Non. Je n'en vois pas. Mais il faudrait aller sur place
– il y a forcément de la lumière.

— C'est précisément la question que je vous pose, a-t-il
insisté, enfonçant le clou. Voyez-vous un éclairage artificiel ? À part les flashes de la police, bien sûr.

— Je ne vois pas d'éclairage artificiel. Mais cette photo
ne représente que la pierre, et il ne peut pas y avoir
d'éclairage dans la pierre, ai-je dit en levant les yeux vers
lui et vers le reste de la cour.

— Vous avez sans doute raison. » Ses lèvres se sont
retroussées. « Selon vous, combien de temps avez-vous
passé là ?

— Près d'une heure, je pense.

— Près d'une heure ?

— Un peu plus.

— Pardon ? » Il a mis sa main en conque autour de
son oreille.

« J'ai dit une heure ou un peu plus.

— Une heure ou un peu plus ? Combien de temps
avez-vous passé sur le chemin qui conduit à l'endroit
dont nous parlons à propos de la pièce à conviction
numéro cinq ?

Lucky

— Sur le chemin, deux minutes environ. Juste devant l'entrée de la grotte, à peu près un quart d'heure. » Je tenais à ce que les choses soient claires.

« Bien. Vous avez donc passé à peu près deux minutes sur le chemin ?

— En effet.

— Et à peu près un quart d'heure à l'extérieur de la grotte, à l'endroit que l'on voit sur la pièce à conviction numéro cinq ?

— Oui.

— Et ensuite, dans la grotte proprement dite, une heure environ ou un peu plus.

— C'est cela. »

J'étais épuisée, j'avais l'impression d'être tiraillée en tous sens. La logique de ce type me dépassait, et c'était bien son intention.

« Bien. Vous avez vu cet individu en une autre occasion, et ce soir-là, c'est cela ? Il me semble que vous avez déclaré que c'était au moment où il se trouvait sur le chemin ?

— Oui.

— À quelle distance de vous se trouvait-il ?

— À une cinquantaine de mètres.

— À une cinquantaine de mètres ? »

Je n'en pouvais plus de l'entendre répéter ce que je venais de dire. Il cherchait à me faire trébucher.

« Oui.

— C'est bien cela ? À peu près la longueur d'un terrain de football ?

— Je dirais une cinquantaine de mètres. »

Je pensais lui avoir rivé son clou, mais il a enchaîné.

« Vous n'aviez pas vos lunettes, si ?

— Non.

— Quand avez-vous perdu vos lunettes ?

— Au moment... » Mais la direction que je prenais ne lui plaisait pas, et il a répondu à ma place.

« Pendant la bagarre sur le sentier, c'est cela ?

254

— Oui.

— Vous avez donc perdu vos lunettes pendant les deux premières minutes de votre altercation ? »

Je n'avais pas oublié la chronologie que j'avais indiquée.

« Pendant la lutte qui s'est déroulée à côté du chemin. »

Lui non plus.

« Vous êtes restée deux minutes sur le chemin, puis un quart d'heure devant la grille, et c'est pendant ce quart d'heure que vos lunettes sont tombées ?

— Oui.

— Bien. Vous êtes-vous débattue sur le chemin, ou vous a-t-il, comment dirais-je, escamotée vers l'endroit situé devant la grille ? »

Le terme utilisé – « escamotée » – et son geste – il a esquissé une sorte de pas de danse sur le côté avec ses mains – m'ont rendue folle de rage. J'ai regardé ses chaussures pour essayer de me calmer. Les paroles de Gail me sont revenues à l'esprit : « Si vous êtes perdue ou trop émue, racontez simplement ce qui vous est arrivé, aussi bien que vous le pouvez. »

« Il m'a plaqué les coudes au corps en passant un bras autour de moi et il a mis l'autre sur ma bouche. Je ne pouvais pas me débattre vraiment et j'ai accepté de ne pas crier, mais dès qu'il a retiré son bras de ma bouche, j'ai crié. C'est à ce moment-là que nous avons commencé à nous battre.

— Étiez-vous immobile à l'endroit où vous vous êtes arrêtée pour la première fois, ou vous déplaciez-vous ? »

Nous n'étions pas sur la même longueur d'onde. J'avais constamment à l'oreille ce que je savais être la vérité, et c'est à partir de là que je parlais. Il utilisait des termes comme *où vous vous êtes arrêtée* comme si je disposais de mon libre arbitre – comme si j'avais le choix.

« Je marchais.

— Il se tenait derrière vous, est-ce exact ?

— Oui.

— Vous nous avez donné aujourd'hui une description... tout à fait détaillée. Si je ne me trompe, vous avez déclaré que l'individu en question mesurait entre un mètre soixante-cinq et un mètre soixante-dix, qu'il était large d'épaules, petit mais très musclé. Vous avez aussi déclaré qu'il avait le – attendez je n'arrive pas à me relire – le type...

— Boxeur, ai-je dit.

— Un nez retroussé ?

— Oui.

— Des yeux en amande ?

— Oui.

— Bien. Déclarez-vous avoir donné toutes ces informations à la police le 8 mai ?

— Le 8 mai, on m'a demandé de réaliser une sorte de portrait-robot à partir de différents types de physionomie.

— Avez-vous donné à la police, qui était censée rechercher le suspect, toutes les informations que vous nous avez données aujourd'hui ?

— Pourriez-vous répéter s'il vous plaît ?

— Avez-vous donné les informations que je viens de rappeler, que vous avez indiquées aujourd'hui dans votre déposition, avez-vous donné toutes ces informations à la police le 8 mai ?

— Je ne sais plus. La plupart, oui.

— Avez-vous signé le 8 mai une déposition consignant votre version des faits ?

— Oui.

— Pensez-vous que cela pourrait vous rafraîchir la mémoire que je vous montre cette déposition et que je vous donne la possibilité de la relire ?

— Oui.

— Je souhaite que ce document figure parmi les pièces à conviction de la défense. »

Paquette m'a tendu une copie du texte et en a remis une autre au juge. « Vous pouvez relire vous-même votre déposition. J'attire votre attention sur le paragraphe du bas, il me semble que c'est celui qui contient l'essentiel de votre description. Relisez-la attentivement et prévenez-moi quand vous aurez fini. Vous me direz si cela vous a permis de préciser vos souvenirs touchant la description que vous avez donnée à la police le 8 mai 1981. »

Il était arrivé à parler pendant tout le temps que j'avais mis à relire ma déposition.

« Avez-vous fini ?

— Oui.

— Pourriez-vous m'indiquer ce que vous avez dit aux policiers le 8 mai ?

— J'ai dit : "Je souhaite déclarer que l'homme que j'ai rencontré dans le parc est un homme de race noire d'environ seize à dix-huit ans, petit, musclé, pesant soixante-quinze kilos, vêtu d'un sweat-shirt bleu foncé et d'un jean foncé, les cheveux courts, coiffés à l'afro. Je souhaite engager des poursuites dans l'éventualité où cet individu sera appréhendé."

— Il n'est pas question de mâchoire, de nez retroussé ni d'yeux en amandes, si ?

— Non », ai-je répondu. Mon cerveau s'emballait. Comment, si je n'avais pas mentionné ces traits, avait-on pu réaliser un portrait-robot ? Pourquoi la police n'avait-elle pas consigné ces éléments ? Devant l'insuffisance de ma déposition, j'étais incapable de raisonner et de me dire que je n'étais pour rien dans cette lacune. Paquette avait marqué un point.

« Bien. Donc vous avez revu cet... individu, dans Marshall Street. C'était en octobre ; est-ce exact ?

— Oui.

— Si j'en crois votre déposition – reprenez-moi si je me trompe –, vous avez fait un effort pour retenir la physionomie de cet individu afin de pouvoir la reproduire plus tard ?

— Oui.

— Vous êtes alors retournée à votre résidence universitaire et vous avez reproduit la physionomie que vous aviez mémorisée lors de cette rencontre dans Marshall Street ; c'est bien cela ?

— Mais aussi lors de l'agression du 8 mai », ai-je dit. Anticipant sa réaction, j'ai immédiatement enchaîné. « Et je n'aurais pas pu reconnaître dans cet individu l'homme qui m'avait violée si ce n'était pas lui.

— Vous pouvez répéter ? »

Je ne demandais pas mieux.

« Ce que je veux dire, c'est que, si ce n'était pas l'homme qui m'avait violée, je ne l'aurais pas repéré dans la rue. Je connaissais déjà cette physionomie. Il fallait bien que je la connaisse et que je sache de quoi elle avait l'air pour pouvoir l'identifier.

— Vous vous trouviez dans Marshall Street et vous avez vu cet individu pour la première fois ce jour-là ? Que faisait-il ?

— Je l'ai vu pour la première fois le 8 mai, et je l'ai revu le 5 octobre. »

J'ai remarqué Gail ; elle s'était penchée en avant pour ne pas perdre un mot du contre-interrogatoire. En entendant cette réplique, elle s'est calée dans son fauteuil avec orgueil.

« C'est bien ce que j'ai dit, pour la première fois ce jour-là. J'essayais…

— Je préfère éviter tout risque de malentendu, ai-je dit.

— Très bien.

— Donc, ai-je repris, la première fois que je l'ai vu, et que je l'ai reconnu avec certitude – que j'ai su que c'était l'homme qui m'avait violée – c'est au moment où il a traversé la rue et où il m'a dit "Hé, toi, on ne s'est pas déjà vus quelque part ?" Mais je l'avais déjà aperçu de l'autre côté de la rue, quand il parlait à un homme dans le passage entre Way Inn et Gino's and Joe's. » Je voulais être tout à fait précise. J'avais d'abord repéré son corps de dos – sans être certaine que c'était lui jusqu'à ce qu'il m'adresse la parole, quelques minutes plus tard, et que je voie son visage.

« Il parlait à quelqu'un qui se trouvait dans le passage ?

— Oui.

— À quelle distance de l'endroit où vous étiez ?

— Où j'étais quand ?

— Où vous étiez quand vous l'avez vu.

— Je marchais, et quand je l'ai vu, c'était – il y avait juste la largeur de la rue, il était sur le trottoir, juste la largeur de la rue.

— Vous ne lui avez rien dit ?

— Non.

— Il ne vous a rien dit ?

— Il a dit : "Hé, toi, on ne s'est pas déjà vus quelque part ?" »

Paquette a pris le mors aux dents. « Il a dit ça ? Affirmez-vous qu'il a prononcé ces mots à ce moment-là ou était-ce plus tard, quand il est revenu, dans la rue ?

— Il n'était pas dans le passage » ai-je répondu.

Je tenais à ce que, maintenant, tous mes propos soient parfaitement clairs. Je n'arrivais pas à comprendre pourquoi Paquette s'emballait comme cela. Je ne saurais que quinze ans plus tard que la défense avait prétendu que Madison s'adressait à l'agent Clapper en disant : « Hé, toi, on ne s'est pas déjà vus quelque part ? » J'ai fait machine arrière. Paquette avait quelque chose derrière la tête et je ne savais pas quoi.

« Il parlait à un homme dans le passage. Il m'a dit cela au moment où je me trouvais de l'autre côté de la rue, du côté de Huntington Hall, je remontais la rue depuis le club sportif universitaire. Il a dit ces mots en traversant la rue et en s'approchant de moi.

— C'était donc la deuxième fois de la journée que vous le voyiez ?

— Oui. Mais c'était la première fois que j'ai été certaine que c'était bien l'homme qui m'avait violée.

— Eh bien, dites-moi, il vous en est arrivé, des choses », a commenté Paquette. Son ton était enjoué, comme si j'avais passé la journée à m'éclater à la fête foraine. Comme s'il m'était impossible de présenter clairement mon histoire, parce qu'elle n'était pas claire. « Avez-vous prévenu la police, avez-vous fait une déposition à la police le 5 octobre ?

— Oui.

— S'agit-il de la déposition sous serment que vous avez signée ?

— Oui.

— Vous avez demandé à l'officier de police d'indiquer qu'elle était complète et exacte ?

— Oui.

— Le 5 octobre 1981, avez-vous déclaré à la police que l'homme que vous aviez vu dans Marshall Street était celui qui vous avait violée ou avez-vous dit que vous aviez l'impression que c'était peut-être lui ?

— J'ai dit que c'était l'homme qui m'avait violée le 8 mai.

— Vous en êtes sûre ? »

Il mijotait quelque chose. C'était clair comme de l'eau de roche. Tout ce que je pouvais faire, c'était maintenir ma version des faits, alors qu'il essayait de me piéger.

« Oui.

— Donc, si la déposition contient autre chose, il faut croire qu'elle est fausse ? »

Un champ de mines s'étendait devant moi. J'ai continué à avancer.

« Oui.

— Vous avez pourtant signé cette déposition, n'est-ce pas ? »

Il prenait son temps. Je l'ai regardé bien en face.

« Oui.

— Avez-vous eu la possibilité de la relire ?

— Oui.

— L'ont-ils vérifiée avec vous avant de vous la faire signer ? »

C'était insoutenable.

« Ils ne l'ont pas vérifiée. Ils me l'ont donnée à lire.

— Vraiment ? » demanda-t-il agressivement. Il consulta ses notes. Il parlait pour la galerie maintenant. « Vous avez quatorze ans de scolarité derrière vous, vous avez lu cette déposition, elle vous a paru correcte. Vous avez bien tout compris ?

— Oui.

— Vous avez déclaré aujourd'hui être sûre de sa véracité. Même si la déposition du 5 octobre n'indique pas que... »

Mastine fit objection. « Peut-être pourrions-nous avoir une question et une réponse ?

— Accordé, a dit Gorman.

— Vous rappelez-vous, a repris Paquette, avoir déclaré, dans votre déposition à la police : "J'ai eu l'impression que le Noir..." »

Mastine s'est levé. « Je m'oppose à ce que l'avocat de la défense lise des extraits de la déposition ou s'en serve pour faire douter de la crédibilité de la plaignante ; lire des extraits de la déposition est abusif et je m'y oppose en me fondant...

— Il ne lui est pas interdit de lire des extraits de la déposition, a fait remarquer Gorman à Mastine. Je crois, maître Paquette, que vous devriez formuler votre question en ces termes : "Vous rappelez-vous avoir fait une déposition à la police, à telle et telle date ?" et lire ensuite la déposition. Si vous voulez bien.

— Bien sûr », a répondu Paquette. Il avait perdu un peu de sa fougue.

« Vous rappelez-vous avoir fait une déposition à la police le 5 octobre ?

— Oui.

— Vous rappelez-vous avoir dit à la police : "J'ai eu l'impression que le Noir en question pouvait être l'individu qui m'a violée en mai dernier dans Thorden Park ?" »

J'avais compris son manège maintenant. « J'aimerais en voir une copie, simplement pour vérifier, ai-je déclaré.

— Très certainement, je ne demande pas mieux. Je souhaite que ce document soit désigné comme la pièce C de la défense, déposition faite par Alice Sebold le 5 octobre.

« Pouvez-vous revoir cette déposition ? J'espère qu'elle vous permettra de préciser vos souvenirs et de nous éclairer sur les informations que vous avez données à l'époque. »

J'ai parcouru ma déposition. J'ai immédiatement compris où était le problème.

« D'accord, ai-je dit.

— Dans cette déposition, avez-vous affirmé à la police que vous étiez sûre... »

Je l'ai interrompu. Je savais maintenant que j'allais pouvoir reprendre le dessus et lui faire payer ces quelques dernières minutes.

« Si, à ce moment-là, j'ai déclaré que j'avais l'*impression*, c'est parce que je n'avais encore vu que son dos et sa manière de bouger. Cette *impression* s'est transformée en *certitude* la deuxième fois, quand j'étais de l'autre côté de la rue et que j'ai vu son visage. La première fois, j'ai eu une *impression* à cause de sa stature et de ses postures, en le voyant de dos, mais, comme je n'avais pas vu son visage à ce moment-là, je ne pouvais pas en être *sûre*. Quand j'ai vu son visage, j'ai été sûre que c'était bien l'homme qui m'avait violée le 8 mai.

— Vous avez fait cette déposition après l'avoir vu les deux fois dans Marshall Street, n'est-ce pas ?

— Oui. Ils m'ont demandé un récit chronologique des faits.

— Cette déposition reflète-t-elle d'une manière ou d'une autre l'évolution de votre position, la transformation du "peut-être" en "c'est sûr" ?

— Non.

— Je vous remercie. » Il a fait comme s'il avait remporté une manche. Il préférait changer de sujet et il a ramassé ce qu'il pouvait. Il a choisi de brouiller les pistes. Toutes ces tergiversations entre *impression* et *certitude,* entre *peut-être* et *c'est sûr* ne prouvaient-elles pas que j'avais l'esprit trop confus pour qu'on puisse me croire ?

« À propos, a-t-il repris, repartant à l'attaque, le jour de la séance d'identification, en novembre, des membres de l'association SOS Viols étaient-ils présents dans le bâtiment ?

— Oui.

— Les avez-vous consultés juste avant la séance ?

— Consultés ?

— Leur avez-vous parlé ? Étaient-ils à votre disposition ?

— Oui. Une de leurs représentantes m'a accompagnée jusqu'au Public Safety Building.

— Étaient-ils toujours à votre disposition à votre sortie de la séance ?

— Oui. Elle était là.

— *Elle* était là ?

— Oui.

— Vous lui avez donc parlé avant et après. Est-ce exact ?

— Oui.

— Sont-ils présents aujourd'hui ? Y a-t-il quelqu'un de SOS Viols qui soit ici aujourd'hui ?

— Non.

— Ni dans la salle d'audience, ni dans le bâtiment ?

— Non. »

Paquette n'avait pas apprécié que Mastine ait fait remarquer, un peu plus tôt, qu'en interdisant à Tricia d'assister à la séance d'identification, il avait pu contribuer à lui retirer une partie de sa valeur de preuve.

« Bien, il y a eu une séance d'identification, n'est-ce pas ?

— Oui.

— Elle a bien eu lieu le 4 novembre ?

— Oui. C'est cela.

— Vous rappelez-vous que l'inspecteur Lorenz était présent ?

— Oui.

— L'aviez-vous déjà vu auparavant ?

— Oui.

— Où l'aviez-vous déjà vu ?

— C'est lui qui a pris ma déposition le 8 mai.

— Vous a-t-il dit, à un moment ou à un autre, qu'il n'avait pas cru aux déclarations que vous aviez faites le 8 mai ? »

Je n'ai pas bronché. Ni Gail ni Mastine ne m'avaient prévenue qu'au départ Lorenz avait douté de mes propos.

« Non.

— Avez-vous souvenir de conseils qu'il vous aurait donnés quand vous êtes entrée dans la salle d'identification ?

— Il m'a dit que je devais regarder les cinq hommes et cocher la case qui correspondait à l'individu en question.

— Pourriez-vous nous dire qui était avec vous dans la salle d'identification ? »

J'ai fouillé dans ma mémoire, essayant de me rappeler la configuration de la pièce, les silhouettes qui s'y trouvaient. « Mrs. Uebelhoer, le sténographe du tribunal, ou le scénographe de séance – je ne sais pas comment on l'appelle – et puis un autre homme, qui était assis là et faisait quelque chose, et moi.

— Vous rappelez-vous…

— Oui, vous. »

Il avait brusquement changé de ton. Il se montrait paternel, protecteur. Je ne lui faisais pas confiance.

« Vous rappelez-vous que l'inspecteur Lorenz vous a conseillé de prendre votre temps, de regarder attentivement les individus présents et de ne pas hésiter à vous déplacer ?

— Oui. Je m'en souviens.

— Vous rappelez-vous que j'ai demandé à l'inspecteur de vous expliquer comment…

— Pardon ?

— Vous rappelez-vous que j'ai demandé à l'inspecteur de vous expliquer comment utiliser le formulaire ? » Son sourire était presque bienveillant.

« Je ne m'en souviens pas précisément.

— Vous vous souvenez qu'il vous l'a expliqué ?

— Quelqu'un m'a dit comment l'utiliser.

— Pouvez-vous me dire, poursuivit-il, ayant désormais renoncé à sourire, si vous vous êtes levée et si vous vous êtes déplacée dans la pièce ?

— Oui.

— N'avez-vous pas demandé aux suspects de bouger ; il me semble que vous leur avez demandé de faire un quart de tour à gauche ? Cela vous rappelle-t-il quelque chose ?

— Oui, c'est exact.

— L'inspecteur leur a demandé de se tourner à tour de rôle : "Numéro un, faites un quart de tour à gauche" – vous vous en souvenez ? »

Il faisait traîner les choses. C'était son boulot.

« Oui.

— Qu'avez-vous fait à la fin de cette procédure ? Que s'est-il passé ensuite ?

— Je me suis arrêtée devant les numéros quatre et cinq et j'ai choisi le cinq parce qu'il me regardait.

— Vous avez choisi le numéro cinq ?

— Oui. J'ai mis une croix dans la case du cinq. » Je le dirais mille fois ; je l'avais fait.

« Vous avez signé le formulaire ?

— Oui.

— Avez-vous exprimé verbalement, dans cette pièce, à ce moment-là, devant qui que ce soit, le moindre doute concernant ce choix ?

— Je n'ai pas dit un mot tant que j'étais dans la pièce.

— Vous saviez qu'en cochant le numéro cinq, vous en faisiez un suspect dans une affaire de viol ?

— Oui. » Manifestement, les torts que j'avais commis étaient infinis.

« Ce n'est donc qu'après avoir quitté la pièce que vous avez découvert que le numéro cinq n'était pas celui que vous auriez dû désigner ?

— Oui. Je suis allée voir la conseillère de SOS Viols et je lui ai dit que les numéros quatre et cinq se ressemblaient comme deux gouttes d'eau. Voilà ce que j'ai fait.

— Avez-vous dit cela à quelqu'un auparavant ?

— Je l'ai fait dans la pièce. Avant cela, je ne les avais pas vus, je ne pouvais pas le faire. »

Il n'a pas pris la peine d'éclaircir ce point. Je voulais parler de la salle de réunion, pas de la salle d'identification.

« Vous avez choisi le numéro cinq ?

— Oui.

— Si je ne me trompe, vous avez déclaré avoir été violée le 8 mai ?

— Oui.

— Et n'avoir pas revu votre agresseur avant de le croiser dans Marshall Street ?

— Le 5 octobre, oui.

— Il y avait un agent de police sur les lieux, c'est bien cela ?

— Oui.

— Vous êtes vous adressée à lui ?

— Non. Je ne l'ai pas fait.

— Vous êtes-vous dirigée vers la cabine la plus proche pour appeler la police ?

— Je suis allée à la fac de lettres, où j'avais cours, et j'ai appelé ma mère.

— Vous avez appelé votre mère... » Son ton était narquois. Il m'a rappelé l'audience préliminaire, et la manière dont son collègue, Meggesto, avait prononcé avec délectation les mots « jean Calvin Klein ». Ma mère, mon jean Calvin Klein. Voilà ce qu'ils retenaient contre moi.

« Vous avez ensuite parlé à votre professeur ?

— J'ai appelé ma mère, puis quelques amis, pour essayer de joindre quelqu'un qui puisse me raccompagner à ma résidence. J'avais très peur, et je savais qu'il fallait que j'aille à la fac. Je n'ai trouvé personne. Je suis montée voir mon professeur et lui expliquer pourquoi je ne pouvais pas assister à son cours. Je lui ai parlé puis je suis allée à la bibliothèque retrouver un de mes amis qui devait me reconduire chez moi et m'accompagner à la police, puis je suis rentrée à ma résidence universitaire. J'avais appelé un de mes amis qui est artiste pour qu'il m'aide à faire un dessin, ce qu'il n'a pas fait. Puis j'ai appelé la police et elle est arrivée avec les agents de sécurité de l'université de Syracuse.

— Avez-vous appelé le service de sécurité pour qu'il vienne vous chercher et vous raccompagne chez vous ? »

Je me suis mise à pleurer. Tout était-il donc de ma faute ?

« Pardon, ai-je dit, pour m'excuser de mes larmes. Il ne le fait, ça, qu'après dix-sept heures, ou la nuit. » J'ai cherché Gail des yeux. J'ai vu qu'elle me regardait intensément. *C'est presque fini*, disait son regard. *Tiens bon.*

« Combien de temps s'est-il écoulé entre le moment où vous l'avez croisé Marshall Street et l'arrivée de la police ?

— Entre quarante-cinq et cinquante-cinq minutes.

— Entre quarante-cinq et cinquante-cinq minutes ?

— Oui.

— Bien. Vous n'avez pas identifié Mr. Madison entre ce moment et aujourd'hui, est-ce exact ?

— Identifié, vous voulez dire, en votre présence ?

— Identifié ici, dans les procédures judiciaires, comme l'individu qui vous a violée.

— Non, pas dans des procédures judiciaires. Mais je l'ai fait aujourd'hui.

— Vous l'avez fait aujourd'hui. Combien de Noirs voyez-vous dans cette salle ? »

Message reçu, pas besoin de me faire un dessin. *Combien d'autres Noirs, à part le prévenu, voyez-vous dans la salle ?* J'ai bondi : « Aucun. »

Il a ri, il a souri au juge, puis il a fait un geste de la main en direction de Madison, qui avait l'air de s'ennuyer. « Vous n'en voyez aucun ? » a demandé Paquette, en appuyant sur le dernier mot. Elle est vraiment *incroyable*, semblait-il dire.

« Je vois un Noir à part... le reste des gens qui se trouvent dans la salle. »

Il a souri, triomphant. Madison aussi. J'avais perdu tout sentiment de puissance. J'étais coupable de la race de mon violeur, coupable de la sous-représentation de sa race dans la profession juridique de la ville de Syracuse, coupable parce qu'il était le seul Noir de la salle.

« Vous souvenez-vous avoir fait une déposition à propos de cette identification devant un grand jury ?

— Oui.

— Cela s'est-il passé le 4 novembre, le même jour que l'identification ?

— Oui, c'est cela.

— Vous rappelez-vous ce dialogue – il se trouve page 16 du procès-verbal du grand jury, ligne 10 – "Vous l'avez choisi à la séance d'identification ? Êtes-vous absolument sûre que c'était le bon ?

« — Le numéro cinq ; je n'en suis pas tout à fait sûre. J'hésitais entre le quatre et le cinq. Mais j'ai coché le cinq parce qu'il me regardait. »

« Alors le juré a dit : "Vous voulez dire que vous n'êtes pas tout à fait sûre que ce soit le bon ?

« — C'est cela.

« — Nous parlons du numéro cinq.

« — C'est cela. »

« Donc vous n'en étiez toujours pas sûre le 4 novembre ? »

Je ne comprenais pas où Paquette voulait en venir. J'étais perdue. « Que le numéro cinq soit le bon ? Je n'étais pas sûre que le numéro cinq soit le bon, en effet.

— Vous n'étiez évidemment pas sûre que le numéro quatre soit le bon, puisque vous ne l'avez pas choisi.

— Il ne me regardait pas. J'étais terrorisée.

— Il ne vous regardait pas ? » Ses syllabes tombaient une à une, lourdes d'un sarcasme sans pitié.

« C'est cela.

— Avez-vous remarqué quelque chose de particulier le 8 mai, quand vous avez été abordée par cet individu, quelque chose dont vous ne nous auriez pas parlé, à propos de sa physionomie, une cicatrice, des marques quelconques, les traits de son visage, ses dents, ses ongles, ses mains, je ne sais pas, moi ?

— Non. Rien de spécial, non. »

J'avais envie d'en finir.

« Vous avez bien dit que vous aviez regardé votre montre en entrant dans le parc ?

— Oui.

— Quelle heure était-il ?

— Minuit.

— Avez-vous regardé l'heure en arrivant à votre résidence universitaire ?

— Non. Je… j'étais parfaitement consciente de l'heure qu'il était parce que j'étais entourée de policiers, peut-être aussi que j'ai regardé ma montre. Je savais qu'il était deux heures et quart quand je suis arrivée à la résidence.

— Quand vous êtes arrivée à la résidence ? La police a-t-elle été appelée à votre retour ?

— Oui.

— À votre retour à la résidence, à deux heures et quart, la police n'avait pas encore été appelée ?

— C'est exact.

— Elle est arrivée un peu plus tard ?

— Oui. Immédiatement après mon retour à la résidence. »

Il m'avait eue à l'usure. Je comprenais avec horreur que quoi que je fasse, il finirait par l'emporter.

« Bien, vous avez dit, vous avez déclaré sous serment qu'il vous avait embrassée ? Est-ce exact ?

— Oui.

— Une ou deux fois, ou plus que ça ? »

Je voyais Paquette. Madison était assis derrière lui, aux aguets. Ils étaient décidés à me coincer, je le sentais.

« Une ou deux fois quand nous étions debout et puis, quand il m'a obligée à me coucher par terre, plusieurs fois. Il m'a embrassée. » Les larmes coulaient toutes seules sur mes joues, j'avais les lèvres qui tremblaient. Je ne prenais pas la peine de les essuyer. Je transpirais tellement que le Kleenex que je tenais était trempé.

Paquette a compris qu'il m'avait brisée. Cela suffisait. Ce n'était pas ce qu'il voulait.

« M'accorderez-vous un instant, monsieur le juge ?

— Oui », a dit Gorman.

Paquette s'est dirigé vers la table de la défense, il a discuté avec Madison, puis il a consulté son bloc-notes jaune et ses documents.

Il a levé les yeux. « Ce sera tout », a-t-il dit.

Tout mon corps s'est immédiatement détendu. Mais Mastine s'est levé.

« Si le tribunal le veut bien, j'aurais encore quelques questions. »

J'étais fatiguée, mais je savais que Mastine me traiterait avec autant de douceur que possible. Malgré son ton ferme, je lui faisais confiance.

Mastine tenait à revenir sur le terrain de Paquette, à reprendre les éléments les plus fragiles pour les étayer. Il a rapidement évoqué cinq points. Il a commencé par rappeler qu'il était très tard et que j'étais épuisée quand j'avais fait ma déposition, la nuit du viol. Il m'a fait énumérer dans le détail tout ce que j'avais subi, sans pouvoir dormir. Il en est venu ensuite à ma déposition du 5 octobre, celle que Paquette avait brandie devant moi en jubilant – cette histoire d'*impression* ou de *certitude*. Mastine a rappelé que, comme je l'avais expliqué, j'avais donné un récit chronologique de ma rencontre avec Madison. Je l'avais d'abord vu de dos, et j'avais eu une *impression*. Ensuite, je l'avais vu de face, et j'avais acquis une *certitude*.

Puis il m'a demandé si quelqu'un m'avait accompagnée au procès. Il voulait faire valoir que, si j'avais décliné la présence d'un représentant de SOS Viols, c'est parce que mon père était là.

« Mon père m'attend dehors », ai-je dit. Ce fait ne me paraissait pas réel. Très loin, dans le couloir, il lisait. Du latin. Je n'avais pas pensé à lui depuis le moment où j'étais entrée dans la salle d'audience. Je ne pouvais pas.

Mastine m'a demandé combien de temps j'étais restée allongée sous Madison dans le souterrain, et à quelle distance de moi se trouvait son visage.

« À un centimètre », ai-je dit.

Puis il m'a posé une question qui m'a mise mal à l'aise, une question que je savais qu'il risquait de me poser si la tactique de Paquette le justifiait.

« Pourriez-vous indiquer approximativement au juge combien de jeunes Noirs vous croisez par jour, au cours de vos trajets, en cours, à la résidence, ou ailleurs ? »

Paquette a fait objection. Je savais pourquoi. La question s'attaquait de front à son argumentation.

« Objection rejetée », a laissé tomber Gorman.

J'ai répondu : « Beaucoup » et Mastine m'a demandé de préciser. « Plus ou moins de cinquante ? » J'ai répondu plus. Cette façon de faire me gênait, elle divisait les étudiants que je connaissais par races, elle les ventilait en colonnes et dressait des tableaux d'effectifs. Ce ne serait ni la première ni la dernière fois que je regretterais que mon violeur n'ait pas été blanc.

Mastine n'avait pas d'autres questions à me poser.

Paquette s'est levé pour me faire répéter un détail. Il voulait que je reprécise la distance entre le visage de Madison et le mien pendant le viol lui-même. J'ai répondu : un centimètre. Il chercherait plus tard à utiliser cette estimation contre moi. Il citerait cette distance dans ses conclusions pour prouver qu'on ne pouvait pas me faire confiance, que je n'étais pas un témoin digne de foi.

« J'en ai fini, a dit Mastine.

— Vous pouvez sortir », a annoncé le juge Gorman, et je me suis levée.

J'avais les jambes coupées, ma jupe, mes collants et ma combinaison trempés de sueur. L'huissier qui m'avait fait entrer s'est dirigé vers le centre de la salle et m'a attendue.

Il m'a raccompagnée dehors.

Dans le couloir, Murphy m'a aperçue et il a aidé mon père à rassembler ses livres. L'huissier m'a regardée.

« Ça fait trente ans que je fais ce métier, a-t-il dit. Vous êtes le meilleur témoin que j'aie jamais vu à la barre dans une affaire de viol. »

J'allais me raccrocher à cette phrase pendant des années.

L'huissier est reparti vers la salle d'audience.

Murphy m'a bousculée. « Il faut partir d'ici. Ils vont sortir déjeuner.

— Ça va ? a demandé mon père.

— Oui, oui. » J'avais du mal à me faire à l'idée que c'était mon père. C'était simplement quelqu'un qui se tenait là, comme les autres. Je tremblais, il fallait que je m'assoie. Nous nous sommes dirigés tous les trois, Murphy, mon père et moi, vers le banc sur lequel ils m'avaient attendue.

Ils me parlaient. Je ne me souviens pas de ce qu'ils m'ont dit. C'était fini.

Gail est sortie de la salle en coup de vent et nous a rejoints. Elle a regardé mon père. « Votre fille est un témoin du tonnerre, Bud, a-t-elle dit.

— Merci, a répondu mon père.

— Ça allait, Gail ? ai-je demandé. Je me suis fait de la bile. Il a été vraiment dégueulasse.

— C'est son boulot, a-t-elle observé. Mais tu as tenu bon. J'observais le juge.

— Quelle tête il faisait ? ai-je demandé.

— Le juge ? Il avait l'air crevé, a-t-elle répondu en souriant. Billy est mort, lui aussi. J'avais du mal à rester assise. L'audience est suspendue jusqu'à midi, puis ce sera au tour de la gynéco. Encore une femme enceinte ! »

C'était comme une course de relais, me suis-je dit. L'étape que j'avais courue avait été longue et difficile, mais il y en avait encore d'autres – de nouvelles questions, de nouvelles réponses – d'autres témoins clés, de longues heures encore avant que Gail n'ait fini sa journée.

« Si j'apprends quoi que ce soit, je préviendrai l'inspecteur », a-t-elle lancé en se tournant vers moi. Elle a tendu la main à mon père. « Heureuse d'avoir fait votre connaissance, Bud. Vous pouvez être fier de votre fille.

— J'espère vous revoir dans des circonstances plus plaisantes », a-t-il dit. Il venait de comprendre. Nous partions.

Gail m'a serrée dans ses bras. C'était la première fois qu'une femme enceinte m'embrassait. Nous ne pouvions incliner que la partie supérieure de notre corps, ce qui nous donnait une attitude bizarre, presque affectée. « Tu es formidable, ma vieille », m'a-t-elle chuchoté.

Murphy nous a raccompagnés à l'hôtel Syracuse, où nous avons fait nos bagages. Peut-être que j'ai dormi. Mon père a appelé ma mère. Je ne me souviens pas de ces quelques heures. J'avais dû faire preuve d'une telle concentration que j'ai lâché prise. J'étais consciente que mon procès se poursuivait pendant que nous pliions nos vêtements et que nous attendions que Murphy vienne nous prendre, plus tard, dans l'après-midi. Nous étions assis, mon père et moi, au bord des lits jumeaux. Notre objectif tacite était de mettre de la distance entre la ville de Syracuse et nous. Nous savions que l'avion le ferait. Nous attendions.

Murphy est arrivé de bonne heure. Il avait des nouvelles pour nous.

« Gail aurait bien voulu vous l'annoncer elle-même, mais elle ne pouvait pas s'éclipser. »

Nous étions dans le vestibule moquetté, mon père et moi, nos bagages American Tourister rouges à nos pieds.

« Ils l'ont eu, a-t-il annoncé gaiement. Coupable sur six chefs d'accusation. Il a été immédiatement mis en détention provisoire ! »

J'étais vidée. J'avais les jambes en coton.

« Dieu merci ! » a dit mon père. Il a prononcé ces mots calmement, il constatait qu'une prière avait été exaucée.

Nous étions dans la voiture. Murphy bavardait. Il était aux anges. J'étais à l'arrière, mon père et Murphy devant. J'avais les mains froides et molles. Je me rappelle les avoir distinctement senties posées, inutiles, de part et d'autre de mon corps.

À l'aéroport, alors que mon père et Murphy étaient assis assez loin de moi, j'ai appelé ma mère depuis une cabine. Murphy a proposé à mon père de lui payer un verre.

J'ai composé le numéro de la maison et j'ai attendu.

« Allô, a dit ma mère.

— Maman, c'est Alice. J'ai des nouvelles. »

J'étais tournée vers le mur, je tenais le combiné entre mes deux mains.

« On a gagné, maman. Les six chefs d'accusation. Le seul qui n'a pas été retenu est celui de l'arme. Il a été mis en détention provisoire. »

Je ne savais pas exactement ce que cette expression voulait dire, mais je l'ai employée.

Ma mère était en extase. Je l'entendais crier sans discontinuer d'un bout à l'autre de notre maison de Paoli « Elle a gagné ! Elle a gagné ! Elle a gagné ! » Elle ne se sentait plus de joie.

J'*avais* gagné.

Murphy et mon père sont sortis du bar. Nous devions embarquer d'un moment à l'autre. J'ai appris ce que voulait dire « mis en détention provisoire ». Madison ne serait pas remis en liberté entre la condamnation et la sentence. Ils lui avaient passé les menottes dans la salle d'audience au moment où l'on donnait lecture des chefs d'accusation. Murphy jubilait.

« J'aurais bien voulu voir sa tête. »

Ça avait été une longue et bonne journée pour John Murphy et, comme mon père me l'a confié dans l'avion, ce type-là avait une sacré descente. Qui pouvait le lui reprocher ? Il était grisé, il avait envie de fêter ça, il allait retrouver son Alice.

J'étais vannée. Mais il m'a fallu du temps pour comprendre que je me retrouvais, moi aussi, en détention provisoire. Pour de longues années.

Le 2 juin, j'ai reçu une lettre du service des mises à l'épreuve du comté d'Onondaga. On m'informait de l'ouverture d'une « enquête préalable à la sentence concernant un jeune homme récemment jugé coupable à la suite d'un procès pour viol au premier degré, de violences sexuelles au premier degré et d'autres accusations liées à ces chefs d'inculpation. Ces accusations, précisait la lettre, ont pour origine un incident dont vous avez été

victime ». Ils voulaient savoir si j'avais une recommandation à faire, à propos de la sentence.

J'ai répondu. J'ai recommandé la peine maximale prévue par la loi et j'ai rappelé que Madison m'avait traitée
de « pire salope » qu'il ait jamais connue. Je savais qu'un
sondage sur la qualité de la vie dans différentes villes
avait classé Syracuse en septième position et j'ai observé
d'un ton plein de sous-entendus qu'elle n'améliorerait
certainement pas son image de marque en laissant des
types comme Madison courir dans les rues. Je savais que
la meilleure méthode pour obtenir gain de cause était de
leur faire comprendre qu'une condamnation à la peine
maximale rehausserait le prestige des hommes qui la pro-
nonceraient. Cela leur permettrait de ne pas le faire pour
moi, mais pour leurs électeurs et pour les contribuables.
Je le savais. J'ai utilisé tous les talents dont je disposais.

J'ai conclu ma lettre en précisant, sous ma signature :
victime.

Le 13 juillet 1982, lors d'une audience présidée par
Gorman, en présence de Mastine, Paquette et Madison,
Gregory Madison a été jugé. Il a pris le maximum pour
viol et violences sexuelles : vingt-cinq ans avec une peine
incompressible de huit ans et quatre mois. Les condamnations majeures et les condamnations plus légères pro-
noncées pour les quatre autres chefs d'accusation
feraient l'objet d'une confusion des peines.

Mastine m'a appelée pour m'en informer. Il m'a également annoncé que Gail avait accouché. Nous sommes
allées acheter un cadeau pour le bébé, ma mère et moi.
Quand j'ai revu Gail quinze ans plus tard, elle l'a
apporté pour me montrer qu'elle n'avait pas oublié.

12.

Cet été-là, j'ai décidé de changer de look. Je m'étais fait violer, d'accord, mais ça ne m'empêchait pas d'avoir été élevée avec *Seventeen, Glamour* et *Vogue*. Les possibilités d'avant-après que j'avais eues sous les yeux toute ma vie avaient fait leur chemin. En outre, mon entourage – autrement dit ma mère, puisque ma sœur avait pris un travail à Washington avant son départ pour la Syrie et que mon père se trouvait en Espagne – m'encourageait à reprendre ma vie en main. « Tu ne vas tout de même pas te laisser déterminer par ce viol », disait-elle. J'étais d'accord.

J'ai trouvé du boulot dans une boutique de tee-shirts minable, dont j'étais la seule employée. J'imprimais des transferts dans un grenier sans ventilation et je bâclais des sérigraphies pour des équipes locales de softball. Mon patron, qui avait vingt-trois ans, passait son temps en ville à essayer de trouver des commandes. Il lui arrivait de se pointer, complètement bourré, avec ses copains pour regarder la télé. À l'époque, je me promenais dans des tenues XXL fabrication maison que ma mère elle-même appelait des robes tentes. J'en ai porté beaucoup, dans la chaleur de juin et juillet 1982. Un jour, alors que mon patron et ses amis me taquinaient pour m'inciter à dévoiler quelques centimètres carrés de peau, j'ai fait demi-tour et je suis partie. Je suis rentrée à la maison, couverte d'encres, dans la voiture de mon père.

Nous étions seules, ma mère et moi, comme pendant l'été de mes quinze ans. Je cherchais un nouveau boulot – mon journal intime est plein d'entretiens avec des responsables de magasins de chaussures et de candidatures pour des boutiques de fournitures de bureau –, mais, comme dans toutes les banlieues, les emplois se faisaient rares à partir du milieu de l'été. Maman essayait de maigrir. J'ai décidé d'en faire autant. Nous regardions *Richard Simmons* et nous avons acheté un vélo d'appartement. Je me souviens du régime Scarsdale, des petites bouchées de steak et de poulet soigneusement calibrées que nous arrivions difficilement à avaler. « Ce régime coûte une fortune », disait ma mère. J'ai mangé plus de viande cet été-là que pendant toutes les années qui ont suivi.

Mais j'ai commencé à perdre du poids. Le matin, je me collais devant la télévision et je regardais des femmes obèses pleurer de concert avec Simmons, déclenchant une sorte de concours de larmes entre l'invité, Simmons et le public du studio. Il m'arrivait de pleurer avec eux. Pas parce que je m'imaginais être aussi grosse que les femmes qu'on voyait à l'écran, mais parce que je comprenais très bien, me semblait-il, à quel point elles se trouvaient laides. Je pouvais me promener dans la rue sans qu'on se moque de moi et j'arrivais à voir mes lacets par-dessus ma ceinture, mais je m'identifiais complètement avec les invitées de Simmons, ces ostracisées ambulantes et parlantes qui n'avaient rien fait de mal.

Alors je pleurais. Et je grimpais sur ce foutu vélo. Et je détestais mon corps. J'ai exploité cette haine pour me débarrasser de sept kilos.

Mon père est rentré d'Espagne. C'était la fin de l'été. Un jour, nous travaillions tous les trois au jardin. J'étais censée passer la tondeuse autoportée. Une dispute à la Sebold a éclaté. Il n'était pas question que je, etc. Pourquoi Mary pouvait-elle aller vivre à Washington et partir en Syrie ? Mon père m'a traitée d'ingrate. Ça a été l'escalade. Soudain, alors que nous étions déjà bien engagés sur le chemin familier conduisant aux hurlements collectifs, j'ai fondu en larmes. Je me suis mise à pleurer. Impossible de m'arrêter. Je suis rentrée dans la maison en courant et suis montée dans ma chambre. Inutile d'essayer d'endiguer ce torrent de larmes. J'ai pleuré jusqu'à en être épuisée, déshydratée, mes yeux et la peau qui les entourait transformés en carte topographique de capillaires éclatés.

Plus tard, j'ai refusé d'en parler ; j'étais en train de tirer un trait sur le viol et sur le procès.

Nous nous sommes beaucoup écrit, Lila et moi, pendant tout l'été. Elle s'était mise au régime, elle aussi. Nos lettres ressemblaient à des extraits de journaux intimes, à de longues méditations destinées tout autant à nous tenir compagnie pendant que nous les écrivions qu'à transmettre réellement à l'autre des bulletins d'informations sur ce que nous faisions. Nous avions chaud, nous nous ennuyions, nous avions dix-neuf ans et nous étions scotchées chez nous avec nos parents. Dans ces divagations, nous nous racontions notre vie. Ce que nous pensions de tout et de rien, des membres de notre famille aussi bien que des garçons que nous avions rencontrés à la fac. Je ne me rappelle pas lui avoir raconté le procès dans le détail. Si je l'ai fait, ses lettres n'en reflètent rien. Au début de l'été, elle m'a envoyé une carte postale pour me féliciter. C'est tout. Après quoi, le sujet a disparu de notre horizon.

Comme de celui de la plupart des gens. C'était comme si le procès avait refermé une porte dérobée très solide et très lourde sur toute cette affaire. Tous ceux qui étaient entrés dans cette maison avec moi, qui en avaient inspecté les pièces ou en avaient fait le tour, n'étaient que trop heureux d'en ressortir. La porte était close. Je me rappelle avoir approuvé ma mère qui disait qu'en l'espace d'une année j'avais vécu un phénomène de mort et de résurrection. Du viol au procès. Des terres vierges s'ouvraient à présent devant moi, je pouvais en faire ce que je voulais.

Par correspondance, nous faisions des projets pour l'année à venir, Lila, Sue et moi. La chatte de Lila avait eu des petits, et elle en garderait un. J'avais conclu un marché avec ma mère : si je faisais assez de trampoline sur un canapé qu'elle détestait, nous arriverions sans doute à convaincre mon père, à son retour d'Espagne, de me laisser l'emporter à la fac. J'ai loué une camionnette avec Sue, qui n'habitait pas loin. Ma mère était de très bonne humeur, et elle m'a envoyée à la fac avec une nouvelle garde-robe, adaptée à ma nouvelle silhouette. Cette année allait marquer un tournant. J'allais enfin « vivre normalement », comme je disais.

Cet automne-là, Mary Alice se trouvait à Londres dans le cadre d'un échange universitaire. Plusieurs autres amies aussi. Tess était en congé. Elles me manquaient vaguement, sans plus. Lila était mon âme sœur, elle vivait et respirait près de moi. Nous étions inséparables et nous mijotions des plans rocambolesques. Nous voulions nous trouver un petit copain, toutes les deux. Je jouais les affranchies, Lila les innocentes. Pendant l'été, je m'étais lancée dans la couture, j'avais fait deux jupes identiques, une pour elle, une pour moi. Nous les portions avec un haut noir chaque fois que nous sortions.

Ken Childs était perdu sans Casey, qui était parti à Londres, lui aussi, ce qui nous a rapprochés. Je le trouvais mignon. Surtout, il savait ce qui m'était arrivé. Nous allions danser tous les trois dans les boîtes de nuit du campus et à des soirées organisées par les étudiants en art. À cette époque-là, je voulais devenir avocate. C'était un projet que les gens approuvaient, alors j'en parlais beaucoup. À cause de Tess, j'avais envie d'aller en Irlande. Je le disais aussi. J'assistais à des séances de lecture de poésie et de roman, où je me gavais de fromage et de vin. Je me suis inscrite à des cours facultatifs de poésie avec Hayden Carruth et avec Raymond Carver, que j'ai toujours soupçonné d'avoir été chargé par Tess de veiller sur moi.

Un jour, dans la rue, je suis tombée sur Maria Flores. Je lui avais écrit une lettre triomphante au début de l'été, pour lui raconter comment s'était passé le procès. J'avais eu l'impression, lui avais-je dit, qu'elle se trouvait à mes côtés dans la salle d'audience et que j'espérais que cela lui apporterait un peu de réconfort. Sa réponse avait été trop réaliste à mon goût. « J'ai un appareil orthopédique à la jambe. Ma cheville est guérie, mais je marche avec une canne parce que mes nerfs en ont pris un coup. Mes tendances suicidaires ont diminué, mais je dois t'avouer qu'elles n'ont pas complètement disparu. » Elle craignait que sa canne ne l'empêche de nouer de nouvelles connaissances et avait mauvaise conscience de ne pas s'être acquittée correctement de son boulot de *resident advisor*. Elle concluait sa lettre par une citation de Kahlil Gibran : « Nous sommes tous prisonniers, mais certains ont des cellules avec fenêtres et d'autres sans. »

J'ai mis des années à m'en rendre compte, mais, si l'une de nous deux avait une fenêtre donnant sur l'extérieur, c'était Maria.

« Je m'en suis tirée à bon compte, ai-je confié à Lila. Elle sera éternellement marquée par ce viol. »

Je dansais, je tombais amoureuse. Cette fois, c'était d'un garçon qui suivait le même cours de maths que Lila : Steve Sherman. Je lui ai parlé du viol un soir où nous étions allés au cinéma avant d'aller prendre quelques verres. Il a été formidable, je m'en souviens, choqué, horrifié, mais réconfortant. Il a bien réagi. Il m'a dit que j'étais belle, il m'a raccompagnée chez moi et m'a embrassée sur la joue. Je crois que ça lui faisait plaisir de s'occuper de moi. Quand Noël est arrivé, il faisait partie des meubles.

À la maison, ma mère avait repris du poil de la bête, elle aussi. Elle essayait de nouveaux médicaments, de l'Elavil et du Xanax, se lançait dans des calculs de biorythme, des choses qu'elle n'avait jamais envisagées avant. La thérapie de groupe se profilait à l'horizon. Ma mère, prête à faire confiance à quelqu'un d'autre qu'à elle-même ! « Tu me donnes du courage, mon chou, m'a-t-elle écrit. Si tu as pu t'en sortir après ce que tu as subi, ta vieille mère devrait quand même y arriver. »

Je repartais de zéro, un monde nouveau s'ouvrait devant moi.

Je travaillais pour une revue littéraire, *The Review*, et à mon entrée en troisième année, j'en suis devenue rédactrice en chef. L'Institut d'anglais m'a demandé de le représenter à la Glascock Poetry Competition, qui se tenait chaque année à Mount Holyoke College.

Bien des années auparavant, ma mère avait fui Mount Holyoke, renonçant ainsi à une bourse de troisième cycle qui lui avait fait l'effet, se rappelle-t-elle, d'une condamnation à mort. Toutes ses amies se mariaient et elle, l'intello, aurait dû partir pour un endroit plein de « bonnes sœurs et de lesbiennes ».

J'ai donc repris le flambeau abandonné par ma mère et suis montée sur scène pour présenter mon viol. Je n'ai pas gagné. Je suis arrivée deuxième. J'ai lu « Condamnation ». Cette lecture à haute voix m'a fait trembler, trembler de la vérité de ma haine. Un des membres du jury, Diane Wakoski, m'a prise à l'écart. Elle m'a dit que des sujets comme le viol avaient certainement leur place en poésie, mais que je ne gagnerais jamais de prix et ne séduirais jamais un vaste public de cette manière-là.

Nous adorions les navets, Lila et moi, et le jour où je suis rentrée du Massachusetts, nous sommes allées voir Sylvester Stallone dans *Rambo*. On le donnait au cinéma à cinquante *cents*, près de chez nous. L'histoire était tellement grotesque que nous étions écroulées de rire, nous nous esclaffions à en pleurer, nous n'arrivions plus à respirer ni à regarder le film. On se serait certainement fait mettre dehors s'il y avait eu quelqu'un dans la salle pour se plaindre, mais nous étions seules dans le vieux cinéma délabré.

« Moi Rambo, toi Jane, disait Lila en se tambourinant la poitrine.

— Moi bon muscle, toi muscle de fillette.

— Grrr.

— Tchchch. »

Vers la fin du film, nous avons entendu quelqu'un se racler la gorge très distinctement. Nous nous sommes figées, les yeux fixés sur l'écran. « Je croyais qu'on était seules, a chuchoté Lila.

— Moi aussi », ai-je répondu.

Nous avons repris notre calme et essayé de conserver un silence respectueux pendant les dernières scènes de fusillade déchaînée. Chacune enfonçait ses ongles dans le bras de l'autre, nous nous mordions les lèvres. Nous avons continué à glousser, mais sommes arrivées à contenir les éruptions les plus bruyantes.

Quand les lumières se sont allumées, nous n'avons vu personne dans la salle. Nous avons recommencé à nous défouler avant de passer l'angle du couloir. Là, le gérant du cinéma nous attendait.

« Ça vous fait marrer, le Viêt Nam ? »

C'était un homme imposant ; du muscle fondu en graisse, et une moustache en trait de crayon qui lui barrait la lèvre supérieure, comme celle du premier avocat de Madison.

« Non », avons-nous répondu d'une même voix.

Il bloquait la sortie.

« Il m'a pourtant bien semblé vous entendre rigoler, a-t-il repris.

— C'est quand même un peu exagéré, ai-je observé, espérant lui faire entendre raison.

— J'y étais, moi, au Viêt Nam, a-t-il dit. Et vous ? »

Terrorisée, Lila se cramponnait à ma main.

J'ai répondu : « Non, monsieur, et nous respectons ceux qui se sont battus là-bas. Nous n'avions pas l'intention de nous montrer blessantes. Si nous avons ri, c'est parce que nous avons trouvé que le niveau de machisme dépassait les bornes. »

Il m'a regardée comme si je l'avais assommé par la force de mon raisonnement, alors qu'en fait je n'avais fait que me servir des mots que je trouvais en moi quand j'étais menacée : un talent que je possédais maintenant.

Il nous a laissées passer, tout en nous prévenant qu'il ne voulait plus nous voir dans son cinéma.

Nous n'avons même pas essayé de retrouver notre humeur joviale. En descendant la colline vers notre maison, j'étais furieuse. « Ça fait chier d'être une femme, ai-je lancé, énonçant une évidence. On passe son temps à s'en prendre plein la gueule ! »

Lila n'en était pas encore là. Elle essayait de comprendre le point de vue du gérant. Quant à moi, je faisais en esprit quelque chose qui m'arrivait de plus en plus souvent : je me battais au corps à corps contre un homme et, quoi que je fasse, je perdais à chaque coup.

Il y avait des hommes bien, et il y en avait de mauvais, il y avait des hommes qui pensaient, d'autres qui n'étaient que du muscle. J'avais établi cette distinction dans ma tête. Je commençais à les classer comme cela. Steve, qui avait un corps noueux de coureur, avait des gestes doux et s'intéressait surtout à ses études. Il passait des heures à apprendre par cœur – mot à mot – les chapitres de ses manuels. Ses parents, des immigrés ukrainiens, payaient ses études cash, comme ils avaient payé leurs voitures et leur maison. Il était censé travailler tous les jours pendant des heures.

Inconsciemment, j'ai commencé à me mentir à moi-même en faisant l'amour. Le plaisir de Steve était mon seul objectif, la raison d'être du voyage. S'il y avait des

cahots et des souvenirs, des visions fugaces et déchi-
rantes de la nuit au fond du souterrain, je passais par-
dessus, anesthésiée. Heureuse quand Steve était heureux, j'étais toujours prête à sauter du lit pour aller faire
un tour ou lui lire mon dernier poème. Si j'arrivais à
regagner la sphère cérébrale à temps, comme une bouf-
fée d'oxygène, les relations sexuelles n'étaient pas si
douloureuses.

Et puis, il y avait la couleur de sa peau. Je pouvais me
concentrer sur un fragment de chair blanche, m'y accro-
cher. Pendant que Steve se montrait doux et ardent, je
parcourais intérieurement le chemin une fois encore en
me disant : « Ce n'est pas Thorden Park, c'est ton ami,
Gregory Madison est à Attica, tout va bien. » Cela me
permettait généralement d'arriver au bout, comme
quand on serre les dents sur une attraction foraine que
tous les autres ont l'air d'apprécier. Si tu n'y arrives pas,
fais semblant. Ton cerveau est toujours vivant.

Vers la fin de l'année, je m'étais composé un personnage de diva New Age joufflue. Les étudiants d'art me
connaissaient, les poètes aussi. J'ai organisé une fête, certaine qu'il y aurait un monde fou, et il y a eu un monde
fou. Steve m'a acheté des versions dansées de mes chansons préférées sur vinyle blanc et les a enregistrées sur
cassettes.

Mary Alice et Casey étaient rentrés de Londres. Ils
sont venus à ma soirée. Tout l'immeuble tremblait,
mais, cette fois, c'était à cause de *ma* musique et de *mes*
amis. J'avais obtenu des A aux cours de Carruth et de
Carver et je suivais alors le séminaire d'un poète qui
s'appelait Jack Gilbert. Je n'en croyais pas mes yeux.
Gilbert lui-même était venu ! À la cuisine, les invités,
de plus en plus soûls, rajoutaient d'innombrables ingré-
dients au punch tord-boyaux que nous avions préparé
dans une poubelle. Ils y fourraient en vrac toutes les
épices de Lila, et de petits objets comme des fourchettes

ou des plantes d'appartement venaient rejoindre la noix de muscade et l'arrow-root.

Tout d'un coup, des inconnus se sont pointés – des types. Ils étaient bruyants et costauds et semblaient attirés par les jolies filles comme par des aimants. Autrement dit par Mary Alice, qui était alors passablement bourrée. Les danses ont pris une tournure sexuelle. Steve a failli en venir aux mains avec un étranger qui essayait de faire du gringue à une de ses copines. La musique était à fond, une des enceintes a explosé, il n'y avait plus rien à boire. Les plus raisonnables et les plus sobres, ceux qui n'étaient pas encore complètement partis, ont décidé de lever le camp. Je montais la garde à côté de Mary Alice comme un scotch-terrier hargneux. Dès qu'un garçon s'approchait d'elle, je le chassais. Je brandissais la menace la plus efficace : un homme. Je prétendais que le petit copain de Mary Alice était capitaine de l'équipe de base-ball et qu'il n'allait pas tarder à arriver avec ses coéquipiers. S'ils ne me croyaient pas, je les regardais bien en face et je leur faisais mon numéro de « on va s'expliquer franchement ». J'avais écouté les policiers, je savais comment parler et comment avoir l'air d'en connaître un rayon.

Mary Alice a décidé de rentrer chez elle et nous avons trouvé, Steve et moi, quelqu'un de sûr pour la raccompagner. Près de la porte, alors que nous nous disions au revoir, elle est tombée dans les pommes. Nous sommes tous restés là à la regarder, couchée par terre, inconsciente. J'ai d'abord cru qu'elle faisait semblant et j'ai dit : « Allez, Mary Alice, lève-toi. » Ses cheveux avaient esquissé un mouvement tellement superbe pendant sa chute, sa longue crinière dorée se soulevant et se déployant.

Je me suis mise à quatre pattes et, doucement, j'ai essayé de la faire bouger. Pas de résultat. Steve nous a rejoints, bousculant les traînards et les inconnus. Nous étions en cercle autour d'elle et des garçons se sont mis à proposer de la reconduire chez elle.

La seule image qui me vienne à l'esprit est celle de chiens. Du scotch-terrier hargneux au bouledogue pugnace doté d'une force surhumaine. J'ai refusé l'aide de Steve. J'ai soulevé Mary Alice – cinquante-deux kilos – et je l'ai portée, pendant que Lila et Steve me dégageaient le passage, dans la chambre de Lila. Nous l'avons allongée sur le lit. C'était une étudiante bourrée, mais on aurait dit un ange endormi. J'ai passé le reste de la nuit à ses côtés, pour être sûre qu'il ne lui arrive-rait rien. Quand une patrouille est passée parce que les voisins s'étaient plaints, j'ai regardé la fête finir et Steve et Lila raccompagner à l'extérieur les inconnus les plus mal en point. Mary Alice a passé la nuit chez nous. Le matin, l'appartement était poisseux et nous avons découvert le copain d'un copain de quelqu'un qui était tombé derrière le canapé, dans le cirage.

Pendant les grandes vacances, entre ma troisième et ma quatrième année de fac, nous avons habité ensemble dans l'appartement, Steve et moi. Nous suivions des cours d'été. Si ma mère a pu, moralement, se faire à l'idée que je vive avec un homme, c'était parce que comme ça, disait-elle, j'avais « un garde du corps à demeure ». Après les cours d'été, j'ai eu un avant-goût de l'enseignement en allant donner un coup de main à la Bucknell University qui organisait un stage d'art pour les étudiants les plus doués. Si je ne devenais pas juriste, ai-je décrété, je ferais de l'enseignement. Je ne pouvais pas savoir que ce métier serait un jour mon ancre de miséricorde, le chemin du retour.

En quatrième année, j'étais une habituée des lectures de poésie et de roman organisées sur le campus. Je tra-vaillais aussi comme serveuse au Cosmos Pizza Shop, dans Marshall Street. À cause de mes horaires de travail, associés à ces lectures du soir, je rentrais souvent très tard la nuit. Ça n'avait pas l'air de déranger Lila. Elle avait l'appartement pour elle ou le partageait pacifiquement avec notre nouveau colocataire, Pat.

Lila avait déniché Pat par l'intermédiaire de l'Institut d'anthropologie. Il avait deux ans de moins que nous et n'était qu'en deuxième année. Dans sa chambre, nous avions découvert des revus porno, des publications fétichistes comme *Jugs* et un magazine entièrement consacré à des photos de femmes nues et obèses. Mais il payait son loyer et nous fichait la paix. J'étais plutôt soulagée qu'il ne ressemble pas aux bouffeurs de bestioles bizarres de la fac d'anthropologie. Il était grand, mince, avec des cheveux noirs qui lui arrivaient aux épaules. Ses origines italiennes occupaient une grande place dans sa vie, comme son goût pour la provocation. Il nous a montré, à Lila et moi, un spéculum qu'il avait piqué à quelqu'un de sa famille qui était gynéco. Il l'avait accroché au cordon de son plafonnier.

En novembre de cette année-là, nous avions commencé tous les trois à nous habituer à cette cohabitation. Au bout de deux mois, nous nous étions faites aux blagues de Pat. Il posait le doigt sur notre clavicule et nous disait : « Qu'est-ce que tu as, là ? » Quand on baissait la tête, il nous donnait une pichenette sur le menton. Ou bien il nous apportait une tasse de café et, au moment où on tendait la main pour la prendre, il la retirait. Il nous taquinait, et quand il allait trop loin, nous nous mettions à gémir. Lila, qui avait un petit frère, me disait qu'avec Pat dans la maison elle avait l'impression de ne pas être partie de chez elle.

Dans un cours intitulé « Religion et extase », j'étais assise à côté d'un type qui s'appelait Marc. Comme Jamie, il était grand et blond et, par d'infimes détails, il se distinguait du lot. Il ne faisait pas ses études à Syracuse. Il préparait un diplôme d'architecte paysagiste à l'école forestière de SUNY, qui, comme une petite sœur dépendante, partageait les locaux et le terrain de l'université de Syracuse. En plus, il avait grandi à New York, dans le quartier de Chelsea. À vingt et un ans, il avait donc plus d'expérience que les autres, et était plus raffiné, à mes yeux du moins. Certains de ses amis avaient des lofts à Soho. Des endroits qu'il promettait de me montrer un jour.

Après le cours de religion, nous nous engagions dans des débats chastes mais passionnés sur les thèmes du jour. Le chamanisme et l'occultisme nous inspiraient des analyses intellectuelles approfondies. Il m'a donné des cassettes de Philip Glass, il savait sur la musique et l'art des choses dont j'ignorais tout. Il évoquait avec ironie des sujets comme le culte que Jacqueline Susann vouait à Ethel Merman. Il incarnait ce que ma mère m'avait toujours présenté comme la quintessence de New York – la culture innée –, même si elle ne songeait pas alors aux rendez-vous galants entre la « Merm » et l'auteur de *La Vallée des poupées*.

D'un coup, le sérieux de Steve, son attention délicate à mes souffrances et à mes maux, m'ont paru moins attrayants que l'univers de Marc, que son attitude à la « j'ai tout vu, j'ai tout fait ». Quand je sortais mes blagues habituelles – « Pourquoi un procès pour viol ne mérite-t-il pas une mention sur mon CV ? » –, Marc riait et ajoutait des remarques spirituelles, alors que Steve me faisait taire et me prenait par l'épaule en disant : « Tu sais bien que ce n'est pas franchement drôle, n'est-ce pas ? » Marc avait une voiture, il avait le câble, les autres filles le trouvaient mignon. Il n'avait pas peur de boire et fumait comme un sapeur. Il jurait et, parce qu'il suivait des cours d'architecture, il dessinait.

Il s'était également montré honnête et franc avec moi dès le début. Quand nous avions fait connaissance, l'année précédente, à une soirée, notre attirance mutuelle avait été évidente. Il m'a raconté plus tard que trois garçons l'avaient entraîné dans la salle de bains, après l'avoir vu discuter avec moi.

« Si tu veux tout savoir, Marc, cette nana s'est fait violer. »

Marc avait dit : « Et alors ? »

Ils l'avaient regardé, ébahis. « Tu veux qu'on te mette les points sur les i ? »

Mais Marc était un féministe invétéré. Sa mère s'était fait plaquer du jour au lendemain pour une femme bien plus jeune qu'elle. Il avait une sœur lesbienne, qui appelait ses deux matous « les filles ». L'autre était juriste et travaillait au parquet de Manhattan. Il avait lu plus de Virginia Woolf que moi et m'a fait découvrir Mary Daly et Andrea Dworkin. Ce type était une révélation pour moi.

Et réciproquement. Des gens et des théories dont je n'avais jamais entendu parler n'avaient aucun secret pour lui, mais, quand il m'a rencontrée, j'étais la seule femme de sa connaissance à s'être fait violer. Ou dont il savait qu'elle l'avait été.

J'ai commencé à m'amuser avec Marc et à me disputer avec Steve.

« De combien de gardes du corps une fille a-t-elle besoin ? » m'a demandé Lila un jour où j'avais parlé deux fois à chacun au téléphone.

La seule réponse que je pouvais lui donner était que je n'avais jamais eu particulièrement la cote avec les garçons et que, cette fois, la situation avait changé : deux garçons voulaient de moi.

Notre ancienne colocataire, Sue, avait laissé un tas de produits de maquillage dont elle s'était servie pour un dossier photo. J'ai décidé de jouer les photographes de mode et de faire des portraits de Lila. Je l'ai habillée. Je lui ai fait retirer ses lunettes et nous avons souligné ses yeux d'épais traits de khôl. J'en ai mis une sacrée couche.

Elle avait les yeux cernés de bleu foncé et de noir. Ses lèvres étaient d'un rouge foncé atroce. Je l'ai fait poser dans le couloir de l'appartement et j'ai commencé à braquer mon objectif sur elle et à la mitrailler. Nous nous amusions comme des folles, juste nous deux. Je lui ai demandé de s'allonger par terre et de lever les yeux, de descendre sa chemise en dégageant son épaule pour faire ce que nous avons appelé « un cliché de peau ». J'ai singé les phrases que les vrais photographes de mode prononçaient sûrement pour mettre les mannequins dans l'ambiance. « Il fait chaud, tu es au Sahara, un superbe mec t'apporte une piña colada » ou « Quelque part dans l'Antarctique, l'amour de ta vie, le seul, le vrai, gèle à mort. Il n'a qu'une précieuse photo de toi pour le maintenir en vie et c'est celle-ci. Je veux de la sensualité, de la sincérité, une intelligence torride. » Quand elle ne grimaçait pas pour trouver l'expression voulue, elle riait aux éclats. Je l'ai fait poser devant le miroir en pied fixé à la porte de la salle de bains et j'ai pris un plan général, sur lequel on me voit. Je lui ai demandé de s'asseoir le visage de profil, les mains gantées de noir.

À l'époque, les photos que je préférais étaient nettement les plus théâtrales. Elle y rampe à quatre pattes, les yeux écarquillés et aveugles, soulignés de couleur, dans le couloir, devant ma chambre. Aujourd'hui, je les considère comme les photos de Lila « avant ».

13.

Une semaine avant Thanksgiving, en 1983, le poète Robert Bly a fait une lecture dans l'amphi de la fac de lettres. J'avais très envie de le voir, car j'avais lu ses poèmes avec passion, à l'instigation de Tess et de Hayden Carruth. Lila était à la maison en train de réviser un contrôle assommant, le genre de choses dont j'étais dispensée depuis que j'avais pris la poésie pour spécialité. Pat travaillait à la Bird Library.

Tess et Hayden étaient venus. Les responsables de l'institut aussi. Bly était un poète très connu et la salle était bondée. J'étais assise au milieu du petit amphi. Mon ami Chris avait passé son diplôme l'année précédente, j'assistais donc seule à la lecture. Vingt minutes après le début, j'ai ressenti de violents élancements au ventre. J'ai regardé ma montre à affichage numérique. Il était 20 h 56.

Je me suis dit que ça allait passer, mais la douleur était trop forte. J'avais des crampes d'estomac. À la fin d'un poème, je me suis levée et me suis bruyamment frayé un chemin entre les genoux des auditeurs et les sièges de la rangée précédente.

Arrivée dans l'entrée, j'ai appelé Marc. Il avait une voiture. Je lui demandé de venir me prendre à la Bird Library. Je me sentais trop mal pour rentrer en bus. Je m'étais servie du même téléphone deux ans plus tôt pour appeler mes parents, mais je l'avais soigneusement évité depuis. Ce soir-là, j'ai fait fi de toute superstition.

Marc voulait d'abord prendre une douche. « J'en ai pour vingt minutes, au grand maximum », m'a-t-il dit.

J'ai essayé de plaisanter : « Tu me reconnaîtras facilement : si tu vois une fille cramponnée à son ventre, ce sera moi. Essaie de faire vite. »

En l'attendant devant la Bird, j'étais de plus en plus inquiète. Quelque chose clochait et je ne savais absolument pas quoi.

Quarante minutes plus tard, Marc est enfin arrivé. Nous sommes sortis du campus en direction d'Euclid, où vivaient beaucoup d'étudiants, dans des maisons de bois délabrées.

Nous avons tourné dans ma rue. Tout au bout du pâté de maisons, là où nous habitions, Lila et moi, j'ai aperçu cinq voitures de flics, gyrophares allumés. Dehors, les policiers couraient dans tous les sens, ils discutaient avec des gens.

J'ai compris.

« Oh mon Dieu, mon Dieu, ai-je balbutié. Laisse-moi sortir, laisse-moi sortir. »

Marc était agité. « Attends, je vais me garer, je viens avec toi. »

Il s'est engagé dans une allée de garage et je suis sortie. Je ne l'ai pas attendu. Toutes les lampes étaient allumées dans notre immeuble. La porte d'entrée était ouverte. Je suis entrée directement.

Deux policiers en uniforme m'ont arrêtée dans le petit vestibule.

« Il y a eu un crime. Vous ne pouvez pas rester là.

— J'habite ici, ai-je dit. C'est Lila ? Que s'est-il passé ? Je vous en prie ? »

Inconsciemment, j'ai commencé à me débarrasser de mes multiples couches de vêtements en les laissant tomber par terre. Mon chapeau d'hiver, mon écharpe, mes gants, ma veste, ma doudoune. J'étais dans tous mes états.

Il y avait d'autres flics dans notre salon. Un des types en uniforme a fait signe à l'un d'eux : « Elle dit qu'elle habite...

— Alice ? » l'a interrompu l'inspecteur en civil.

Je l'ai reconnu immédiatement.

« Agent Clapper ? »

En m'entendant prononcer son nom, les types en uniforme m'ont laissée passer.

« Inspecteur Clapper, maintenant, a-t-il corrigé en souriant. Qu'est-ce que tu fabriques ici ?

— C'est ici que j'habite, ai-je dit. Où est Lila ? »

Son visage s'est décomposé. « Je suis navré », a-t-il répondu.

J'ai remarqué que les regards des policiers avaient changé. Marc est entré dans l'appartement. J'ai expliqué aux flics que c'était mon copain.

« Alice Sebold ? » a demandé l'un d'eux.

Je me suis retournée vers Clapper. « Elle s'est fait violer ?

— Oui. Sur le lit de la chambre du fond.

— C'est mon lit. Comment va-t-elle ?

— Une inspectrice est avec elle. On va l'emmener à l'hôpital pour qu'elle se fasse examiner. Tu peux monter en voiture avec nous. Elle ne s'est pas débattue. »

J'ai demandé à la voir. Clapper a dit « Bien sûr », et il est allé annoncer à Lila que j'étais là.

J'ai attendu, sentant les yeux des policiers en uniforme posés sur moi. Ils connaissaient mon affaire parce que c'était l'une des rares condamnations pour viol de ces dernières années. Mon cas était célèbre dans leur univers. Il avait valu de l'avancement à Clapper. Tous ceux qui avaient travaillé dessus en avaient tiré un certain bénéfice.

« Je n'y crois pas. Je ne peux pas. Ce n'est pas possible », répétais-je à Marc. Je ne sais plus ce qu'il m'a répondu. Je commençais à me ressaisir, à feindre une maîtrise de moi que je ne possédais pas.

« Elle ne veut pas te voir, a dit Clapper en revenant. Elle a peur de craquer. Elle va sortir dans quelques instants et tu pourras les accompagner à l'hôpital. »

Ça m'a fait de la peine, mais j'ai compris.

J'ai attendu. J'ai informé Marc que j'en avais pour un moment – l'hôpital, la police – et qu'il ferait mieux de rentrer chez lui faire un peu d'ordre. Nous allions coucher tous les trois dans son appartement, Lila et moi dans son lit, lui au salon.

Les policiers discutaient. J'ai commencé à faire les cent pas. Un des types en uniforme a ramassé mes vêtements dans l'entrée et les a déposés sur le canapé, qui se trouvait à côté de moi.

Lila est sortie de la chambre. Elle était secouée. Elle avait les cheveux en bataille, mais je n'ai pas vu de marques sur son visage. Une petite femme brune en uniforme la traînait derrière elle.

Elle portait ma robe de chambre, mais fermée par une autre ceinture que la mienne. Ses yeux étaient deux abîmes sans fond – perdus. Je n'aurais pas pu l'atteindre, malgré tous mes efforts.

« Lila, je suis tellement désolée, ai-je dit. Ça va aller. Tu t'en sortiras. Comme moi. »

Nous étions là à nous regarder, en larmes toutes les deux.

« Maintenant, on est des *vrais* clones », ai-je repris.

L'inspectrice nous a fait avancer.

« Lila me dit que vous avez un autre colocataire.

— Oh, mon Dieu, Pat ! Je l'avais oublié.

— Vous savez où il est ?

— À la bibliothèque.

— Quelqu'un peut aller le chercher ?

— Je voudrais accompagner Lila.

— Alors laissez-lui un mot. Il ne faut pas qu'il touche à quoi que ce soit. Qu'il passe la nuit ailleurs, tant que nous n'aurons pas sécurisé la fenêtre du fond.

— D'abord, j'ai cru que c'était Pat qui me faisait une blague, a raconté Lila. Je suis revenue de la salle de bains et la porte de ma chambre était plus écartée du mur que d'habitude, comme s'il y avait quelqu'un derrière. Alors je l'ai poussée, il l'a repoussée et on a continué ce manège jusqu'à ce que j'en aie assez. J'ai dit "Ça suffit, Pat", et je suis entrée dans la chambre. Il m'a jetée sur le lit.

— Nous connaissons l'heure exacte, a précisé l'inspectrice. Elle a regardé sa montre. Il était 20 h 56.

— C'est l'heure où je me suis sentie mal, ai-je dit.

— Comment ? » L'inspectrice a eu l'air perplexe.

Je ne savais pas où me mettre. Je n'étais pas la victime. Je n'étais que son amie. L'inspectrice a conduit Lila dehors, vers la voiture, et je me suis dépêchée d'entrer dans la chambre de Pat.

J'ai fait quelque chose d'affreux. J'ai utilisé le spéculum comme presse-papiers. J'ai laissé mon message sur son oreiller, parce que c'était la pagaille dans le reste de la pièce. J'étais sûre que, là au moins, il le verrait : « Pat, Lila s'est fait violer. Physiquement, ça va. Appelle Marc. Il faut que tu passes la nuit ailleurs. Désolée de t'annoncer les choses comme ça. »

J'ai laissé la lumière allumée dans sa chambre et je l'ai parcourue du regard. J'ai décidé de ne pas m'en faire pour Pat — je ne pouvais pas. Il s'en sortirait, il se remettrait vite. C'était Lila qui comptait.

Nous nous sommes dirigées vers l'hôpital en silence. J'étais assise à l'arrière avec Lila, nous nous tenions par la main.

« C'est horrible, m'a-t-elle dit à un moment. Je me sens tellement crade. Une douche, voilà tout ce dont j'ai envie. »

Je lui ai serré la main.

« Je sais », ai-je dit.

Aux urgences, nous avons dû attendre un temps qui m'a paru interminable. Il y avait beaucoup de monde et, ai-je pensé, parce qu'elle ne s'était pas débattue et n'avait pas de plaies ouvertes, parce qu'elle pouvait s'asseoir et tenir des propos cohérents, on l'a fait poireauter. Je ne sais combien de fois je suis allée voir la dame des admissions et je lui ai demandé pourquoi on ne s'occupait pas de Lila. Je me suis assise à côté d'elle, et je l'ai aidée à remplir le formulaire d'assurance. Je n'avais pas eu à faire tout ça. Mon admission s'était faite tout de suite, j'étais passée du lit à roulettes de l'ambulance à la salle d'examen.

On a fini par l'appeler. Nous avons longé le couloir et trouvé la salle. L'examen a été long et pénible, et, plusieurs fois, nous avons dû attendre parce que le médecin qui l'examinait était appelé ailleurs. Je lui tenais la main, comme Mary Alice avait tenu la mienne. Des larmes coulaient sur mon visage. Vers la fin, Lila a dit : « Je préférerais que tu t'en ailles. » Elle a demandé que l'inspectrice revienne. Je suis sortie, je l'ai trouvée et je suis restée assise dans la salle d'attente, tremblante.

Dans mes cauchemars, Lila ne se faisait jamais violer. Mary Alice et elle étaient en sécurité. Lila était mon clone, mon amie, ma sœur. Elle avait entendu mon histoire jusque dans le moindre détail, et elle m'aimait quand même. Elle était le reste du monde – sa moitié pure. Maintenant elle se trouvait du même côté que moi. Pendant que j'attendais, je me suis convaincue que j'aurais pu éviter le viol de Lila. Si j'étais rentrée plus tôt, si j'avais compris instinctivement qu'il se passait quelque chose de grave et, pour commencer, si je ne lui avais jamais demandé d'être mon amie. Il ne m'a pas fallu longtemps avant de penser puis de dire : « C'est à moi que ça aurait dû arriver. » J'ai commencé à me faire du souci pour Mary Alice.

Je tremblais, et j'ai passé les bras autour de mes épaules, je me suis balancée d'avant en arrière sur ma chaise. J'avais la nausée. Tout mon univers basculait ; ce viol éclipsait tout ce que j'avais pu avoir ou savoir d'autre. Il n'y avait pas d'échappatoire, je l'ai compris à ce moment-là ; désormais, ce serait comme ça. Ma vie et celle de ceux qui m'entouraient. Viol.

L'inspectrice s'est dirigée vers moi.

« Alice, a-t-elle dit. Lila va se rendre au poste de police avec l'inspecteur Clapper. Elle m'a demandé de vous accompagner chez elle pour lui chercher quelques vêtements. »

Je ne savais pas quoi faire. Dès cet instant, j'ai commencé à comprendre que ma présence dérangeait Lila. Il y avait Alice son amie, et Alice, la victime d'un viol, une victime qui s'en était bien tirée. Elle avait besoin de l'une mais pas de l'autre, et c'était impossible.

L'inspectrice m'a reconduite à la maison. J'ai tourné la clé dans la serrure. Pat n'était pas encore rentré. Quelqu'un d'autre avait éteint la lampe que j'avais laissée allumée. Je me suis mise au travail. Je me souvenais que Tree et Diane avaient choisi des vêtements en dépit du bon sens – un jean à pièces et pas de sous-vêtements. Je voulais apporter un peu de réconfort à Lila. J'ai pris un grand sac marin dans son placard et j'ai ouvert ses tiroirs. J'ai fourré dans le sac tous ses sous-vêtements, toutes ses chemises de nuit en flanelle, ses pantoufles, ses chaussettes, ses joggings et ses chemises amples. J'y ai ajouté un livre et j'ai pris sur son lit une peluche et un oreiller.

Il me fallait des affaires, à moi aussi. Je savais déjà que nous ne dormirions plus jamais dans cette maison, Lila et moi. Je suis passée à l'arrière de l'appartement, là où se trouvait ma chambre. La porte était fermée. J'ai demandé à l'inspectrice si je pouvais entrer.

J'ai fait une petite prière qui n'était adressée à personne et j'ai tourné le bouton. Il faisait froid, parce que la fenêtre était restée ouverte, la fenêtre par laquelle il était passé. J'ai appuyé sur l'interrupteur près de la porte.

Mon lit était défait. Je m'en suis approchée. Au milieu, il y avait une petite tache de sang frais. À côté, d'autres, plus petites, comme des larmes.

Elle était sortie de la douche, enveloppée dans une serviette, avait rejoint sa chambre et avait joué avec la porte, croyant que c'était Pat. Puis le violeur l'avait poussée sur le lit, elle était tombée sur le ventre. Elle avait vu l'heure. Dans l'obscurité, elle n'avait aperçu l'homme que pendant quelques secondes. Il lui avait bandé les yeux avec la ceinture de ma robe de chambre puis, la retournant sur le lit, l'avait obligée à poser les mains sur sa poitrine, jointes comme si elle priait, pendant qu'il lui attachait les poignets avec des tendeurs et une laisse de chat que nous rangions dans le placard de l'entrée. Cela voulait dire qu'il s'était promené dans l'appartement pendant qu'elle était sous la douche. Il savait qu'elle était seule à la maison. Il l'a forcée à se relever et à se diriger vers ma chambre où il l'a obligée à s'allonger sur mon lit.

C'est là qu'il l'avait violée. Au moment de l'agression, il lui avait demandé où j'étais. Il connaissait mon nom. Il savait que Pat ne rentrerait que bien plus tard. À un moment, il lui a posé une question sur la petite monnaie que j'avais sur ma coiffeuse et il l'a prise. Elle ne s'est pas débattue. Elle a fait ce qu'il lui disait de faire.

Il lui avait fait enfiler ma robe de chambre avant de la laisser là, les yeux bandés.

Elle s'est mise à crier, mais les types de l'appartement d'au-dessus écoutaient de la musique à fond. Personne ne l'a entendue ; en tout cas, personne n'a réagi. Elle a dû sortir de l'appartement, aller dehors, monter l'escalier, frapper à leur porte jusqu'à ce qu'ils répondent. Ils avaient des chopes de bière à la main. Ils souriaient, ils

attendaient des amis. Elle leur a demandé de la détacher. Ils l'ont fait. Et d'appeler la police.

Lila allait me raconter tout cela au cours des semaines à venir. Au moment dont je parle, j'essayais de toutes mes forces de ne pas regarder le sang, mon lit, toutes
mes affaires qu'il avait touchées. Mes vêtements sortis
du placard et répandus par terre. Les photos sur mon
bureau. Mes poèmes. J'ai attrapé une chemise de nuit
en flanelle pour avoir la même que Lila, et j'ai ramassé
des habits par terre. J'ai eu envie de prendre ma vieille
machine à écrire Royal, mais tout le monde aurait
trouvé ça idiot et égoïste, sauf moi. Je l'ai regardée, j'ai
regardé le lit.

Quand je me suis retournée pour m'en aller, une rafale
est entrée par la fenêtre ouverte et a claqué la porte.
Tous mes espoirs de pouvoir, un jour, vivre normalement
s'étaient évanouis.

Nous nous sommes rendues, l'inspectrice et moi, au
Public Safety Building. Nous avons pris l'ascenseur
jusqu'au troisième étage et sommes arrivées dans le hall
familier, devant la vitre blindée qui donnait sur le bureau
de l'opérateur radio. Celui-ci a pressé sur le bouton de
commande de la porte de sécurité, et nous sommes
entrées.

« Par ici », a dit un policier à l'inspectrice.

Nous nous sommes dirigées vers le fond.

Le photographe brandissait son appareil. Lila était
debout contre un mur, elle tenait un numéro devant sa
poitrine. Comme le mien, il était écrit en gras au Magic
Marker au dos d'une enveloppe du département de la
police de Syracuse.

« Alice ! » s'est écrié le photographe en me voyant.

J'ai posé le sac de vêtements sur un bureau vide.

« Tu me reconnais ? a-t-il demandé. Je me suis occupé
de ton affaire en 81.

— Bonjour. »

Lila est restée contre le mur. Deux autres policiers se sont avancés.

« Ouah ! Content de vous voir, s'est exclamé l'un deux. Ce n'est pas souvent qu'on a l'occasion de voir des victimes après une condamnation. Vous êtes contente du résultat ? »

Je tenais à donner une réponse à ces hommes. Ils la méritaient. En cas de viol, ils ne voyaient généralement que le côté qu'incarnait Lila, oubliée contre son mur : des victimes, alertes ou épuisées.

« Oui », ai-je répondu, consciente que la situation dérapait complètement, étonnée par ma soudaine célébrité. « Vous avez été super. Je n'aurais pas pu rêver mieux. Mais je suis ici pour Lila. »

Ils ont compris, eux aussi, la bizarrerie de la situation. Mais qu'y avait-il encore de normal ?

Ils l'ont fait poser et, pendant ce temps, ils discutaient avec moi.

« Elle n'a pas vraiment de marques. Je me souviens que vous étiez drôlement amochée. Madison ne vous avait pas loupée.

— Et les poignets ? ai-je demandé. Il l'a ligotée. Je n'étais pas attachée, moi.

— Mais il avait un couteau, non ? » a demandé un policier, cherchant à se remémorer les détails de l'affaire.

Le photographe s'est approché de Lila. « Ouais. Levez vos poignets devant vous. Là, comme ça. »

Lila a fait ce qu'on lui disait. Elle s'est tournée de côté. Elle a levé ses poignets. Pendant ce temps, les flics m'entouraient, me posaient des questions, me serraient la main, souriaient.

Il était temps de passer quelques coups de fil. Ils nous ont conduites, Lila et moi, à un bureau, dans l'angle opposé de la pièce. Je me suis assise dessus, et Lila s'est installée devant moi, dans un fauteuil. Elle m'a indiqué le numéro de ses parents et je l'ai composé.

Il était déjà tard, mais son père était encore debout.

« Mr. Rinehart, ai-je dit. Ici, Alice, la colocataire de Lila. Je vais vous la passer. »

Je lui ai tendu le combiné.

« Papa », a-t-elle commencé. Elle pleurait. Elle est arrivée à le lui dire puis elle m'a repassé le téléphone.

« Je n'y crois pas », répétait-il.

J'ai cherché à le rassurer : « Elle va s'en sortir, Mr. Rinehart. Je suis passée par là, et je m'en suis sortie. » Mr. Rinehart était au courant de ce qui m'était arrivé. Lila l'avait raconté à sa famille.

« Mais vous n'êtes pas ma fille, a-t-il lancé. Ce fils de pute. Je le tuerai. »

J'aurais dû m'attendre à ce qu'il se mette en colère contre l'agresseur de Lila, mais j'ai eu l'impression que c'était contre moi qu'il en avait. Je lui ai donné le numéro de téléphone de Marc. Je lui ai dit que nous passerions la nuit là-bas et lui ai demandé d'appeler pour préciser l'heure d'arrivée de son vol. Marc avait une voiture, ai-je ajouté ; nous irions le chercher à l'aéroport.

Lila est partie avec les policiers, pour faire sa déposition. Il était tard, j'étais assise sur le plateau métallique du bureau et je pensais à mes parents. Ma mère commençait tout juste à prendre le dessus après deux années particulièrement difficiles. J'allais démolir tout ça. La logique commençait à céder, à m'abandonner. Face à une culpabilité aussi lourde et n'ayant personne à qui la faire endosser hormis un violeur en fuite que Lila avait le plus grand mal à décrire, j'ai tout pris sur mes épaules.

J'ai composé le numéro.

Ma mère a répondu. Pour elle, un appel en pleine nuit ne pouvait signifier qu'une chose. Elle attendait à la maison l'annonce de ma mort.

« Maman, c'est Alice. »

Mon père a pris la ligne.

« Salut, papa, ai-je repris. Avant tout, il faut que tu saches que je vais tout à fait bien.

— Oh, mon Dieu, a dit ma mère, s'attendant au pire.

— Inutile de tourner autour du pot. Lila s'est fait violer.

— Seigneur ! »

Ils m'ont posé une foule de questions. Je répondais : « Je vais bien. » « Sur mon lit. » « On ne sait pas encore. » « Dans la salle d'interrogatoire. » « Pas d'arme. » « Tais-toi, je ne veux pas entendre ça. »

Cette dernière réponse faisait suite à une réflexion que je n'avais pas fini d'entendre. « Dieu soit loué, ce n'est pas toi. »

J'ai appelé Marc.

« On a repéré le mec, a-t-il lancé.

— Quoi ?

— Pat m'a appelé, je suis passé et on a fait un tour en voiture pour essayer de le trouver.

— Vous êtes cinglés !

— On ne savait pas quoi faire d'autre, a dit Marc. On a envie de le tuer, ce salaud. Pat est fou de rage.

— Comment va-t-il ?

— Traumatisé. Je l'ai déposé chez un copain. Il voulait passer la nuit avec nous. »

J'ai écouté le récit de Marc. Ils avaient pris quelques verres tous les deux, avant de sillonner les rues du quartier dans le noir. Marc avait un cric dans sa voiture. Pat inspectait les pelouses et les maisons, pendant que Marc ralentissait puis accélérait. À un moment, ils ont entendu hurler et ils ont vu un type débouler en courant entre deux maisons. Il s'est précipité vers le trottoir et, en apercevant la voiture de Marc, il a fait demi-tour à toute allure et est reparti vers l'immeuble, moins vite. Marc et Pat l'ont suivi. Je ne peux qu'imaginer ce qu'ils se sont dit, ce qu'ils mijotaient.

« Pat avait la trouille, a fait remarquer Marc.

— Ce n'était peut-être pas lui, ai-je objecté. Vous n'avez pas pensé à ça ?

— On dit que, des fois, les criminels traînent dans les parages pendant un moment, a répliqué Marc. En plus, il y a eu ce hurlement et son comportement bizarre.

— Vous l'aviez pris en chasse. Marc, tu ne peux rien faire – c'est comme ça. Casser la gueule à quelqu'un ne fera de bien à personne.

— Figure-toi qu'après il a fait demi-tour et qu'il a foncé sur la bagnole.

— Quoi ?

— Il a foncé sur nous, en criant, en hurlant. J'ai failli en chier dans mon froc.

— Vous l'avez vu distinctement ?

— Ouais. Je pense. C'était forcément lui. Il était debout dans les phares, à nous engueuler. »

Au moment où on nous a accompagnées chez Marc, de l'autre côté du campus, j'étais trop accablée pour continuer à discuter. Je voulais éviter que Lila n'apprenne ce que Marc et Pat avaient fait. Je les comprenais, mais ce genre de comportement commençait à m'agacer. La violence n'engendrait que la violence. Ne voyaient-ils pas qu'en agissant comme ça, ils laissaient tout le vrai boulot aux femmes ? La tâche du réconfort et celle, presque irréalisable, de l'acceptation.

Dans la chambre de Marc, nous avons enfilé nos chemises de nuit en flanelle, Lila et moi. Je me suis retournée pendant qu'elle se changeait et lui ai promis de garder la porte.

« Ne laisse pas Marc entrer.

— Ne t'en fais pas. »

Elle s'est couchée.

« Je reviens tout de suite. Prends la place près du mur, je dormirai de l'autre côté, tu seras plus tranquille.

— Et les fenêtres ? a-t-elle demandé.

— Marc y a mis des verrous. Il a grandi en ville, tu sais bien.

— Tu n'as jamais demandé à Craig de réparer la fenêtre de derrière ? » Elle me tournait le dos en me demandant cela.

La question, et son accusation implicite, m'ont fait l'effet d'un coup de couteau à la base de la colonne vertébrale. Craig était notre propriétaire. J'étais montée dans son appartement quinze jours plus tôt pour lui demander de réparer la serrure de ma fenêtre.

« Si, ai-je répondu. Il ne l'a pas fait. »

Je suis sortie de la chambre et suis allée parler à Marc. Pour se rendre à l'unique salle de bains, il fallait traverser la chambre où nous dormions. Je voulais que tous les détails soient réglés, jusqu'au dernier : si Marc avait envie de faire pipi en pleine nuit, il n'avait qu'à utiliser l'évier de la cuisine.

Je suis retournée dans la chambre et me suis fourrée au lit.

« Je peux te frotter le dos ? » ai-je demandé.

Lila était roulée en boule, le visage vers le mur.

Je lui ai frotté le dos.

« Arrête, a-t-elle dit. Tout ce que je veux, c'est dormir. Me réveiller et que tout soit fini.

— Je peux te tenir contre moi ? ai-je demandé.

— Non, tu es gentille, Alice, mais tu ne peux rien faire. Je n'ai pas envie qu'on me touche. Ni toi ni personne.

— Je resterai éveillée jusqu'à ce que tu dormes.

— Si tu veux. »

Le lendemain matin, Marc a frappé à la porte et nous a apporté du thé. Mr. Rinehart avait appelé pour donner le numéro de son vol. J'ai promis à Lila de déménager tous ses objets personnels aussitôt que possible. Elle avait dressé une liste de ce qu'elle voulait que nous mettions dans ses bagages, son père et moi, avant qu'elle ne rentre chez elle. J'ai appelé Steve Shermann. Il me fallait un endroit où ranger mes affaires. Lila avait un ami qui voulait bien garder les siennes. Déménager, emballer : je pouvais me charger de ça. Je pouvais lui être utile de cette manière-là.

J'attendais au portillon où l'inspecteur John Murphy était venu m'accueillir. J'avais déjà rencontré le père de Lila, quand j'étais allée la voir chez elle, l'été précédent. C'était un homme immense, imposant. Quand il s'est approché de moi, il s'est mis à pleurer. J'ai remarqué qu'il avait déjà les yeux rouges et gonflés. Il m'a rejointe, a posé ses sacs et je l'ai tenu dans mes bras pendant qu'il sanglotait.

Mais, en sa présence, j'avais l'impression d'être une extraterrestre. Je connaissais le topo, c'est du moins comme ça que les gens voyaient les choses. Je m'étais fait violer, il y avait eu procès, on avait parlé de moi dans le journal. Tous les autres n'étaient que des amateurs. Pat, les Rinehart – la vie ne les avait pas préparés à cela.

Mr. Rinehart n'a pas été très sympa avec moi. Il a même fini par nous faire savoir, à ma mère et moi, qu'ils étaient assez grands pour s'occuper de leurs affaires tout seuls. Il a dit à ma mère que sa fille était très différente de moi, et qu'on ne me demandait pas mon avis. Ils n'avaient pas besoin de mes conseils. Il fallait laisser Lila tranquille, voilà ce qu'il a dit.

Mais d'abord, ce jour-là, il a pleuré et je l'ai soutenu. Je savais, mieux qu'il ne pourrait jamais le savoir ce que sa fille avait subi, je savais qu'il ne pouvait rien faire pour arranger les choses. En cet instant, avant la phase de reproches et de séparation, il était brisé. Mon erreur a été de ne pas voir à quel point j'étais paumée. J'ai agi comme je pensais devoir le faire : comme une pro.

Chez Marc, Lila s'est levée en apercevant son père. Ils se sont embrassés. J'ai refermé la porte de la chambre. Je voulais être aussi loin que possible pour respecter leur intimité. Dans la cuisine en soupente de Marc, un vrai tunnel, j'ai fumé une des cigarettes de Marc. J'ai fait des comptes, emballant dans ma tête toutes nos possessions et les répartissant chez différents amis. Un million de pensées différentes me traversaient l'esprit à chaque instant. Quand une cuiller a glissé dans l'évier, j'ai sursauté.

Ce soir-là, Mr. Rinehart nous a invités à dîner au Red Lobster. Marc, Pat, Lila et moi. C'était une soirée crevettes à volonté, et il nous exhortait à nous resservir. Pat a fait de son mieux, Marc aussi, lui qui préférait les nouilles chinoises et les pois mange-tout. Ni Pat ni Marc n'étaient des machos au sens traditionnel ; la conversation s'interrompait régulièrement. Mr. Rinehart avait les yeux bouffis et injectés de sang. Je ne me souviens plus de ce que j'ai dit. J'étais mal à l'aise. Je sentais que Lila n'avait qu'une envie, partir. Je ne voulais pas l'abandonner à ses parents. Je me souvenais de Mary Alice qui m'avait fait une tresse française le matin qui avait suivi mon viol. Je l'avais senti presque dès le début, à l'aéroport – les gens, ses parents peut-être, allaient trouver d'excellentes raisons pour m'empêcher de l'aider. Je serais exclue. J'étais atteinte de la maladie et elle était contagieuse. Je le savais, mais je m'accrochais. Je m'accrochais si fort, je voulais tellement être avec Lila, partager ça avec elle, que ma présence ne pouvait que l'étouffer.

Nous les avons raccompagnés à l'aéroport. Je ne me rappelle pas lui avoir dit au revoir. Je pensais déjà à déménager, à sauver ce qui me restait.

Vingt-quatre heures plus tard, j'avais enlevé toutes nos affaires de l'appartement, celles de Lila et les miennes. Je l'ai fait toute seule. Marc était en cours. J'ai téléphoné à Robert Daly, un étudiant qui avait une camionnette, et je me suis arrangée pour qu'il vienne tout chercher dès que j'aurais fini les cartons. Je lui ai donné mes meubles – je lui ai dit de prendre ce qu'il voulait. Pat traînait les pieds.

Personne ne semblait comprendre pourquoi j'étais si pressée. Ce jour-là, au milieu des rangements, je me suis cogné la hanche à la table de la cuisine. Une petite tasse en forme de lapin faite à la main que ma mère m'avait offerte après le procès est tombée par terre et s'est brisée. Je l'ai regardée et j'ai pleuré. Mais je me suis arrêtée tout de suite. Je n'avais pas de temps à perdre avec ce genre de choses. Pas question de m'attacher aux objets. C'était trop dangereux.

J'avais commencé par ma chambre, de bonne heure le matin, et maintenant, Robert devant arriver avant la nuit, j'ai tourné le bouton de la porte pour y jeter un dernier coup d'œil. J'avais fait du bon travail. Mais par terre, près de la coiffeuse, j'ai trouvé une photo où l'on nous voyait, Steve Sherman et moi, sur la véranda de la maison, pendant l'été. Sur cette photo, nous étions heureux. J'avais l'air normale. Puis, dans le placard, j'ai trouvé une carte de Saint-Valentin qu'il m'avait donnée, un peu plus tôt, cette année-là. La photo, la carte, étaient gâchées maintenant – vestiges du lieu du crime.

J'avais essayé d'être comme tout le monde. Pendant ma troisième année, j'avais vraiment essayé. Mais je n'allais pas m'en sortir comme ça. Je m'en rendais enfin compte. On aurait dit que j'étais née pour être hantée par le viol, et j'ai commencé à vivre comme cela.

J'ai pris la photo et la carte, j'ai refermé pour la dernière fois la porte de ma chambre. Je suis passée dans la cuisine sans les lâcher. J'ai entendu du bruit dans l'autre chambre. Cela résonnait maintenant que l'appartement était vide.

J'ai sursauté.

« Hou-hou ?

— Pat ? » Je suis entrée dans sa chambre. Il avait apporté un grand sac-poubelle vert pour ranger une partie de ses vêtements.

« Pourquoi tu pleures ? » a-t-il dit.

Je ne m'en étais pas rendu compte, mais, à peine la question posée, j'ai pris conscience que j'avais les joues humides.

« Je n'ai pas le droit ? ai-je demandé.

— Eh bien, si, c'est juste que...

— C'est juste que quoi ?

— Je pensais sans doute que ça irait. »

Je lui ai hurlé des horreurs. Nous n'avions jamais été les meilleurs amis du monde, mais cette scène allait mettre fin à toutes nos relations.

Robert Daly est arrivé. C'était un roc. Voilà l'image que je garde de lui. Nous avions le même goût pour les critiques sincères dans notre atelier d'écriture romanesque et éprouvions un respect commun pour Tobias Wolff et Raymond Carver. Nous n'étions pas particulièrement proches non plus, Robert et moi, mais il m'a aidée. J'ai pleuré devant lui et il n'a pas apprécié que je m'excuse. Il a emporté mon rocking-chair, ma banquette-lit et quelques autres objets. Pendant plusieurs années, jusqu'à ce qu'il comprenne que je ne reviendrais jamais les chercher, il m'a envoyé des cartes pour me dire que mon mobilier allait bien et regrettait mon absence.

Je changeais, mais je ne le savais pas.

Je suis rentrée chez moi pour Thanksgiving. Steve Sherman est venu du New Jersey pour passer quelque temps avec moi. Il avait été l'ami de Lila avant de devenir mon petit copain, et l'idée que nous nous soyons fait violer toutes les deux l'accablait. Il m'a dit que, quand il avait appris ce qui était arrivé à Lila, il se trouvait sous la douche. Son colocataire était venu le lui annoncer. Il avait baissé les yeux sur son pénis et avait été pris d'une haine indescriptible contre lui-même, à l'idée que ses amies avaient pu, de ce fait, subir une telle violence. Il voulait se rendre utile. Il a entreposé chez lui le reste de mes affaires et j'ai couché dans sa chambre d'amis.

Quand Lila est revenue deux semaines après le viol pour passer son examen d'entrée en troisième cycle, elle a logé chez lui. Il me tenait compagnie et jouait les gardes du corps, me raccompagnant à la maison à la fin de mon travail ou après les cours.

La séparation était sans doute inévitable. Les gens se sont crus obligés de prendre parti. Ça avait commencé la nuit même du viol, quand les policiers s'étaient adressés à moi si familièrement. Les amis de Lila ont commencé à m'éviter, à ne pas me voir, à se détourner. Quand elle est venue passer son examen, la police s'est présentée chez Steve pour lui demander d'identifier des photos. J'étais dans la chambre avec Lila et deux policiers. Ils ont étalé les petites photos, format 6,5 × 9 cm, sur le bureau. Je regardais par-dessus l'épaule de Lila.

« Il y en a une que vous reconnaîtrez sûrement », m'a dit un policier en uniforme.

Ils avaient mis dans le tas une photo de Madison et de son copain de la séance d'identification, Leon Baxter. J'étais folle de rage, j'en étais sans voix.

« Il y a celui qui l'a violée parmi ces photos ? » a demandé Lila. Elle était assise au bureau, devant moi. Je ne voyais pas son visage.

Je suis sortie. Je me sentais mal. Steve a tendu les bras et m'a arrêtée au passage.

« Qu'est-ce qui se passe ?

— Ils ont mis une photo de Madison avec, ai-je répondu.

— Mais il est en tôle, non ?

— Je suppose, oui. » Je n'avais même pas pensé à poser la question.

« À Attica, a confirmé un type en uniforme.

— On lui demande d'identifier celui qui l'a violée. Le voir, *lui*, ici, il y a quelque chose qui m'échappe. Ça n'a aucun sens. »

La porte s'est ouverte. Lila est entrée dans le salon derrière le policier qui tenait les clichés dans une enveloppe.

« On a fini, a dit un policier.

— Tu l'as reconnu ? ai-je demandé à Lila.

— Elle a reconnu *quelque chose* », a répondu le policier. Il n'était pas content.

« J'arrête tout. Je ne veux pas aller plus loin, a dit Lila.

— Quoi ?

— Content de vous connaître, Alice », a conclu le policier. Il m'a serré la main. Son collègue aussi.

Ils sont partis et je me suis tournée vers Lila. Ma question devait être inscrite sur mon visage.

« J'en ai marre, a dit Lila. Je veux vivre comme avant. J'ai bien vu ce que ça t'a fait.

— Mais j'ai gagné, ai-je riposté, incrédule.

— Je veux tourner la page. Comme ça, c'est fait.

— Il ne suffit pas de vouloir », ai-je fait remarquer.

Mais je sentais qu'elle essayait. Elle a passé son examen, puis elle est rentrée chez elle pour les vacances de Noël. Nous avions décidé de louer ensemble un appartement pour étudiants de troisième cycle. Sa famille devait lui prêter une voiture, parce que c'était le seul moyen de rejoindre le campus. C'était ça, ou prendre le bus, comme moi.

Je ne saurai jamais ce que les policiers ont dit à Lila dans cette chambre, ni si elle a reconnu le type qui l'avait violée. À l'époque, je ne comprenais pas qu'elle refuse d'aller jusqu'au bout. Je croyais pourtant savoir pourquoi. La police se demandait si Lila n'avait pas été violée par vengeance. Cette hypothèse se fondait sur plusieurs éléments. Bien qu'incarcéré à Attica, Madison avait des amis. Il avait été condamné à la peine maximale et resterait au moins huit ans derrière les barreaux. L'homme qui avait violé Lila connaissait mon nom. Il l'avait violée sur mon lit. Et, pendant ce temps, il l'avait interrogée à mon sujet. Il connaissait mon emploi du temps, il savait que j'étais serveuse au Cosmos. Tout cela pouvait être l'indice d'un lien avec Madison. Mais on pouvait aussi y voir l'enquête minutieuse d'un criminel décidé à s'assurer que sa victime serait seule. Je préfère encore croire que l'horreur de ce crime tient pour une part à sa cruelle coïncidence. L'idée du complot me paraissait tirée par les cheveux.

Lila ne voulait pas savoir. Elle voulait passer à autre chose.

Les policiers ont interrogé mes amis. Ils sont allés au Cosmos et ont posé des questions au propriétaire et au type qui faisait cuire les pizzas derrière la vitrine. Mais il y avait eu d'autres viols qui ressemblaient, par le *modus operandi*, à celui de Lila. Si celle-ci renonçait à toute poursuite, le lien entre nos deux affaires perdait tout intérêt. Il n'y avait pas de témoin, et sans témoin, pas de procès. La police a laissé tomber l'enquête. Lila est rentrée chez elle. Elle ne reviendrait qu'en janvier. Elle m'a donné une copie de son emploi du temps. Je suis allée expliquer à ses professeurs qu'elle n'assisterait pas aux partiels. J'ai appelé ses amis.

Ma vie s'est trouvée réduite à l'essentiel, et les retombées ont commencé à se faire sentir.

Je suis rentrée chez moi pour Noël.

Ma sœur était déprimée. Elle avait passé son diplôme et obtenu une bourse Fullbright, mais elle vivait à la maison et travaillait dans une jardinerie. Son diplôme d'arabe ne lui avait pas ouvert les portes professionnelles qu'elle espérait. Je l'ai rejointe dans sa chambre pour lui remonter le moral. À un moment, elle a dit : « Alice, tu ne peux pas comprendre, tout est si facile pour toi. » Je n'en croyais pas mes oreilles et je le lui ai craché au visage. Un mur s'est dressé entre nous. J'ai tiré un trait sur elle.

Je faisais des cauchemars bien plus obsédants qu'avant. Le journal que j'ai tenu irrégulièrement pendant ces années-là en est plein. Il y avait une image récurrente, que j'avais vue dans un documentaire sur l'Holocauste. Cinquante ou soixante corps morts, blêmes, émaciés. On leur a retiré leurs vêtements. L'extrait montre un bulldozer qui les pousse dans une profonde fosse béante, où les corps dégringolent en une masse confuse. Visages, bouches, crânes aux yeux enfoncés dans les orbites, avec les cerveaux à l'intérieur, ces cerveaux qui s'étaient donné un mal de chien pour survivre. Pour arriver à ça. Obscurité, mort, crasse, et l'idée que quelqu'un aurait pu se débattre, essayer de rester en vie là-dedans.

Je me réveillais en sueur. Il m'arrivait de hurler. Je me retournais et me couchais face au mur. Étape suivante : réveillée, je me jouais consciencieusement l'intrigue complexe de ma presque mort. Le violeur était dans la maison. Il grimpait l'escalier. Il savait, d'instinct, quelles marches risquaient de grincer, trahissant sa présence. Il courait dans le couloir. Un courant d'air provenait de la fenêtre, sur la façade. Personne ne prenait la peine de se demander si quelqu'un était éveillé, dans les autres chambres. La faible odeur d'une personne étrangère, de quelqu'un d'autre dans la maison, flottait jusqu'à eux mais, comme un bruit infime et isolé, elle n'avertissait que moi que quelque chose se préparait. Je sentirais ma porte s'ouvrir, je percevrais une présence dans la pièce, la densité de l'air se modifiant pour faire place au volume d'un corps humain. Très loin, près de mon mur, quelque chose inhalait mon air, me volait mon oxygène. Je respirais à peine et je me promettais une chose : je ferais tout ce que cet homme voudrait. Il pourrait me violer, me taillader, m'arracher les doigts. Il pourrait me crever les yeux ou m'estropier. Tout. Je ne voulais qu'une chose, vivre.

Ayant pris cette résolution, je rassemblais mes forces. Qu'attendait-il ? Je me retournais lentement dans le noir. À l'endroit où l'homme se dressait distinctement dans mon imagination, il n'y avait personne. La porte de mon placard. C'est tout. J'allumais alors la lampe, et j'inspectais la maison, allant à chaque porte, tournant la poignée, persuadée qu'elle céderait et qu'il serait là, debout de l'autre côté, ricanant, se moquant de moi. Une ou deux fois, le bruit a réveillé ma mère. « Alice ? a-t-elle appelé.

— Oui, maman, ce n'est que moi.

— Retourne vite te coucher.

— Oui, disais-je. Je vais juste grignoter quelque chose. »

En haut dans ma chambre, j'essayais de lire. De ne pas regarder le placard ni, vite, la porte.

Je ne me suis jamais demandé ce que j'avais. Ça me paraissait normal. La menace était partout. Aucun endroit n'était sûr, personne n'était en sécurité. Ma vie était différente de celle des autres ; il était tout naturel que je me conduise différemment.

Après Noël, on a essayé, Lila et moi, de repartir sur de nouvelles bases. Je voulais l'aider, mais j'avais, moi aussi, besoin d'elle. Je croyais à la vertu de la parole. Pour ne pas la laisser seule quand il faisait nuit, j'ai quitté le Cosmos. Ça n'a pas été difficile : j'étais devenue indésirable. Quand j'étais allée demander à être intégrée dans une équipe de jour, le propriétaire s'était montré froid et distant. Le type qui faisait cuire les pizzas est venu me voir après son départ.

« Tu ne piges pas ? a-t-il lancé. Les flics sont venus poser des questions. On ne veut plus de toi ici. »

Je suis partie en larmes et je me suis cognée dans quelqu'un qui entrait et qui m'a lancé : « Vous ne pouvez pas regarder où vous allez ? »

Il neigeait. J'ai quitté la *Review*. Le bus qui me ramenait à l'appartement que nous occupions, Lila et moi, tombait fréquemment en panne. Tess était en congé. J'ai cessé d'assister aux lectures de poésie. Un soir, je suis rentrée un peu plus tard que d'habitude – il faisait nuit – et j'ai trouvé Steve sur le pas de la porte. « Où étais-tu ? » a-t-il demandé. Il avait un ton fâché, accusateur.

« Je suis allée acheter à manger, ai-je dit.

— Lila m'a appelé parce qu'elle avait peur. Elle ne voulait pas rester seule.

— Merci d'être venu. » Je tenais un sachet d'épicerie, il faisait froid.

« Tu aurais dû être là. »

Je suis entrée, j'ai dissimulé mes larmes.

Quand Lila m'a expliqué que ça ne marchait pas, qu'elle ne se plaisait pas dans l'appartement, qu'elle allait passer quelques semaines chez elle puis s'installer avec Mona, une de ses nouvelles amies, j'en ai été complètement retournée. Je pensais que nous traverserions tout ça ensemble. Des clones.

« Ce n'est pas possible, Alice, a-t-elle dit. Je ne peux pas en parler comme tu voudrais que je le fasse, et je me sens complètement isolée ici. »

Steve et Marc étaient les deux seules personnes à venir nous voir régulièrement. Tout en s'évitant soigneusement, ils étaient d'accord pour monter la garde. Mais ils étaient mes copains – mes petits copains, même, pour être exacte – et Lila le savait. Ils venaient essentiellement pour moi, pour me donner un coup de main en l'aidant, elle. Elle avait besoin d'une coupure. Aujourd'hui, c'est parfaitement clair pour moi. Sur le coup, je me suis sentie trahie. Nous avons trié nos disques et d'autres objets qui avaient été à nous deux pendant les deux années que nous avions passées ensemble. Je pleurais et, quand quelque chose lui faisait envie, je le lui laissais. Je lui ai donné des choses qu'elle ne demandait pas. J'ai laissé des affaires derrière moi pour marquer mon territoire. Pourrais-je jamais regagner le lieu où j'avais été ? Où se trouvait-il ? Vierge ? Étudiante de première année ? Dix-huit ans ?

Je me dis parfois que rien ne m'a autant fait souffrir que la décision de Lila de ne plus m'adresser la parole. Ça a été le black-out total. Quand je suis enfin arrivée à obtenir son nouveau numéro de téléphone par une de ses amies, elle n'a pas répondu à mes appels. Elle me croisait dans la rue sans rien me dire. Je l'appelais, je criais son nom. Rien. Je me mettais en travers de son chemin, elle faisait un détour. Si elle était avec une amie, elles me regardaient *pour de bon* – brûlant d'une haine que je ne comprenais pas mais qui ne m'échappait pas.

Je suis allée habiter avec Marc. Mon dernier examen avait lieu quatre mois plus tard. Je restais dans son appartement, sauf quand j'avais cours. Il me conduisait partout, chauffeur bénévole, mais, la plupart du temps, il m'évitait. Il restait tard le soir au cabinet d'architecte, il y dormait parfois. Quand il était là, je lui demandais d'aller voir d'où venait ce bruit, de vérifier les serrures, de, « s'il te plaît », simplement me tenir contre lui.

La semaine précédant la cérémonie de remise des diplômes, j'ai revu Lila. J'étais avec Steve Sherman, au centre commercial des étudiants, Marshall Street. Elle m'a vue, je l'ai vue, elle est passée juste à côté de moi.

« Je n'y crois pas, ai-je dit à Steve. Dans une semaine, on aura nos diplômes et elle ne m'adresse toujours pas la parole.

— Tu as envie de lui parler ?

— Oui, mais j'ai la trouille. Je ne sais pas trop comment faire. »

On a décidé que Steve m'attendrait là et que je referais le tour en sens inverse.

Je suis tombée sur elle.

« Lila », ai-je dit.

Elle n'a pas été surprise. « Je me demandais si tu essaierais de me parler.

— Pourquoi est-ce que tu me fais la tête ?

— On n'est pas pareilles, Alice. Je suis désolée si je t'ai fait du mal, mais il faut que je vive ma vie.

— Mais on était des clones.

— C'est un truc qu'on disait, rien d'autre.

— Je n'ai jamais été aussi proche de personne.

— Tu as Marc et Steve. Ça ne te suffit pas ? »

On a fini par se souhaiter bonne chance pour la cérémonie. Je lui ai dit que nous avions décidé d'aller prendre un mimosa, Steve et moi, dans un restaurant du coin. Et si elle nous accompagnait ?

« Je vous rejoindrai peut-être », a-t-elle dit avant de s'éloigner.

Je me suis précipitée dans la librairie d'à côté et je lui ai acheté un livre de poèmes de Tess, *Instructions to the Double*. À l'intérieur, j'ai écrit quelques mots, je ne sais plus exactement quoi aujourd'hui. C'était nunuche et ça venait du cœur. Je lui disais que je serais toujours là pour elle, qu'elle n'avait qu'à m'appeler.

Nous l'avons effectivement retrouvée au bar. Elle était pompette et elle était avec un garçon pour qui elle avait le béguin, je le savais. Elle n'a pas voulu s'asseoir avec nous, mais elle est restée debout, à côté de notre table, à parler sexe. Elle m'a dit qu'elle s'était fait poser un diaphragme et que j'avais raison, le sexe, c'était super. J'étais reléguée au rang de public, je n'étais plus son amie ni sa confidente. Elle était trop occupée à faire la même chose que moi – à prouver au monde qu'elle s'en sortait. J'ai oublié de lui donner le livre. Ils sont partis.

En rentrant à la maison, nous sommes passés, Steve et moi, devant un autre repaire d'étudiants, plus chic. J'ai aperçu Lila à l'intérieur, avec son copain et une bande de gens que je ne connaissais pas. J'ai demandé à Steve de m'attendre et je me suis précipitée à l'intérieur avec le livre. À sa table, ils ont tous levé les yeux.

« Tiens, c'est pour toi, ai-je dit en le tendant à Lila. C'est un livre. »

Ses amis ont ri, parce que ça se voyait, que c'était un livre.

« Merci », a répondu Lila.

Une serveuse est venue prendre la commande. Le copain de Lila m'observait.

« J'ai écrit quelque chose dedans », ai-je ajouté.

Pendant que ses copains passaient leur commande, elle m'a regardée. J'ai eu l'impression qu'elle avait pitié de moi, à ce moment-là. « Je le lirai plus tard, en tout cas merci. Ça a l'air bien. »

Je n'ai plus jamais revu Lila.

Je n'ai pas assisté à la cérémonie de remise des diplômes. Je ne me voyais pas fêter ça, je n'avais pas le courage de croiser Lila et ses amis. Marc avait un mémoire à remettre. Ses cours n'étaient pas finis. Steve était à la cérémonie. Mary Alice aussi. J'avais expliqué à mes parents que tout ce que je voulais, c'était foutre le camp de Syracuse. Ils étaient d'accord. « Le plus vite sera le mieux », ont-ils dit.

J'ai fourré le reste de mes affaires dans une voiture de location gris métallisé. C'était une Chrysler New Yorker ; ils n'avaient plus de petits modèles. J'ai conduit ce paquebot jusqu'à Paoli, sachant que la voiture suffirait à dérider mes parents.

Syracuse, c'était fini. Bon débarras, me suis-je dit. À l'automne, j'entrais à l'université de Houston. J'allais faire un troisième cycle de poésie. J'avais tout l'été pour essayer de me réinventer. Je ne connaissais pas Houston, je n'avais jamais mis les pieds au sud du Tennessee, mais, là-bas, ce serait différent. Le viol ne me collerait pas aux semelles.

Séquelles

La nuit où John s'est fait casser la figure, pendant l'automne 1990, j'étais devant De Robertis sur la Première Avenue, et j'attendais qu'il revienne avec l'héroïne bas de gamme qu'on sniffait tous les deux. Nous avions mis au point une combine. S'il mettait trop longtemps à revenir, je devais aller le chercher en hurlant. C'était un plan très vague, mais il nous évitait de penser que les choses pouvaient échapper à tout contrôle. Il faisait froid, cette nuit-là. Mais ces journées se confondent en une masse nébuleuse. À l'époque, c'était le but recherché.

Un an plus tôt, j'avais publié un article dans *The New York Times Magazine*, un récit de mon viol à la première personne. J'y exhortais les gens à parler du viol et à écouter les victimes qui savaient s'exprimer et avaient quelque chose à raconter. J'ai reçu beaucoup de courrier. J'ai fêté ça en prenant quatre doses avec un petit copain grec que j'avais eu comme étudiant. Puis la télé a appelé. Oprah Winfrey avait lu l'article. J'ai participé à l'émission. J'étais la victime qui avait riposté. Il y en avait une autre qui, selon toute évidence, ne l'avait pas fait. Comme Lila, Michelle ne s'était pas assez débattue pour qu'il y ait des traces. Mais je ne crois pas qu'après l'émission Michelle ait pris l'avion pour rentrer chez elle sniffer de l'héro.

Je n'ai pas fini mon troisième cycle à Houston. Je n'aimais pas la ville, c'est vrai, mais, pour être honnête, je n'étais pas faite pour elle. Je couchais avec un décathlonien et avec une femme. J'achetais du shit à un type, derrière le 7-Eleven, et je picolais avec un autre étudiant qui avait décroché, lui aussi – un grand type du Wyoming – et des fois, pendant que le décathlonien me tenait dans ses bras, ou que le type du Wyoming observait la scène à distance, j'éclatais en sanglots hystériques que personne ne comprenait, et moi moins que quiconque. Je me disais que c'était Houston. Je pensais que ça venait de ce climat trop chaud. Il y avait trop de bestioles et les femmes portaient trop de dentelles et de volants.

Je suis partie pour New York et me suis installée dans une cité pour minorités à faibles revenus, dans la 10ᵉ Rue. Ma colocataire, Zulma, était portoricaine. Elle avait élevé sa famille dans cet appartement. Maintenant, elle sous-louait les chambres dont elle n'avait plus besoin. Elle picolait pas mal, elle aussi.

J'ai travaillé comme hôtesse dans une boîte de Manhattan qui s'appelait La Fondue avant de dégoter (grâce à un type bourré que j'ai rencontré dans un bar qui s'appelait le King Tut's Wawa Hut) un boulot d'enseignement au Hunter College. J'étais maître auxiliaire. Je n'avais pas les diplômes requis et n'avais qu'une année d'expérience (j'avais été monitrice à Houston). Mais la commission de recrutement était aux abois, et ses membres ont reconnu quelques noms au passage : Tess Gallagher, Raymond Carver. Pendant l'entretien, il m'a fallu un quart d'heure pour retrouver le mot *thèse*, comme dans *thèse, antithèse, synthèse* – le B.A.BA de toute dissertation. Quand le directeur m'a appelée et que Zulma m'a passé le téléphone, je n'ai jamais été aussi surprise par ce que je considérais alors comme les heureux hasards de l'ivrognerie.

Ce sont mes élèves qui m'ont maintenue en vie. Je pouvais me perdre dans leurs existences. C'étaient des immigrés, des membres des minorités ethniques, des gosses des cités, des femmes qui reprenaient des études, des employés à plein temps, d'anciens camés, des parents célibataires. Leurs histoires remplissaient mes journées, et leurs problèmes d'intégration occupaient mes soirées. Je ne m'étais jamais sentie aussi à ma place depuis le viol. Ma propre histoire faisait pâle figure comparée aux leurs. Marcher sur les cadavres de leurs compatriotes pour fuir le Cambodge. Voir son frère collé contre un mur et exécuté. Élever seule un enfant handicapé avec des pourboires de serveuse. Et puis il y avait les viols. La fille que son père, prêtre, avait adoptée exprès. Celle qui s'était fait violer dans l'appartement d'une autre étudiante et que la police n'avait pas crue. La fille tatouée, gouine militante, qui s'est effondrée dans mon bureau en me racontant la tournante dont elle avait été victime.

Ils me racontaient leurs histoires, j'aime à penser, parce que je ne les mettais jamais en doute, que je les croyais sur parole. Et puis, ils me prenaient pour une page vierge. Ce qu'ils voyaient, c'était une Blanche issue de la classe moyenne. Un prof. Il ne m'était jamais rien arrivé. J'étais trop avide de réconfort pour me formaliser de cet échange à sens unique. Comme une barmaid, j'écoutais, et comme une barmaid, ma position me maintenait à distance, me mettait en sécurité. J'étais l'oreille, et les récits tragiques de la vie de mes étudiants me servaient de thérapie. Mais j'ai commencé à me blinder. Au moment où j'ai rédigé l'article pour *The New York Times*, j'étais prête à parler. Certains élèves l'ont lu. Ils n'en revenaient pas. Puis il y a eu *Oprah*. Ils ont été bien plus nombreux encore à me voir à la télé, à voir leur prof d'anglais disserter sur le viol qu'elle avait subi. Pendant les quelques semaines qui ont suivi, il m'est arrivé de croiser d'anciens étudiants dans la rue. « Mince alors, avouaient-ils, je n'aurais jamais pensé que vous, je veux dire, vous savez... » Je savais. Parce que j'étais blanche. Parce que j'avais grandi dans une banlieue résidentielle. Parce que sans un nom attaché à mon histoire, ce n'est pas une réalité, cela reste de la fiction.

J'aimais l'héroïne. L'alcool avait des inconvénients – le volume nécessaire pour accéder à l'oubli – et je n'en aimais ni le goût ni les antécédents – ma mère était passée par là. La cocaïne me rendait malade. Un jour, j'ai été prise de crampes paralysantes, dans une boîte qui s'appelait la Pyramide. Des rastas et des nanas blanches dansaient autour de mon corps effondré sur le sol et roulé en boule. J'ai essayé encore plusieurs fois, juste pour vérifier. L'ecstasy, les champignons et les trips d'acide ? À quoi bon renforcer un état d'âme ? Mon objectif était de l'anéantir.

Je me suis retrouvée dans de drôles d'endroits. Des terrains vagues, des ruelles, Athènes. Une nuit, j'ai émergé d'un trip à l'héro dans un minuscule café de Grèce. Il y avait des petits poissons argentés devant moi, sur un plat. Deux types sauçaient l'huile de mon assiette avec du pain. Nous avons rejoint une maison sur une colline. J'ai entendu prononcer le nom de mon étudiant grec, mais il n'était pas là. On a fumé du *black tar* et on est repartis. Un des deux types a disparu, l'autre voulait coucher avec moi. J'étais passée à la télé américaine.

Dans cette maison, pendant que d'autres gens se shootaient dans les pièces du fond, j'ai enfilé la veste de quelqu'un parce que j'avais froid. Il y avait une aiguille usagée dans la poche. Je me suis piquée. Un instant, j'ai tressailli, j'ai immédiatement pensé SIDA, puis j'ai fait un truc que je savais très bien faire maintenant : jouer à la roulette russe. On était en Grèce. Est-ce que je risquais vraiment quelque chose ?

Trente jours plus tard, je suis rentrée chez moi. J'ai écrit un article de voyage pour *The New York Times*. Il a été publié au printemps suivant, au moment où les gens préparent leurs vacances. Entre-temps, je suis retournée en Europe avec un autre ancien étudiant, John. Un de ses amis et lui avaient trouvé des billets bon marché pour Amsterdam, grâce à un parent. Nous avons pris le train de nuit, complètement défoncés, pour Berlin. C'était au moment de la chute du mur. Il était minuit passé quand nous sommes arrivés devant le bloc de béton qui séparait l'Ouest de l'Est. John et Kippy se sont mis au boulot. Ils ont emprunté une pioche à un groupe d'Allemands tapageurs et euphoriques et se sont relayés. Je suis restée à distance. Ce n'était pas mon pays, j'étais la seule femme au milieu de tous ces hommes. Un Allemand s'est approché de moi, il m'a offert une cigarette, une bouteille, il m'a dit quelque chose et m'a mis la main aux fesses. Du haut du mur, un garde frontière est-allemand observait la scène.

C'est quelque temps après ce voyage qu'à New York John s'est fait tabasser. Je me souviens l'avoir aperçu, à l'angle de la rue. Il avait mis plus longtemps que d'habitude. J'ai remarqué qu'il avait perdu ses lunettes et qu'il saignait du nez. Il était contrarié.

« Tu l'as ? » ai-je demandé.

Il a hoché la tête. N'a rien dit. Nous nous sommes mis en route.

« Je me suis fait cogner. »

Comme la seringue d'Athènes, ça m'a fait frémir. La question était : jusqu'où fallait-il descendre ? Je ne voulais pas que John retourne chercher de la came tout seul, et j'ai insisté. Il a essayé, mais parfois, quand on n'en pouvait plus, il y retournait.

La situation a encore empiré et puis, au printemps 1991, alors que je venais de m'installer dans un appartement de la 7e Rue, ça a fait tilt. Il y avait quelque chose qui clochait chez moi, mais je ne savais pas quoi. Je restais au lit. Je mangeais comme je ne l'avais plus fait depuis la fac, et je portais mes vieilles chemises de nuit en flanelle. Je n'avais pas défait les cartons du déménagement. John travaillait comme une bête. Il était mal à l'aise avec moi maintenant. Quand il venait, je l'envoyais m'acheter des brownies. J'ai grossi. J'ai cessé de me soucier de mon apparence et de me demander à quelle vitesse je pouvais marcher sans être essoufflée pour aller passer la soirée en boîte. J'avais envie d'aller mieux, mais je ne savais pas comment faire.

Un ami que je connaissais depuis l'adolescence m'a appelée pour me dire qu'il avait vu mon nom dans un bouquin. Il était médecin maintenant, et il travaillait à Boston. Mon article du *New York Times* avait été cité dans *Trauma and Recovery* du Dr Judith Lewis Herman. Ça m'a fait rire. J'avais eu envie d'écrire un livre moi-même mais, de toute évidence, je n'y arrivais pas. À présent, presque dix ans après que Lila s'était fait violer, mon nom figurait en note dans celui de quelqu'un d'autre. J'ai eu envie de l'acheter, mais il était trop cher – il n'existait pas en poche. En plus, me disais-je, j'en avais fini avec tout ça.

Au cours des six mois qui ont suivi, on a cessé de se voir, John et moi. Je me suis inscrite à un cours de gym et je me suis trouvé un psy. John continuait à se camer. Quelque chose en moi tenait à lui si désespérément que j'ai fait des trucs humiliants. Je l'ai supplié. Je savais, au fond de moi-même, qu'il était en train de se tuer. La Première Avenue est devenue une frontière que je ne franchissais plus. Mais je sentais bien que l'attirance qu'exerçait mon ancien quartier était irrésistible, alors, quand j'ai eu la possibilité d'aller passer deux mois en Californie dans une colonie d'artistes située en zone rurale, j'ai sauté sur l'occasion.

L'Arts Colony de Dorland Mountain, dans les montagnes de la Californie rurale, péquenaude même, paraîtrait paumée à n'importe qui. Les chalets sont construits en parpaings et en contreplaqué. Il n'y a pas d'électricité. Le budget de fonctionnement est minime.

À mon arrivée, j'ai été accueillie par un type qui s'appelait Robert Willis. Bob. Un peu plus de soixante-dix ans. Il portait un Stetson de feutre blanc, un Wrangler et une chemise en jean. Les cheveux argentés, les yeux bleus, il était galant mais peu loquace.

Il a allumé ma lampe au propane, il est passé le lende-main voir si tout allait bien et m'a conduite en ville pour faire des courses. Il était là depuis longtemps et il avait vu passer bien des gens. Bizarrement, nous sommes devenus amis. Je lui ai parlé de New York et il m'a parlé de la France. Il y passait la moitié de l'année, dans un centre équestre où il occupait, là aussi, un poste de gardien. Finalement, dans son chalet, de nuit, à la lumière de la lampe au propane, je lui ai raconté mon viol et celui de Lila. Il a écouté, il n'a prononcé que quelques mots. « Ça a dû te faire mal. » « Il y a des choses dont on ne se remet jamais. »

Il m'a dit qu'il avait servi dans l'infanterie pendant la Seconde Guerre mondiale et qu'il avait perdu tous ses copains. Des années plus tard, c'était pendant l'hiver 1993, en France, il avait regardé un arbre par la fenêtre.

« Je ne sais pas ce qui s'est passé, a-t-il dit. J'avais vu cet arbre par cette même fenêtre plusieurs centaines de fois, mais je me suis mis à sangloter comme un bébé. À sangloter, à genoux, tu ne peux pas imaginer ça. Je me sentais complètement ridicule, mais je ne pouvais pas m'arrêter. Et tout en pleurant, j'ai compris que c'était à cause de mes copains, que je ne les avais jamais pleurés. Ils étaient tous enterrés dans un cimetière en Italie, près d'un arbre comme ça, si loin. J'ai craqué, c'est tout. Qui aurait pu penser qu'un événement qui s'était passé il y a si longtemps pouvait exercer un tel pouvoir ? »

Avant mon départ, on a dîné ensemble une dernière fois. Il a préparé ce qu'il appelait des légumes de l'armée – du maïs et des tomates en conserve réchauffés sur le poêle – avec du bacon. On a bu du vin ordinaire, de celui qu'on sert en pichet.

Le jour, Dorland pouvait être parfaitement sinistre. La nuit, il y faisait un noir d'encre, seules quelques lumières au kérosène ou au propane émaillaient la colline. Après le dîner, assis sur la véranda de son chalet, on a aperçu ce que Bob a pris pour les phares d'un camion sur le chemin de terre qui rejoignait la route.

« On dirait qu'on a de la visite », a-t-il remarqué.

Mais les phares se sont éteints. Il n'y avait pas de bruit de moteur.

« Reste là, m'a-t-il dit. Je vais jeter un coup d'œil. »

Il est passé à l'arrière de la maison et a cherché son fusil qu'il tenait caché aux yeux des fragiles artistes de la colonie et du comité directeur de Dorland.

« Je fais le tour par les buissons jusqu'au chemin, a-t-il chuchoté.

— J'éteins la lampe. »

Je suis restée absolument immobile sur la véranda. Je tendais l'oreille, essayant de percevoir un bruit quelconque, le crissement du gravier sous un pneu, une branche qui craquait, quelque chose. J'imaginais déjà que les types du camion avaient blessé ou tué Bob et qu'ils s'avançaient maintenant vers le chalet. Mais j'avais fait une promesse à Bob. Je ne bougerais pas.

Quelques instants plus tard, j'ai entendu un bruissement de feuilles de l'autre côté du chalet. J'ai sursauté.

« C'est moi, a chuchoté Bob dans le noir. Ne bouge pas. »

On a observé le chemin. Les phares du camion demeuraient invisibles. Finalement, Bob a traversé le chaparral avec Shady, son fidèle malamute, et nous avons rallumé la lampe à propane. Nous étions très excités tous les deux, nous avons passé les événements en revue une bonne dizaine de fois, avons échangé nos impressions, avons parlé de la menace que nous avions perçue. De la chance que nous avions d'avoir connu la guerre et le viol, parce que cela nous donnait quelque chose de plus qu'aux autres : un sixième sens qui se mettait en éveil dès que nous sentions un danger à proximité de nous ou de ceux que nous aimions.

Je suis retournée à New York, mais pas à East Village. Trop de souvenirs. Je suis allée m'installer avec un petit copain dans la 106ᵉ Rue, entre Manhattan et Columbus. Mes parents étaient venus me voir deux fois en dix ans, sur mon territoire. Dans un des appartements que j'avais occupés, ma mère avait dit : « Ne me raconte pas que tu as envie de passer le reste de ta vie comme ça. » Elle pensait immobilier et surface de l'appartement, mais c'étaient des mots qui, quand je les ai répétés, ont pris un autre sens pour moi.

Cet automne-là, j'ai arrêté l'héroïne. Autant parce que j'avais plus de mal à en trouver que pour toute autre raison. J'avais recommencé à boire, je fumais des cigarettes, mais ça, tout le monde le faisait. Puis j'ai acheté le livre du Dr Herman. Il était sorti en poche. J'avais envie de garder une trace de tous les endroits où mon nom était imprimé.

Herman avait repris une unique phrase de mon article au début de son chapitre intitulé « Déconnexion ». La voici : « Quand je me suis fait violer, j'ai perdu ma virginité et j'ai presque perdu la vie ; je me suis aussi débarrassée de certaines hypothèses sur le fonctionnement du monde et sur ma sécurité. » Elle figurait à la page 51 d'un livre de trois cents pages. J'ai relu la phrase ainsi que mon nom dans la librairie, avant d'acheter le livre. C'est en rentrant chez moi, dans le métro, que ça m'a frappée. L'ouvrage s'appelait *Trauma and Recovery* (Traumatisme et guérison), et j'étais citée dans la première partie. J'ai décidé de lire ce livre, de ne pas simplement le garder en souvenir.

Ils n'ont pas un niveau d'alerte « de base » normal, mais une attention relâchée. En revanche, ils ont un seuil d'éveil élevé : leurs corps sont constamment en alerte, à l'affût du danger. Ils réagissent aussi avec une vivacité extrême aux stimuli inattendus... Les gens atteints de stress post-traumatique s'endorment plus difficilement, ils sont plus sensibles au bruit et se réveillent plus fréquemment pendant la nuit que les gens ordinaires. Les événements traumatiques semblent donc reconditionner le système nerveux humain.

C'est par des paragraphes comme celui-ci que j'ai commencé la lecture la plus captivante que j'aie jamais faite : ce que je lisais s'appliquait à moi. Malheureusement, mon cerveau s'est emballé une fois de plus. J'ai passé une semaine dans la grande salle de lecture de la New York Public Library à esquisser le plan d'un roman qui ferait du syndrome de stress post-traumatique le grand niveleur, rassemblant des hommes et des femmes qui souffraient du même trouble. Mais ensuite, captivée par les récits que je lisais, j'ai perdu la volonté d'intellectualiser le sujet.

J'ai découvert un recueil de récits du Viêt Nam, des témoignages que j'ai lus et relus, et fait mettre en réserve. La lecture de ce que ces hommes avaient vécu m'a permis, en un sens, de commencer à sentir. Une de ces histoires m'a particulièrement touchée, c'était celle d'un héros. Il avait assisté à de rudes combats, il avait vu ses amis se faire descendre à côté de lui. Il avait tout enduré stoïquement. Je ne pouvais m'empêcher de penser à Bob.

Cet ancien combattant était rentré chez lui, il avait été décoré, avait exercé un métier. Des années plus tard, il a craqué. Quelque chose a lâché. Le héros ne tenait plus le coup. Il est devenu un homme en s'effondrant. Le récit s'interrompait en cours de route. Ce type était là, quelque part, à essayer de s'en sortir. Je n'appartiens à aucune religion, mais j'ai prié pour cet ancien combattant et pour Bob.

J'ai lu tout le bouquin d'Herman. Le remède n'a pas été miraculeux, mais c'était un début. J'avais aussi une bonne psy. En fait, elle avait utilisé l'expression de *stress post-traumatique* un an plus tôt, mais je n'y avais vu que du jargon psy. Fidèle à moi-même, j'avais choisi la voie la plus ardue : écrire un article, obtenir qu'il soit cité, acheter le livre et me reconnaître dans les descriptions de malades. Je souffrais de stress post-traumatique, mais il fallait que je le découvre par moi-même pour accepter d'y croire.

Quand j'habitais dans la 106ᵉ Rue, mon copain travaillait dans un bar. Il rentrait tard et je passais les soirées seules. Je regardais beaucoup la télévision. C'était un vieil immeuble dans un sale quartier. Ce que je pouvais me payer à New York avec un salaire de maître auxiliaire. Je vivais derrière des fenêtres à barreaux, et les nuits étaient régulièrement ponctuées de tirs d'armes automatiques. À cette époque, l'arme préférée du quartier était le pistolet-mitrailleur Tech-9.

Une nuit, j'ai branché le grille-pain pendant que la cafetière électrique marchait. J'ai fait sauter un fusible. Le tableau électrique était à la cave. Pour y accéder, il fallait sortir de l'immeuble et descendre par un escalier obscur. J'ai téléphoné à mon copain à son boulot. Il m'a envoyée balader. Il avait un monde fou au bar. « Qu'est-ce que tu veux que je fasse ? Prends une lampe de poche ou reste assise dans le noir. Tu as le choix. »

Je me suis dit que j'étais complètement idiote, minable. J'ai utilisé un truc que j'avais appris en psychothérapie, « le discours intérieur », me préparer mentalement à affronter l'épreuve. Il devait être onze heures du soir. Je me suis convaincue que c'était mieux que deux heures du matin. Le moins que je puisse dire, c'est que mon discours intérieur n'était pas tout à fait au point.

Descendre deux étages, sortir dans la rue, faire un quart de tour, franchir une grille de fer forgé dont la

rouille avait bloqué la serrure, descendre l'escalier extérieur, allumer la lampe de poche. J'ai trouvé le trou de la
serrure, j'ai enfoncé la clé, je suis entrée. J'ai poussé le
loquet de l'intérieur et me suis appuyée un instant contre
le mur. J'avais le cœur qui battait à tout rompre. Il faisait
nuit noire, il n'y avait pas de fenêtre au sous-sol. Ma
lampe de poche a éclairé un mur percé de portes qui
s'enfonçait dans l'obscurité. J'ai distingué les affaires
d'un Dominicain qui avait été mis dehors un ou deux
mois plus tôt. J'ai entendu des rats couiner, dérangés par
la lumière. Concentre-toi, me suis-je dit, le fusible à la
main, puis j'ai entendu du bruit. J'ai éteint ma lampe.

C'était dehors. Contre la porte. Des gens. En écoutant
leur spanglish[1], j'ai rapidement compris que j'en avais
pour un moment. J'étais à deux pas quand il l'a collée
brutalement contre la porte. « Baise-moi, salope », a-t-il
hurlé. J'ai reculé aussi loin que je le pouvais, mais je préférais rester près du tableau électrique, du but de cette
expédition, plutôt que de m'enfoncer encore vers les
recoins obscurs d'une cave sans issue. Le neveu de la
propriétaire avait vécu là un moment, m'avait dit mon
copain. Il était accro au crack et, une nuit, quelqu'un
était venu lui tirer une balle.

« C'est pour ça qu'elle ne veut plus louer à des Domi-
nicains, m'avait-il expliqué.

— Mais elle est dominicaine.

— Ici, il ne faut pas chercher à comprendre. »

Dehors, l'homme grognait et la femme n'émettait pas
un son. Puis ils ont conclu. Ils sont partis. Il lui a lancé
un nom en espagnol et il s'est moqué d'elle.

Pour la première fois, je me suis laissée aller à avoir
vraiment peur. J'ai changé le fusible et j'ai essayé de me
convaincre qu'il fallait que je remonte. Mon seul objectif désormais était de me mettre en sécurité ; je serais
mieux en haut qu'ici, enterrée dans la poussière avec les

---

1. Mélange d'anglais et d'espagnol (*N.d.T.*).

rats, le fantôme d'un camé assassiné et une porte contre laquelle une fille venait de se faire baiser.

J'y suis arrivée.

Cette nuit-là, j'ai décidé de quitter New York. Je me rappelais avoir lu qu'à leur retour du Viêt Nam beaucoup d'hommes avaient été attirés par des endroits comme les coins reculés de Hawaii ou les Everglades de Floride. Ils recréaient l'environnement qu'ils connaissaient le mieux, celui où leurs réactions paraissaient plus naturelles que dans les lotissements de banlieue des régions moins sauvages et moins luxuriantes des États-Unis. Je comprenais ça.

J'avais toujours vécu dans des quartiers sensibles, sauf une fois, quand je logeais au-dessus d'un type qui battait sa femme, à Brooklyn, dans Park Slope. Pour moi, New York était synonyme de violence. Elle faisait partie de la vie de mes élèves, des gens que je croisais dans la rue. Toute cette violence m'avait rassurée. J'étais dans mon élément. Ma façon d'agir et de penser, mon hypervigilance et mes cauchemars avaient un sens. Ce que j'appréciais, à New York, c'est que cette ville ne faisait pas semblant d'être sûre. Les meilleurs jours, on avait l'impression d'être tombé au milieu d'une bagarre générale. Survivre à cela année après année était un titre de gloire que les gens arboraient fièrement. Au bout de cinq ans, vous aviez acquis le droit de vous vanter. Au bout de sept, vous commenciez à être intégré. J'en étais à dix, ce qui faisait presque de moi une New-Yorkaise de souche, compte tenu de la durée habituelle des séjours à East Village. Et voilà que, d'un coup et à la surprise de ceux qui me connaissaient, je suis partie.

Je suis retournée en Californie. J'ai remplacé Bob à Dorland pendant son absence. Je vivais dans son chalet et je m'occupais de son chien. J'accueillais les colons, je les aidais à s'installer, je leur apprenais à faire du feu dans leur poêle à bois et me moquais d'eux en brandissant le spectre de rats-kangourous, de pumas et de fantômes censés rôder dans le coin. Je ne parlais pas beaucoup de moi. Personne ne savait d'où je venais.

Le 4 juillet 1995, je travaillais sur un texte, dans mon chalet. Il faisait nuit. Tout le monde était parti. Les colons étaient allés passer la soirée en ville ensemble. Il n'y avait que Shady et moi. Je n'avais pas beaucoup écrit au cours des deux dernières années, depuis les deux mois que j'avais passés à Dorland. J'avais peine à concevoir qu'il m'ait fallu tant d'années pour arriver à accepter mon viol et celui de Lila, mais j'avais commencé à me faire à cette idée. J'éprouvais un sentiment indescriptible. J'étais sortie de l'enfer. J'avais tout le temps du monde devant moi.

Shady est entrée en courant dans le chalet, elle a posé son menton sur mes genoux. Elle avait peur.

« Qu'est-ce que tu as, ma vieille ? » lui ai-je demandé en lui caressant la tête. Puis j'ai entendu, moi aussi ; c'était comme un bruit de tonnerre, une averse d'été qui approchait.

« On va voir ce que c'est, tu veux ? » ai-je dit. J'ai pris ma lourde torche noire et j'ai éteint ma lampe.

Dehors, je l'ai distingué, au loin. Le chalet avait une véranda et un unique fauteuil. Très loin et en partie dissimulé par le flanc d'une montagne obscure, j'ai vu un feu d'artifice. J'ai rassuré Shady et je me suis assise dans le fauteuil.

Le feu d'artifice a duré longtemps. Shady a laissé sa tête sur mes genoux. J'aurais bien trinqué, mais je n'avais pas de verre.

« On s'en est tirées, ai-je dit à Shady en lui frottant les flancs. Joyeux Independence Day ! »

Et le temps est venu de me mettre en route. La veille de mon départ de Dorland, j'ai couché avec un ami. Cela faisait plus d'un an que je n'avais pas eu de relations sexuelles. Un célibat volontaire.

Lucky

Cette nuit-là, ça a été rapide, un peu brouillon. Nous étions sortis dîner et nous avions pris un verre de vin. À la lumière de la lampe à kérosène, je me suis concentrée sur son visage, sur ce qu'il y avait de différent entre lui et un homme violent. Plus tard, nous avons reconnu tous les deux, quand nous nous sommes parlé au téléphone d'une côte des États-Unis à l'autre, que cette nuit avait eu quelque chose de spécial. « C'était presque virginal, a-t-il dit. Comme si tu faisais l'amour pour la première fois. »

Ce n'était pas faux, en un sens, mais en même temps, c'était impossible. Le temps a passé aujourd'hui, et je vis dans un monde où les deux vérités coexistent : où l'enfer et l'espoir reposent ensemble au creux de ma main.

Dépôt légal : janvier 2005
N° d'édition : 45403/01 – N° d'impression :

IMPRESSION
IMPRIMERIE GAGNÉ

IMPRIMÉ AU CANADA